Lothar von Seltmann · Lütte Pummi

Lothar von Seltmann

Lütte Pummi

Die Geschichte der Rosi Brasch

scm R.Brockhaus

Die in diesem Buch zitierten Bibelverse
sind der Luther-Bibel 1912 entnommen.

© 2007 R. Brockhaus Verlag Wuppertal
Umschlaggestaltung: Ursula Stephan, Wetzlar
Satz: QuadroMedienServices, Bergisch Gladbach-Bensberg
Druck: Ebner & Spiegel, Ulm
ISBN 978-3-417-26206-3
Best.-Nr. 226.206

Inhalt

Vorgeschichte

»Ich verstehe nicht, warum Willi nicht kommt.« Unruhig ging Erna von Rohr in der niedrigen Stube des Gärtnerhauses von Schloss Meyenburg hin und her. Wiederholt blieb sie vor einem der Fenster zum Park hin stehen, um angestrengt in die beginnende Dämmerung hinauszublicken.

»Du kannst ihn nicht herbeischauen, Schwesterchen. Er wird schon kommen«, versuchte Carola von Rohr ihre um fünf Jahre jüngere, dafür um einen Kopf größere und um etliches stattlichere Schwester zu beruhigen. »Irgendwas hält Willi auf. Und wenn er heute nicht mehr kommt, kommt er halt morgen. Du kannst ihm die Neuigkeit doch auch morgen sagen.«

»Kann ich zwar, Carlchen. Aber ich sag's ihm lieber heute schon. Er muss es noch heute wissen, was auf ihn und uns beide zukommt. Diesmal muss die Sache anders verlaufen und anders ausgehen.«

»Muss sie ganz sicher«, bestätigte die Ältere. »Du solltest die Tortur und das ganze Drumherum wahrhaftig nicht noch einmal ertragen müssen.«

»Nein, das will ich nicht und das werde ich nicht!«, bestätigte Erna und blieb wieder vor dem Fenster stehen. »Jetzt fängt es auch noch an zu schneien!«, seufzte sie auf.

»Dann lass es schneien. Das bisschen Neuschnee wird Willi sicher nicht davon abhalten, die wenigen Schritte vom Wilhelmsplatz herüberzukommen. Seine Tusnelda wird ihm wohl wieder eine Szene machen, weil er zu dir will. Sie wird ihn nicht gehen lassen.«

»Wird wohl so sein«, glaubte Erna zu wissen, »aber sie muss ihn gehen lassen. Jetzt muss sie ihn gehen lassen. Und zwar für immer. Und die Parteibonzen dürfen die Scheidung nicht mehr länger blockieren. Diesmal behalte ich das Kind. Da kann kommen, was will. Und das Kind braucht den Vater!«

»Es wird ihn bekommen, Erna«, gab sich Carola von Rohr sicher. »Die Meyenburger Parteiführung kann sich nicht wieder querstellen. Willi hat inzwischen wenigstens einen

Trumpf in der Tasche. Der wird die noblen Herren der Ortsgruppenleitung überzeugen müssen.«

Noch während die ältere der beiden Frauen sprach und Erna in den Park hinausschaute, der inzwischen in der rasch zunehmenden Dunkelheit des winterlichen Januarabends vor ihren angestrengten Blicken mehr und mehr verschwand, klopfte draußen vor der Haustür jemand seine Stiefel und seine Kleidung ab. Dann wurde auch schon die Türglocke betätigt.

»Das muss Willi sein. Endlich kommt er!«, entfuhr es Erna mit spürbarer Erleichterung. »Er muss die Marktstraße genommen haben.« Schon war sie in der Diele, um den Mann in Empfang zu nehmen, dessen Frau sie längst hatte sein wollen und auch hätte sein können, wenn sich da nicht Tusnelda und ihre Parteifreunde quergestellt hätten.

Willi Brasch schlug sich die letzten Schneereste von seinem Mantel, schüttelte seinen Hut noch nach draußen ab, betrat die Diele und schaute seine Erna fragend an: »Was gibt es Wichtiges, mein Liebes, dass du mich schon zur Teezeit hast herrufen lassen? Ich wäre doch am Abend sowieso gekommen.«

»Neuigkeiten, Willi, wichtige Neuigkeiten für uns beide. Ich war heut' beim Doktor.«

»Du bist doch nicht etwa krank?« Mit dieser Frage betrat der Vierundvierzigjährige die Stube, um zunächst Carola von Rohr zu begrüßen und ihr die Ehrerbietung zu zeigen, die ihr als einer adeligen Dame zustand. »Deine Schwester scheint ein großes Geheimnis loswerden zu wollen, Carlchen«, lachte er.

»So ist es«, bestätigte die Frau, »und ich lasse euch dazu jetzt allein. Ich kenne das Geheimnis nämlich schon.«

»Du musst aber nicht …«, meinte Erna ein wenig verlegen.

»Doch, doch, Schwester. Diese Angelegenheit ist eure Angelegenheit. Ich kümmere mich derweil schon einmal um das Abendbrot. Willi braucht später sicher eine kräftige Stärkung.« Damit verließ die Frau den Raum und überließ die beiden ungleichen Menschen dem, was die sich in den nächsten Minuten zu sagen hatten.

»Nun, mein geliebtes Schlossfräulein, was gibt es für eine wichtige Neuigkeit?«, fragte der bürgerliche Gärtnermeister sein adeliges Gegenüber und nahm dabei Ernas Hände in die seinen. »Entlass mich aus meiner Spannung. Ich halt's ja kaum noch aus.«

»Also, das ist so«, begann die beinahe um einen Kopf größere Frau mit dem üppigen krausen Haar ein wenig zögerlich. »Also, du wirst in der nächsten Zeit wohl noch häufiger in Spannung geraten und Spannung aushalten müssen.«

»Du sprichst in Rätseln, meine Liebe. Muss das sein?«, sagte Willi ein wenig ungeduldig.

»Nein, muss nicht«, gestand Erna zu, holte einmal tief Luft, schaute dem Mann tief in die Augen und erklärte dann mit deutlichem Nachdruck: »Willi, ich bin wieder schwanger, und diesmal gebe ich das Kind nicht wieder her!«

Willi zuckte bei dieser Offenbarung deutlich zusammen. Beinah ungläubig fragte er zurück: »Du bist schwanger? Seit wann?«

»Es muss wohl in Berlin passiert sein, als du mich im November in die Hauptstadt mitgenommen hattest. Der Doktor hat mir meinen Zustand heute bestätigt.«

»Dann wird das Kind wohl im August geboren«, rechnete Willi rasch nach und sinnierte gleich weiter: »Ob ich bis dahin die Scheidung ...?« Dabei hielt er immer noch Ernas Hände.

»Das wäre wunderbar, wenn unser Kind in eine ordentliche Ehe hineingeboren würde«, antwortete die werdende Mutter. »Du musst die Sache jetzt mit großem Nachdruck betreiben.«

»Gleich morgen, meine Liebe, gleich morgen gehe ich zum Anwalt. Und diesmal lasse ich mir von niemandem in meine Sache hineinreden.« Bei diesen Worten ließ er endlich Ernas Hände los und nahm die Frau dafür heftig in seine kräftigen Arme.

»Nicht so stürmisch, du athletischer Mensch und Vater meines Kindes«, mahnte die Frau und ließ es sich dann gefallen, dass Willi ihr Gesicht über und über mit Küssen bedeckte und ihr den Mund schloss. Dabei musste sie sich schon ein wenig nach unten beugen, während er sich zugleich recken musste. Aber das hatten die beiden schon geübt. Es war nun einmal so, dass der Unterschied in der Körpergröße für den Austausch solcher Zärtlichkeiten im Stehen leicht hinderlich war. Er hatte sie freilich nicht daran gehindert, sich seit Langem zu lieben und sich danach zu sehnen, endlich heiraten zu können und ein Ehepaar zu sein.

Leider stand dem die derzeitige Frau Brasch im Weg, die Willi ein Jahr nach dem Tod seiner ersten Frau geheiratet hatte, damit seine Kinder Lieselotte und Hans, damals neun und ein Jahr alt, eine Mutter hätten. Allerdings hatte sich diese Geschichte bald darauf als Irrtum herausgestellt. Tusnelda hatte sich in Bezug auf die menschlichen Beziehungen in ihrer neuen Familie als unfähig erwiesen, vielleicht auch als unwillig. Den Kindern war sie nicht Mutter geworden, wie Lieselotte und vor allem der kleine Hans sie gebraucht hätten. Dem Mann war sie nicht Frau geworden, wie der sie nun einmal gelegentlich auch brauchte. Sie hatte es lediglich verstanden, den großen Geschäftshaushalt der Gärtnerei und Landwirtschaft am Wilhelmsplatz einigermaßen ordentlich zu führen. Die Sicherheit der materiellen Versorgung war ihr – leider – genug gewesen. Dass sie dabei selbst ebenso menschliche Wärme und Zuwendung gebraucht hatte, hatte sich allerdings dann doch herausgestellt. Die hatte sie sich nämlich bei ihren Parteifreunden der NSDAP geholt, die seit einigen Jahren die braune Führung des Städtchens bildeten.

Willi Brasch hatte eine Weile vergeblich gegen diese Lebensbedingungen angekämpft. Schließlich hatte er sich mit den Verhältnissen abgefunden, sich nach Zeit und Kräften selbst um die Kinder gekümmert und ansonsten die Dinge – und seine Frau – laufen und gehen lassen. Freilich hatte er zugleich auf eine andere Lösung seiner Fragen gewartet und gehofft. Die hatte sich dann auch ergeben, nachdem er Erna von Rohr begegnet war. Dieses Schlossfräulein, diese stattliche Frau war in ihrem Wesen und in ihrem Verhalten so ganz anders als seine gefühlskalte Noch-Ehefrau.

»Jetzt ist es genug, mein Lieber.« Mit diesen Worten löste Erna sich schließlich aus der Umarmung, um sich an den kleinen Tisch unter der Leselampe zu setzen. »Lass uns überlegen, was jetzt zu tun ist. Komm, setz dich zu mir. Carlchen hat uns sicher bereits einen Tee gemacht und ein paar der restlichen Weihnachtsplätzchen bereitgestellt.«

»Woran ich mir dann die Zunge verbrenne und die Zähne ausbeiße«, lachte Willi und zog sich einen Stuhl herbei, um sich seiner Erna gegenüber niederzulassen, sodass er wieder ihre Hände nehmen konnte.

»Dann stippst du die Plätzchen eben in den Tee. Der kühlt dabei von alleine ab«, gab die ebenso lachend zurück, zog ihre Hände zurück, stand auf und wandte sich zur Stubentür. »Ich mag keinen zahnlosen Tiger mit verbrannter Zunge. Und was wird das Kind dann eines Tages über seinen Vater sagen? Ich gehe und hole …«

Wenige Momente später saßen sich die adelige Erna von Rohr und der bürgerliche Willi Brasch wieder gegenüber, um bei Tee und spätem Weihnachtsgebäck − das war übrigens nicht etwa schon steinhart, sondern durchaus noch bissfreundlich − ihre gemeinsame Zukunft unter den nunmehr veränderten Umständen zu bereden. Dabei lagen alle Initiativen auf Willis Seite. Er musste seiner Noch-Ehefrau die neue Lage deutlich machen und sie davon überzeugen, dass für ihn die rasche Scheidung jetzt zwingend und unabwendbar war. Das Kind sollte in eine ordentliche Ehe hineingeboren werden. Er musste klarstellen, dass er eine ähnliche Behinderung des Scheidungsverfahrens oder gar die Durchsetzung eines Schwangerschaftsabbruchs bei Erna, wie sie ihre Parteifreunde schon einmal betrieben hatten, nicht wieder hinnehmen würde.

»Du hast diesmal einen Trumpf in der Hand, Willi«, bestärkte Erna die Absichten des Mannes. »Halt denen die Silvesternacht vor. Ihre Orgie drüben im Schloss können sie nicht ungeschehen machen, auch wenn sie ihr wüstes Treiben bisher weitgehend vertuschen konnten. Sie werden sich nicht öffentlich bloßstellen lassen wollen.«

»Da wirst du recht haben, Pützchen. Das täte ihnen nicht gut«, bestätigte Willi und gebrauchte dabei den Kosenamen, bei dem er seine Erna meist liebevoll nannte. Er drehte mit beiden Händen die Enden seines Schnurrbartes und setzte hinzu: »Vor allem der Herr Ortsgruppenleiter möchte vielleicht noch Parteikarriere machen. Ich muss die Sache trotzdem vorsichtig angehen. Ich stehe nicht unbedingt auf der braunen Seite. Das wissen die. Ich darf mir die Männer nicht zu Feinden machen.«

»Wirst du schon nicht«, gab sich die Frau überzeugt. »Du bist ja auch nicht niemand, sondern hast einen Namen und durch deine soziale Einstellung eine Reputation. Denk nur an die Leute in deinem Haus. Außerdem: Bei ihrem Hang zur dekorativen Ausgestaltung ihrer diversen Parteiveranstaltungen und zur Gestaltung ihrer grünen Vorgärten brauchen die braunen Herren dich. Du bist zwar nicht der einzige Gärtner in der Stadt, aber du bist der beste. Und dann kümmerst du dich um manchen Sozialfall, um den sich andere nicht kümmern.«

»Auch da hast du wohl recht, meine Liebe«, gab Willi zu. »Wie gesagt, noch heute Abend spreche ich mit meiner Frau, und gleich morgen fahre ich nach Pritzwalk zu einem Anwalt, den ich dort kenne. Und dann können wir hoffentlich bis zum Sommer heiraten.«

»Das hoffe ich auch für unser Kind«, meinte Erna und seufzte leicht auf, als hätte sie Bedenken am rechtzeitigen Ausgang der Sache.

»Sei du mal ganz zuversichtlich, Pützchen«, versuchte Willi den angedeuteten Zweifel wegzuwischen. »Sollte es wider alles Erwarten mit der Hochzeit nicht rechtzeitig klappen, werde ich das Kind später adoptieren. Ob Junge oder Mädchen, das Kind wird ein Brasch, auch wenn es als »von Rohr« geboren würde.«

»So muss es dann auch sein, mein lieber Herr Brasch«, betonte Erna nachdrücklich und schob nach: »Wenn es denn nicht anders sein kann.« Plötzlich fiel ihr etwas ein. »Weißt du eigentlich, dass du dann innerhalb weniger Wochen zugleich Großvater und Vater wirst?«

»Du hast schon wieder recht, Erna«, lachte Willi. Er rechnete nach und meinte dann: »Lilo sollte ihr Kind gegen Ende Mai bekommen. Da habe ich dann noch etliche Wochen Zeit, mich ans Opadasein zu gewöhnen, bis ich selbst wieder junger Vater werde.«

»Auf jeden Fall weißt du bis dahin wieder, was ein Säugling ist, der ja zuweilen ganz schön schreien und stinken kann«, schmunzelte Erna. »An deinem Enkel kannst du dann üben, wie du später mit deinem eigenen Kind vorsichtig umgehst. Herrlich!«

»Und was ist mit dir?«, wechselte Willi das Thema. »Was musst du jetzt unternehmen, damit unsere gemeinsame Zukunft beginnen kann?«

»Für mich gibt es da nicht viel zu tun«, antwortete Erna. »Ich muss mich lediglich mit dem Gedanken vertraut machen, dass ich meinen Status wechseln werde, und ich muss sehen, wie ich aus dem Vertrag mit Heiligengrabe herauskomme.«

Willi schaute sie fragend an.

»Na, mein Lieber«, gab die Frau zurück, »für dich steige ich aus den Höhen der niederen Prignitzer Nobiles derer von Rohr-Wahlen-Jürgass in die Tiefen des gehobenen Bürgertums derer namens Brasch. Ich werde dadurch zu einem ganz normalen Menschen.«

»Ist das für dich ein großer Verlust?«

»Verlust? Warum sollte das ein Verlust sein, Willi?« Jetzt war es Erna, die ihr Gegenüber fragend anschaute. »Für mich und für unser Kind und natürlich auch für dich ist das der selbstverständliche Weg. Außerdem, was sollte ich mir für meinen Adel kaufen können? In den jetzigen Zeiten sicherlich nichts mehr. Das Schloss und der größte Teil des Grundbesitzes gehören ohnehin der Frau Reichsgräfin, unserer lieben Halbschwester Magdalene von Harrach in Klein-Kriechen, im Kreis Lüben im fernen Schlesien. Carlchen und ich dürfen hier im Gärtnerhaus wohnen und den Betrieb auf dem Hof in Gang halten und im Gelände für Ordnung sorgen, soweit uns das noch möglich ist. Dabei können wir die Anlage auf Dauer ohnehin nicht halten. Die bringt nicht mehr genug ein. Dazu kommt, dass die braune SA-Schule im Schloss sitzt und aus dem edlen Gemäuer wohl auch nicht mehr ausziehen wird. Mein Erbe an Grund und Boden entlang der Stepenitz und der Straße nach Freyenstein ist überschrieben und steht unter meinem Namen. Das bleibt mir also neben einigem an edlem Hausrat und wertvollem Schmuck. Als Erinnerung bleibt mir auch das schlichte, aber schöne Familienwappen. Darüber hinaus gibt es nichts mehr. Also, mein lieber Willi, kein Verlust. Es ist alles gut so.«

Willi Brasch stellte seine Tasse, die er eine ganze Weile in den Händen gehalten hatte, auf das Tischchen, um Ernas Hände wieder zu ergreifen. Liebevoll schaute er ihr in die Augen. »Wie gut, dass du so denken kannst, Erna von Rohr. Ich bin glücklich, dich zu haben. Und ich werde noch glücklicher sein, wenn die nächsten Monate vorbei sind und ich dich dann ganz habe – und wir uns dann ganz haben und dann zu dritt sind. Aber, Pützchen, sag mir noch, was mit Heiligengrabe ist?«

Erna musste schmunzeln. »Das will ich dir gerne sagen. Als lediges adeliges Fräulein wäre ich irgendwann zu den Diakonissen ins frühere Kloster Heiligengrabe gezogen. Die von Rohrs hatten lange Zeit die Vogteigewalt über die alte und ehrwürdige fromme Einrichtung. Aus der Zeit besteht immer noch eine lockere Verbindung. In Heiligengrabe wäre ich später im Alter versorgt und notfalls gepflegt worden. Darüber gibt es einen Vertrag, den ich auflösen muss – und auch auflösen werde. Der Umzug zu den geistlichen Frauen, die ich durchaus schätze, bleibt mir als Frau Brasch nämlich erspart.«

»Wie ist das gut, meine geliebte künftige Frau Brasch«, freute sich der Mann, »dass du für mich eine bürgerliche Frau wirst und eine weltliche Frau bleibst.«

»Und für unser Kind!«, ergänzte Erna. »Vergiss das nicht!«

»Ich werde es nie vergessen, meine Liebe, nie!«, betonte Willi und erhob sich von seinem Stuhl. »Aber jetzt muss ich dich leider erst einmal verlassen, um die wichtige Botschaft dieses Nachmittags an den Mann zu bringen.«

»Du meinst, an die Frau«, korrigierte Erna lachend, erhob sich ebenfalls und ließ sich noch einmal in die Arme nehmen. »Und du willst dich wirklich nicht zuvor mit Carlchens liebevoll bereitetem Abendbrot für den schweren Gang stärken? Steigt dir nicht der Duft aus der Küche schon in die Nase?«

Willi spielte für ein paar Momente den Zauderer. »Na gut«, meinte er dann. »Auf Carolas Buchteln und auf ihre Bratäpfel kann ich dann doch nicht verzichten. Lassen wir sie uns erst noch gemeinsam schmecken.«

Für Willi Brasch begann noch an diesem Januarabend ein langer und harter Kampf um seine Freiheit. Seine Frau wollte um keinen Preis in die Scheidung einwilligen. Sie sei und bleibe die Ehe- und Hausfrau Tusnelda Brasch. Es sei zwar ein jämmerlicher Skandal, dass die Schlossdame in der Gärtnerhütte schon wieder von einem elenden Ehebrecher schwanger sei. Aber sie müsse wohl mit dieser Familienschande leben. Die adelige Schlampe werde ihr Kind schon allein auf die Welt bringen und großkriegen, wenn sie es schon unbedingt behalten wollte. Geld für alle möglichen Hilfen sei doch wohl selbst im von Rohrschen Gärtnerhaus noch genug vorhanden.

Sohn Hans, inzwischen zehn, setzte sich vehement für seinen Vater ein. Seine kindliche, aber doch sehr energische Parteinahme hatte aber keinen Einfluss auf die Meinung der Frau, die er als Mutter nicht akzeptierte. Die wurde, wie bereits im früheren Scheidungsbegehren ihres Mannes, auch jetzt von ihren Parteifreunden in ihrer Unnachgiebigkeit bestärkt. Die ließen zwar Erna von Rohr diesmal unbehelligt und verzichteten auf die nachdrückliche Forderung, das Kind dürfe nicht geboren werden und habe zu verschwinden. – Was sie bei Ernas erster Schwangerschaft zu dem massiven Druck auf die Frau und auch auf den Kindsvater veranlasst hatte, hatten beide nie wirklich klären können. Die werdende Mutter hatte damals dem Druck allerdings nicht standhalten können und hatte sich schließlich »helfen« lassen. – Dafür setzten dieselben Leute den bisher parteilosen Gärtnermeister diesmal mit politischen Argumenten und massiven wirtschaftlichen Drohungen unter Druck. Sie gaben erst nach, als Willi Brasch seine Bereitschaft erklärte, seinen angekündigten Austritt aus der Feuerwehr, deren bester Mann er war, zurückzunehmen und auch endlich der NSDAP beizutreten. Allerdings hatte er wie nebenbei dann doch noch ein paar Bemerkungen zur vergangenen Silvesterfeier der SA im Schloss fallen gelassen. Peinlich für die Herren Funktionäre der herrschenden Partei. Zum Glück ließ der Rechtsanwalt in

Pritzwalk sich schließlich nicht mehr von ihrem Macht-
gehabe einschüchtern und setzte das Verfahren in Gang.
Allerdings verlief die ganze Geschichte sehr zäh, und es
wurde Juni, ohne dass die Scheidung ausgesprochen war.

Da war Willi Brasch bereits Großvater. Seine Tochter Liese-
lotte hatte am 17. Mai einen Sohn bekommen. Säugling
Dieter wurde zumindest vorübergehend der Stolz des
Mannes, der sich mit dem Enkel auf dem Arm umso mehr auf
sein eigenes Kind freute, der aber immer noch auf einen
Termin für seine Scheidung wartete, damit der Weg in die
begehrte Ehe frei würde und das Kind auch in eine richtige
Familie hineingeboren werden konnte.

Rosis Frühgeburt

Dann kam der Morgen des 3. Juni 1935, ein heiterer Montagmorgen voll fröhlichem Vogelgezwitscher, ein Morgen unter hellem Himmel, der viel Sonnenschein versprach und frühsommerliche Wärme für den beginnenden Tag. Im adeligen Gärtnerhaus neben dem altehrwürdigen Meyenburger Schloss herrschte allerdings alles andere als Heiterkeit und frohes Erwarten des Tages. Erna von Rohr ging es überhaupt nicht gut. Sie hatte Rückenschmerzen wie nie zuvor, und ihr war schrecklich übel. Sie empfand ein merkwürdiges Rumoren und Ziehen in ihrem Leib, als ob es dem Kind darin zu eng würde und es hinausdrängte. Ihre Schwester machte sich große Sorgen um den Zustand der Schwangeren. Die hatte doch bisher keine Probleme gehabt außer gelegentlicher Aufregung wegen der Scheidungsangelegenheit ihres Willis, die einfach nicht zu ihrem Ende kommen wollte.

Was war das nur heute Morgen? Erna wusste selbst nicht, wie ihr eigentlich war. Bis zum errechneten Geburtstermin waren es doch noch acht Wochen. Nein, das Kind durfte noch nicht kommen! Das war doch noch gar nicht richtig lebensfähig. Willi rufen? Was sollte der helfen?! Doktor Redluff aus seiner Sprechstunde holen? Die Hebamme vorsichtshalber bitten zu kommen? Erna wurde es immer enger ums Herz und um ihren Leib. Angst kroch in ihr hoch und trieb ihr den Schweiß auf die Stirn. Ihr Seufzen und Stöhnen wurde lauter und notvoller. Ob sie wohl auch Fieber hatte? Heiß genug war ihr. Carlchen gab sich alle Mühe, ihrer leidenden Schwester durch Auflagen und Wickel und beruhigende Worte Linderung zu verschaffen.

»Ich lasse nun doch Doktor Redluff rufen!«, verfügte sie schließlich. Erna widersprach nicht mehr, wie sie es vor ein paar Minuten noch getan hatte. »Und ich lasse auch die Hebamme kommen. Ich denke, hier drängt ein Mensch zur Welt und das zur Unzeit. Die Lage beherrschen wir nicht allein. Und ich werde auch Willi Nachricht geben.« Das Letzte war bereits im Hinausgehen gesprochen.

Wenige Momente später war die Frau zurück. »Der neue Stallbursche ist unterwegs. Er hat das Rad genommen. Das geht schneller. Doktor Redluff wird wohl sofort anspannen und sicher bald hier sein.«

Erna registrierte die Worte nur unter erneutem Stöhnen. »Das sind Wehen, Carlchen, schlimme Wehen«, stieß sie stockend hervor. »Ich glaube, die Fruchtblase ist geplatzt. Mir ist so feucht zwischen den Schenkeln. Das Kind will kommen. Ich habe solche Schmerzen, hoffentlich geht das gut – Gott, lass das gut gehen.«

Carola von Rohr entfernte die nassen Tücher und legte ihrer Schwester trockene unter. Dann setzte sie sich zu ihr und hielt ihr mit ihrer Linken die Hand und wischte ihr mit der Rechten den Schweiß von der Stirn. Die Frau bemühte sich, Ruhe zu vermitteln, obgleich sie innerlich selbst bis zum Äußersten angespannt war. »Halt durch, Schwesterchen. Der Doktor wird bald da sein. Der wird dir helfen. Und dann wird alles gut.«

»Kommt Willi auch?«, hauchte Erna zwischen zwei lauten Seufzern.

»Ich denke, er wird auch gleich da sein, Erna. Der Bursche fährt bei ihm vorbei und gibt Nachricht.« Bei diesen Worten schaute die ältere der beiden Schwestern zum wiederholten Mal auf die Uhr. Die Zeit schien nur noch zu schleichen oder gar zu stocken. Die Wehen und die damit verbundenen Schmerzschübe wiederholten sich in immer kürzeren Abständen. Das waren offenbar tatsächlich schon Presswehen. Lange durften Arzt und Hebamme nicht mehr ausbleiben. Wie sollte das hier sonst werden? Hoffentlich nahm das Kind nicht Schaden, wo es doch ohnehin viel zu früh kam.

»Gott, erbarme dich!«, schoss es Carola von Rohr durch den Sinn, obwohl sie mit dem Gott, den der lutherische Pfarrer drüben in der alten Pfarrkirche predigte, wenig zu tun hatte. »Gott, gib dem Arzt und der Hebamme Flügel! Erbarme dich und hilf durch und bewahre Mutter und Kind!«

Ob Gott ihr Gebet erhört hatte? Momente später fuhr eine Kutsche vor und hielt im knirschenden Kies an. Das Schnauben des Pferdes und verschiedene Männerstimmen waren zu hören. Carola von Rohr wischte ihrer Schwester wieder den Schweiß von der Stirn. »Horch, Erna, Doktor Redluff kommt. Bald ist dir geholfen.«

»Und Willi«, fügte Erna an, und es schien, als husche ihr dabei ein Lächeln über das schmerzverzerrte Gesicht. »Ich höre seine Stimme. Schön, dass er kommt. Ich kann bald nicht mehr!«

Carola eilte auf die Diele, um die beiden Männer hereinzulassen – und auch die Hebamme, der wohl tatsächlich Flügel gewachsen waren, so schnell wie die ihren weiten Weg hierher zurückgelegt hatte.

An Ernas Bett hatte der Arzt mit wenigen Blicken die Situation überschaut und gab den anderen im Raum knappe Kommandos, warmes Wasser, saubere Tücher, eine Decke und ein paar weitere Dinge bereitzulegen. »Noch wenige Wehen, Fräulein von Rohr, dann ist das Kind da.« Doktor Redluff knöpfte mit der einen Hand seinen Kittel zu und fühlte mit der anderen der Frau über die Stirn. »Kein Fieber«, bemerkte er knapp, »normale innere Erregung. Die gehört dazu.« Dann massierte er vorsichtig ihren Leib. Dabei ging eine große Ruhe von ihm aus. Erna schaute ihn aus glasigen Augen dankbar an, krümmte sich jedoch gleich darauf wieder unter dem nächsten Wehenschmerz.

»Sie müssen helfen, Erna, drücken Sie nach. Drücken Sie!« Dabei hielt der Arzt die Hände der Gebärenden, während die Hebamme jetzt ihren Kopf hielt, nachdem sie den Platz für den Austritt des Kindes vorbereitet hatte. Carola kümmerte sich um die Dinge, die der Arzt erbeten hatte. Willi hielt sich ein wenig nervös abseits und zeigte seinem Pützchen nur, dass er da war. Was konnte er auch schon helfen? Vielleicht, nein hoffentlich in ein paar Minuten am Bett sitzen und die Hände halten und sich mit der Mutter dankbar freuen …

Und dann lag ein kleiner Mensch zwischen den aufgestellten Beinen der Mutter. Eine letzte heftige, äußerst schmerzhafte Wehe hatte ihn ans Licht des späten Frühlingsmorgens gebracht. »Ein Mädchen, Fräulein von Rohr, herzlichen Glückwunsch! Auch für Sie, Herr Brasch!«, sagte der Arzt, ohne Frau und Kind dabei aus den Augen zu lassen. Ob die Mutter den Hinweis und den Glückwunsch überhaupt mitbekommen hatte? Sie war vor Erschöpfung und Schwäche wohl gerade nicht recht ansprechbar.

Aber was war los mit dem kleinen, äußerst zarten Wesen? Es gab kein noch so schwaches Geräusch von sich, es zeigte kaum eine eigene Bewegung. Atmete es überhaupt? Unansehnlich, schlaff und anscheinend völlig leblos lag das Menschlein auf dem Tuch, noch an der Nabelschnur hängend. Der Arzt trennte das Kind von seiner Mutter, um sich dann weiter um sie zu kümmern. Er überließ das winzige Neugeborene – viel mehr als ein Kilo konnte es wohl kaum wiegen – der Hebamme. Die verstand ihr Handwerk. Sie hob das Bündel Mensch mit beiden Händen an ihr Ohr, als wollte sie in es hineinhören. »Das Herz geht sehr schwach und der Atem kaum«, sagte sie leise zu Doktor Redluff.

»Arbeiten Sie weiter. Bewegen Sie die Kleine. Massieren Sie sie. Die kommt noch«, gab sich der Arzt mit einem Seitenblick auf das Kind zuversichtlich, während er sich weiter bemühte, bei der Mutter die Blutung der Nachgeburt zu stillen. Willi und Carola standen derweil stumm und offenbar zutiefst bewegt ein wenig abseits und schauten aus bangen, entsetzten Augen dem Geschehen zu.

»Sie rührt sich ja gar nicht«, brachte Willi schließlich leise hervor. Dass das Kind ein Mädchen war, hatte er sofort gesehen, und der Arzt hatte es ja bereits bestätigt. »Was ist nur mit dem Kind?«

»Ich weiß auch nicht …«, gab Carola zurück und fügte wieder ein »Gott, erbarme dich!« an.

»Warme Handtücher und ein paar Wärmflaschen«, verlangte die Hebamme und klopfte weiter vorsichtig den kleinen Körper ab, den sie an den Füßen mit dem Köpfchen nach unten in einer Hand hielt, so als müsse sie in ihm einen inneren Mechanismus in Gang setzen. Das waren bedrückende und bange Minuten für alle Beteiligten, schier endlose Minuten, die wie Stunden schienen. Dann endlich gab das kleine Wesen einen winzigen Laut von sich. Kaum hörbar, aber doch ein Zeichen seines Lebenswillens. Dem ersten Laut folgten weitere, zunächst noch wie aus einer fernen Welt. Dann wurden die schwachen Schreie lauter und freier. Das Neugeborene verkündete sein Leben. »Endlich bist du da, Kleines!«, atmete die Hebamme durch und legte das Kind auf die vorbereitete Unterlage auf der seitlichen Kommode, um es dort weiter vorsichtig warm zu reiben. Ein spürbares und hörbares Aufatmen ging durch den Raum. Das winzige Fräulein von Rohr war im irdischen Dasein angekommen.

»Ich sagte doch, sie kommt«, löste Doktor Redluff die Spannung, die immer noch im Raum lag. »Noch einmal herzliche Gratulation an die Eltern und dem Mädchen einen glücklichen Lebensweg!«

»Ich schließe mich gerne an«, sagte die Hebamme mit ebenfalls deutlicher Erleichterung und Freude über den glücklichen Ausgang ihres minutenlangen zähen Kampfes um das kleine Leben. Sie nahm das zierliche Menschenbündel und legte es für ein paar Momente ihrer Mutter auf den Leib. »Schauen Sie, Fräulein von Rohr, noch ein wenig unansehnlich, ihr voreiliges Töchterlein, aber lebendig. Glücklich?«

»Glücklich!«, gab die Mutter leise zurück. »Dankbar und glücklich!«

»Und was ist mit Ihnen, Herr Brasch?«, wandte sich der Arzt an den Vater, der anscheinend nicht so recht wusste, wie er sich jetzt verhalten durfte oder sollte. »Seit gut zwei Wochen Großvater und jetzt …«

»… glücklicher Vater, Doktor Redluff, glücklicher Vater!«, gab Willi Brasch zurück und dabei strahlte er über sein rundes Gesicht.

»Dann lassen Sie das die Mutter Ihres Kindes auch spüren und zieren Sie sich nicht länger«, ordnete der Arzt an und konnte dabei sein Schmunzeln nicht verbergen. »Schade nur, dass das Töchterlein nun doch noch eine von Rohr geworden ist.«

»Schade ist das schon«, gab der Vater zu und trat damit an das Lager seiner Erna, küsste sie zärtlich auf Lippen und Stirn und streichelte dem Kind vorsichtig mit dem Rücken seines Zeigefingers über die Wange. »Aber das Kind wird eine Brasch werden. Rosemarie Brasch wird sie heißen, und das hoffentlich bald. Die Behörden werden sich wohl nicht mehr länger querstellen und die Scheidung verzögern. Nicht wahr, mein liebes Pützchen? Rosemarie ist doch richtig?«

»Das ist richtig, Vater Willi«, bestätigte die Mutter und konnte jetzt endlich wieder lächeln. »Ich freue mich riesig.

Unser Kind! Rosemarie! Rosa! Rosi! Unsere Tochter! Welch ein schöner Moment! Gott sei Dank!« Erna war offenbar sehr glücklich. Sie schloss ihre Augen und – schlief ein.

»Lassen Sie sie schlafen«, riet die Hebamme. »Ich versorge das Kind fertig. Rosi muss es warm haben. Danach gibt es sicher noch einiges zu bereden. Doktor Redluff mag schon einmal gehen. Ich hoffe, wir brauchen ihn nicht mehr.«

Der Mann im weißen Kittel musste lachen. »Der Arzt hat seine Schuldigkeit getan, der Arzt kann gehen!« Er kannte seine Hebamme und wusste, dass sie die jetzt noch notwendigen Dinge allein bewältigte. Also wusch er sich in der Schüssel noch einmal die Hände, schrieb dann noch ein paar Arzneien auf, die Willi Brasch später besorgen sollte, packte seine Utensilien in seinen Arztkoffer, verabschiedete sich und verließ mit wiederholten guten Wünschen den Raum. Carola begleitete ihn an die Haustür, wobei sie sich mehrfach für seinen Einsatz bedankte. Dann begab sie sich in die Küche, um sich dort um das Mittagessen zu kümmern, zu dem sie die Hebamme zuvor eingeladen hatte und Willi natürlich auch. Der blieb freilich noch am Bett der Mutter seines Kindes sitzen, hielt ihr die Hand und streichelte ihr immer wieder einmal die Wange. Ein glücklicher Vater! Erst als Klein-Rosi dick eingepackt in ihrem warmen Bettchen lag, verließ auch er den Raum, um den beiden die wohlverdiente Ruhe zu gewähren.

Später am Küchentisch äußerte sich die Hebamme zu einigen Dingen der am Ende glücklich verlaufenen Geburt und zu dem, was sich in den nächsten Tagen durchaus noch ereignen könne. Über den Berg sei das Kind durchaus nicht. Es sei halt acht Wochen zu früh gekommen. Und ob es bereits trinken könne, müsse sich erst erweisen. Die Frage, ob denn die Mutter Milch für das Kind habe, sei ebenso ungeklärt.

Diese Feststellung hatte Hans, der knapp zehnjährige Halbbruder der kleinen Rosemarie, bei seinem Eintritt in die Küche gerade noch mitbekommen. »Meine große Schwester hat doch Milch genug«, wusste er und schlug vor: »Die kann doch mit ihrer Brust aushelfen. Dieterlein kriegt die Milch gar nicht alle weg.«

»Du bist ein kluger Junge, Hans«, stellte die Hebamme fest, »und dein Vorschlag ist gar nicht schlecht.«

»Ist der denn realistisch?«, äußerte Willi Brasch seine Bedenken.

»Warum nicht, Herr Brasch?«, wies die Frau den Zweifel zurück. »Es sind schon viele Säuglinge mit fremder Milch groß geworden und dabei bestens gediehen.«

»Ich werde meine große Schwester fragen, ob sie ihre Brust für meine kleine Schwester ausleiht. Oder ist der neue Mensch gar kein Mädchen? Was ist er denn und wie heißt der kleine Onkel oder die kleine Tante von Dieter eigentlich?«, sprudelte der Bub jetzt hervor, ohne zwischen den Sätzen zu atmen.

»Rosemarie, mein Junge«, gab der Vater nicht ohne Stolz Antwort, »Rosemarie heißt deine Halbschwester, und sie ist sehr zerbrechlich. Sie wiegt kaum mehr als ein Kilo.«

»Die sollte doch erst im August kommen«, erinnerte sich Hans. »Dieses Leichtgewicht hat es dann aber sehr eilig gehabt, Vati. Sie hätte wenigstens die elf Tage bis zu meinem Geburtstag warten können.«

»Hätte sie gerne gekonnt, Hans, und noch ein paar Wochen länger. Aber sie hatte es eben eilig, leider viel zu eilig, Junge«, antwortete Tante Carlchen – so hieß Carola von Rohr für den Jungen schon seit einiger Zeit – und fuhr mit ernstem Gesicht fort: »Wir hoffen alle sehr, dass sie es nicht zu eilig gemeint hat und dass sie ihr Tempo nicht bereuen muss.«

»Das ist richtig gehofft«, bestätigte die Hebamme. »Es kommen noch ein paar kritische Tage. Weniger für die Mutter. Die wird sich bald erholt haben bei ihrer robusten Gesundheit. Aber das Kind? Das ist einfach noch nicht genügend entwickelt, dass es richtig leben kann. Ich werde in den nächsten Tagen vormittags und nachmittags reinschauen und sehen, wie es wird. Sie, Herr Brasch, reden mit Ihrer Tochter über den Vorschlag Ihres Jungen. Lieselotte hat vom Wilhelmsplatz ja nur einen kurzen Weg hierher und kann sicher auch zweimal am Tag herüberkommen und das Kind trinken lassen.« Die Frau schickte sich an zu gehen, sagte aber noch mit deutlichem Schmunzeln: »Das hat man selten, dass die große Schwester ihrer kleinen die Amme spielt.«

»Darf ich meine kleine halbe Schwester sehen?«, fragte Hans.

»Komm mit, Junge, ich zeige sie dir. Sie ist wirklich sehr klein, aber ein ganzer Mensch. Nur bitte nicht zu dicht herangehen. Und sei leise!« Die Hebamme erfüllte dem Jungen den Wunsch und brachte seine Kinderaugen zum Leuchten, wenngleich er von Rosi nur sehr wenig zu sehen bekam. Kaum das kleine wollbemützte Köpfchen schaute unter der Decke hervor. Dennoch, der Junge war über das Kind ebenso glücklich wie sein Vater. Der beobachtete die kleine Szene nicht ohne erneuten Stolz von der Tür aus. Erna bekam von alledem nichts mit. Sie schlief weiter ihre Erschöpfung aus.

Die nächsten Tage im Gärtnerhaus verliefen in ständiger Anspannung der dort lebenden und verkehrenden Menschen. Klein-Rosi mochte nicht recht trinken, sie fand bei ihrer Mutter allerdings auch kaum Milch. An der Brust ihrer großen Schwester Lilo, die mehrmals am Tag auf das Schlossgelände herüberkam, hatte sie zwar mehr Erfolg, aber sie tat sich sehr schwer mit dem Trinken. Der Vorschlag von Hans erwies sich dennoch als gut und durchführbar, denn wenig war immerhin besser als gar nichts. Mit seinem Neffen Dieter habe er die Sache mit der auszuleihenden Mutterbrust für seine neue Tante übrigens zuvor ordentlich geklärt, betonte der Junge immer wieder einmal.

Erna von Rohr erholte sich nicht so rasch wie eigentlich erwartet. Im Gegenteil, irgendetwas stimmte mit ihr nicht. Sie fühlte sich schlapp und kraftlos und kam auch nicht zu Kräften, so sehr sich die Hebamme, ihre Schwester und Willi auch um sie bemühten. Am Donnerstag ereignete sich dann so etwas wie eine Katastrophe. Die junge Mutter bekam am frühen Morgen plötzlich Blutungen, die das, was während des Wochenbettes normal war, weit übertrafen und einfach nicht aufhören wollten. Und dann wurde Klein-Rosi plötzlich ganz schwach und leblos und vergaß immer wieder das Atmen. Carola von Rohr, von der Situation zur »Säuglings- und Krankenschwester« befördert, geriet in Panik. Trotz Donner und Blitz und heftigen Gewitterregens musste der Stallbursche eiligst auf den Weg, den Arzt und die Hebamme zu holen und bei Willi Bescheid zu geben, dass er sofort herüberkommen müsse. Sie sollten sich ja nicht vom Wetter abhalten lassen, schnellstens herzukommen. Sie sei um ihre »Patienten« in höchster Not.

In der unendlich langen Wartezeit sprang das adelige Fräulein zwischen Mutter und Kind hin und her und wusste doch nicht, wie sie denn nun eigentlich helfen konnte. Die Mutter stöhnte unter Schmerzen und das Kind gab keinen Mucks von sich. Die Große bäumte sich immer wieder, die Kleine zeigte keine Regung. Rang die Mutter mit dem Tod, und hatte der das Kind schon in seinen Klauen? Wenn doch nur jemand zu Hilfe käme! Carlchen sank auf einen Stuhl und barg ihr Gesicht in den Händen. Sie begann zu beten, wie sie lange nicht gebetet hatte. Wann hatte sie überhaupt das letzte Mal ernsthaft gebetet? Im braunen Gedankengut, mit dem sie im Gegensatz zu ihrer Schwester sympathisierte, kam Beten nicht vor. »Gott im Himmel, hilf!«, schrie es dennoch in ihr. »Rette die Mutter und rette das Kind! Lass die beiden nicht sterben! Das kannst du nicht machen! Du darfst Erna und Rosi nicht sterben lassen! Nein! Nein! Nein, allmächtiger Gott, das darfst du nicht!«

Während sie noch so dasaß und durch ihre tränengefüllten Augen ihre Umgebung kaum noch wahrnahm, hörte sie die Haustüre schlagen und eilige Schritte durch die Diele kommen. Dann standen Vater und Sohn auch schon im Zimmer. Sie waren zwar klatschnass, aber sie waren da und erschraken heftig vor dem, was sie vorfanden. »Erna, Pützchen, was ist los mit dir?«, schrie Willi leise auf, als er seine Liebste bleich und reglos in ihrem Bett liegen sah. Die Wöchnerin war tatsächlich in Ohnmacht gefallen.

Hans war gleich an Rosemaries Bettchen gesprungen. Voller Entsetzen starrte er in die Kissen und auf das bleiche leblose Gesichtchen, das unter der dicken Decke hervorlugte. »Das Kind ist ja tot!«, schrie er auf. »Nein, Rosilein. Du darfst nicht tot sein. Du musst doch leben, Rosilein!« Während sein Vater Erna umfasste, heftig schüttelte und laut anrief, um sie in die Wirklichkeit zurückzuholen, griff der Junge in das Bettchen und begann, das Kind zu schütteln. Carlchen stand wie betäubt und gelähmt daneben und wusste keine Hand zu rühren. Eine gespenstische Szene im Kampf um Leben und Tod von Mutter und Kind. Und draußen tobte immer noch das Gewitter.

In dem Augenblick, als Erna von Rohr in Willis Armen ihre Augen aufschlug und irgendetwas Unverständliches vor sich hinlallte, griff der Junge wie in einer plötzlichen Eingebung den Wasserkrug von der Kommode und – leerte seinen Inhalt über dem Gesicht des Kindes aus. Dabei schrie er wieder laut. »Du darfst nicht tot sein, Rosi. Du musst leben! Ich will dich am Leben haben!« Und dann geschah das Wunderbare: Das Menschlein zuckte unter dem Schwall des kalten Wassers heftig zusammen und gab einen spitzen Laut von sich. Dann begann es zu schreien, mit kräftiger Stimme zu schreien, so wie es bisher noch nicht geschrien hatte. Hans ließ vor Schreck über den Erfolg seiner spontanen Aktion den Krug fallen, dass es geräuschvoll schepperte, und jauchzte laut auf: »Sie lebt! Rosi lebt! Ich hab' sie dem Tod geklaut! Rosi lebt!«

Diese Rufe waren es wohl auch, die die Mutter wieder vollends zur Besinnung brachten. »Was ist hier eigentlich los?«, fragte sie erstaunt. Eine Antwort bekam sie für den Augenblick nicht. Denn in eben diesem Moment hasteten der Arzt und die Hebamme herein und warfen ihre völlig durchnässten Umhänge ab, um sich sofort um ihre Schutzbefohlenen zu kümmern. Die Hebamme brauchte freilich nur das pudelnasse Kind aus dem Bettchen zu heben, abzutrocknen und neu anzuziehen. Klein-Rosi wirkte dabei wie noch einmal geboren, strampelte quicklebendig und schrie, wie ein Säugling schreit, der Hunger hat.

»Lilo kommt gleich, und dann kriegst du deine Milch«, versuchte der Junge das Kind zu beruhigen. Und als ob dieses gerade vier Tage alte Bündelchen Mensch diesen Zuspruch schon verstanden hätte, wurde es still und atmete zunehmend ruhig und gleichmäßig. »Das verstehe, wer will«, murmelte die Hebamme vor sich hin, während sie die Zipfel der Mullwindel um die kleinen Beinchen wickelte und diese dann in einer dicken Einschlagwindel verschwinden ließ. Als Lilo bald darauf dazukam und das hungrige Kind anlegte, trank es mit einem Zug, der die Milchspenderin in Erstaunen versetzte und die Hebamme ebenso.

»Das verstehe, wer will«, wiederholte die, um dann zu schauen, ob sie dem Arzt noch irgendwie helfen konnte. Der hatte inzwischen Ernas Blutung stillen können und ihr eine Beruhigungsspritze gegeben. Jetzt ging es nur noch darum, die Wöchnerin zu waschen, das Bett zu reinigen und neu zu beziehen. Damit war Carola von Rohr bereits beschäftigt, die sich inzwischen wieder gefasst hatte und mehrfach »Gott sei Dank!« vor sich hin sprach. Willi und sein Sohn beobachteten die Szenerie inzwischen mit notwendigem Abstand von der Zimmertür aus, still und staunend. Auch sie begriffen kaum, was sich hier in den vergangenen Minuten an Dramatik – und an Wunderbarem – abgespielt hatte. Erna war offenbar geholfen, und Klein-Rosi lebte! Herrlich!

In diesen Momenten wurde es draußen deutlich hell, und das Donnern verstummte. Als ob es da einen Zusammenhang zwischen den Ereignissen drinnen und draußen gegeben hätte: Das Gewitter zog ab, der Regen hörte auf, der Wind ließ nach, die dunkle Wolkendecke riss auf und das helle Licht des Sommertages breitete sich aus und drang auch durch die Fenster in das Zimmer, in dem eben noch Tod und Verderben zu siegen schienen.

Doktor Redluff und die Hebamme hatten dann auch bald ihre Arbeit getan und konnten beruhigt das Haus wieder verlassen. Erna und Klein-Rosi waren fürs Erste versorgt, der Vater und sein Sohn, Lilo und Carlchen waren ebenso beruhigt und wandten sich ihren jeweiligen Pflichten zu. Der Tag versprach, einen guten Fortgang zu nehmen.

Kleinkindjahre

Nicht nur dieser denkwürdige Tag nahm einen guten Fortgang. Auch die kommende Zeit brachte eine erfreuliche Entwicklung der Dinge für die drei Menschen im Gärtnerhaus des Schlosses. Die »junge« Mutter – Erna von Rohr war immerhin bereits siebenunddreißig Jahre alt – erholte sich nach der überraschenden Blutungsattacke erstaunlich schnell und konnte zum Monatsende ihr Wochenbett endgültig verlassen, ihre Schwester Carola von der Pflege entbinden und sie wieder bei den Haus- und Hofarbeiten unterstützen. Der Winzling Rosemarie lernte es schnell, die Flasche zu nehmen, sodass die mehrfachen täglichen Dienste ihrer großen Halbschwester nach und nach reduziert werden konnten. Bald genehmigte sie sogar schon den Löffel und festere Nahrung. Das Kind nahm eine erstaunliche Entwicklung, sodass ihre Mutter Bemerkenswertes in ihr Tagebuch schreiben konnte:

Jetzt entwickelt sich unser Liebling immer mehr. Sie wird nun auch heute schon 12 Wochen alt. Seit vier Wochen bekommt sie einmal am Tage Grießbrei – 100 g Wasser, 100 g Milch, 2 Teelöffel Zucker, 2 Teelöffel Grieß, 1 Teelöffel Zitronensaft –, den sie sehr gerne isst. Außerdem am Tage drei eingeweichte Zwieback, viermal Nahrung, die aus Milch, Hafersäme, Wasser und Zucker besteht. Die einzelne Mahlzeit darf 200 g nicht überschreiten und die Tagesmenge nicht 1000 g. Im Durchschnitt trinkt sie 750-800 g am Tage. Außerdem bekommt sie am Tage den Saft von einer halben Zitrone, manchmal in der Nahrung oder im Zwieback, im Grieß immer. Bei der Mütterberatung wurde festgestellt, dass ihr Herz unruhig wäre, aber die Herztöne sind rein. Auch hat sie sehr oft etwas Schnupfen. Sonst ist unser Püppchen sehr munter und sehr artig. Um neun Uhr wird sie das letzte Mal versorgt und schläft dann fast immer durch bis sechs Uhr. Jetzt fängt sie auch schon an, ihre Umgebung zu beachten. Ich bin sicher, sie kennt uns schon. Sie lacht nun schon so süß, besonders wenn sie satt ist, und fängt an, sich ihre kleine Sprache zurechtzumachen, die aus lauter neuen kleinen, zarten Tönen besteht.

Zwei Monate später trug Erna ein:

Unser Pummeli ist nun fünf Monate alt und hat sich schon ihren festen Platz in der Familie erobert. Mit wachen, klugen Augen nimmt sie schon an allem teil, was um sie herum vorgeht. Oft jauchzt sie ganz laut vor Glück und Freude, und wir jauchzen mit. Sie ist sehr brav und macht sehr wenig Arbeit. Morgens um halb acht bekommt sie ihr Fläschchen, um zehn bade ich sie, dann kriegt sie Zwieback mit Saft von rohen Mohrrüben oder Tomaten oder auch Banane und hinterher wieder ihre 200 g Nahrung; dann um zwei bekommt sie Grießbrei mit Zitronensaft oder auch Himbeersaft, dann um vier wieder 200 g Nahrung und um halb acht wieder Zwieback mit einem rohen geriebenen Apfel und hinterher ihr Fläschchen. Kindili gedeiht ganz famos dabei, sie hat dicke Pausbacken und ist auch sonst schön rund. Sie wog mit vier Monaten schon zehn Pfund. Ihr Herz und ihre Lunge sind auch ganz in Ordnung. Sie ist unser ganzes Glück!

Nur eins fehlte diesem Glück nach wie vor: Das waren die Haare auf dem kleinen Köpfchen. Ihre Mutter hatte davon eine schier unendliche Fülle, die sich manchmal kaum bändigen ließ und nach der Wäsche immer den Eindruck eines großen Staubwedels machte. Aber was bei dem Kind noch nicht war, das konnte ja noch kommen.

Das war nun wirklich eine Entwicklung, an die an jenem 3. Juni niemand gedacht hatte, noch weniger bei den Ereignissen einige Tage danach. Ab und an ging Erna der Gedanke durch den Kopf, ob nicht wirklich Gott, der Schöpfer des Lebens und der allmächtige himmlische Vater, in der Geschichte um ihre Rosemarie seine Hände deutlich im Spiel hatte. Die jüngere der beiden Schwestern von Rohr wischte den Gedanken zwar nicht sofort wieder weg, beschäftigte sich aber nicht intensiver damit, auch wenn es in ihrem Bewusstsein noch mehr Überbleibsel der frommen Denkweise ihrer adeligen Vorfahren gab als bei Carola. Sie sprach auch kaum mit anderen über den Gedanken. Schon gar nicht mit Willi, dem frommes Denken völlig fremd war. Willi hatte zwar von seiner Familie her eine adventistische Vergangenheit, er selbst war aber eher ein Materialist. Er hatte auch als Gärtner und naturverbundener Mensch keinen Bezug zu transzendenten Welten und ihren Erscheinungen, wie er das für sich selbst nannte. Das hieß jedoch nicht, dass Willi sich nicht rührend um seine beiden liebsten Menschen kümmerte. – Er konnte seine Erna auch zu diesem Zeitpunkt immer noch nicht heiraten. Nach wie vor behinderten seine besonderen »Freunde« das lange eingeleitete Scheidungsverfahren. – Jede Minute, die er sich in seinem eigenen Betrieb freimachen konnte, verbrachte der agile Mann in der Schlossgärtnerei und der zugehörigen Landwirtschaft, um die beiden Frauen zu entlasten und dort Hand anzulegen, wo es nötig war.

Sein inzwischen elfjähriger Sohn sorgte sich vor allem um sein süßes kleines Schwesterchen. Als nur »halber« Bruder fühlte er sich ohnehin nicht. Er fühlte sich als ihr Lebensretter, der er in gewissem Sinne ja auch war. Sein Wasserguss hatte die Kleine schließlich zu sich gebracht. Darauf war der Junge durchaus stolz, und er fühlte sich als ihr richtiger großer Bruder. Er wusste doch, dass Rosis Mutti irgendwann auch seine Mutti werden würde. Er akzeptierte und liebte sie jetzt schon als solche. Gerne kam er vom Wilhelmsplatz immer wieder durch den Park oder durch die Marktstraße zu den beiden – und natürlich auch zu Tante Carlchen – herüber zu Besuch, auch, um bei gutem Wetter Rosis Kinderwagen über die Wege im Park und über die Straßen des Städtchens zu schieben und dabei kräftig mit ihr anzugeben. Gelegentlich nahm er sein Schwesterchen sogar auf den Fußballplatz mit. Das gab immer besonderes Aufsehen unter seinen Kameraden und unter den Pimpfen des Städtchens.

Bei schlechtem Wetter beschäftigte er sich oft im Haus mit der Kleinen und spielte ihr auch auf seinem Akkordeon vor, ganz leise und mit zarten Melodien. Musik hörte das kleine Menschlein offenbar gerne. Immer wieder sang er ihr mit seiner schönen Stimme Schlaflieder an ihrem Bettchen:

Schlaf, Kindlein, schlaf, der Vater hüt' die Schaf,
die Mutter schüttelt's Bäumelein,
da fällt herab ein Träumelein.
Schlaf, Kindlein.
Schlaf, Kindlein, schlaf, am Himmel zieh'n die Schaf,
die Sterne sind die Lämmerlein,

Willi Brasch (1936 im Garten am Wilhelmsplatz)

der Mond, der ist das Schäferlein,
schlaf, Kindlein, schlaf.

Als Rosi sitzen konnte, packte Hans sich das Mädchen auf den Bohnerblock und schob es zunächst vorsichtig, dann aber immer schwungvoller über die Fußböden. War das ein Spaß! Welch ein fröhliches Jauchzen die Kleine da von sich gab! Manchmal brachte er auch seinen Neffen Dieter mit und spielte dann eben mit beiden Kleinen. Die hatten daran auch ihren Spaß. Leider ließen sich nicht beide zugleich auf den Bohnerblock setzen …

Dass Hans zu solchen Unternehmungen immer durch den Park ins Haus der Schlossgärtnerei kommen musste, machte ihm nichts aus. Das Hin und Her hörte ja auf, wenn Rosi und ihre Mutti in Papas Haus einzogen. Papas ungeliebte Immer-noch-Frau sollte nur endlich ihre Sachen packen und ihren Parteikram um die Mädchen- und Frauenbewegung der NSDAP von einem andern Ort aus erledigen. Die Frau hatte er noch nie gemocht. Soweit er sich erinnern konnte, hatte die sich nie richtig um ihn gekümmert. Sie war auch nicht lieb zu seinem Vater gewesen, und Oma Wilhelmine hatte sie sogar einmal geschlagen. Nein, der Frau würde er keine Träne nachweinen.

Wenige Tage nach Frühlingsanfang 1936 – so lange hatte sich das Scheidungsverfahren trotz einiger sehr energischer Auftritte von Willi Brasch bei den zuständigen Stellen dann doch noch hingezogen – packte Tusnelda Brasch endlich ihre Siebensachen und zog aus. Sie verließ das Haus am Wilhelmsplatz nahezu wort- und grußlos. Sie hatte sich dem Urteil des Scheidungsrichters dann doch fügen müssen, wenngleich sie das nur unter großem Widerstand tat. Der half ihr zuletzt nichts mehr, weil auch der Einfluss ihrer Parteifreunde nichts mehr ausrichten konnte. Die Meyenburger NS-Führung hatte freilich jetzt ein neues Problem mit der geschiedenen Tusnelda Brasch. Die war bisher eine gern eingesetzte Propagandistin in Sachen »Die Rolle der Frau im nationalsozialistischen Staat« gewesen. Als geschiedener Frau aber sollte es ihr künftig wohl sehr schwerfallen, die Parteilehre vom Frau- und Muttersein überzeugend darzustellen und zu vertreten und die Lehren der Ärztin Dr. Johanna Haarer aus ihrem im vergangenen Jahr erschienenen Buch »Die deutsche Mutter und ihr erstes Kind« in öffentlichen Veranstaltungen zu verbreiten. Ob sie in ihrer geplanten Rede am kommenden Muttertag in der Kreisstadt überhaupt noch davon sprechen konnte, dass die Rolle der wahren Frau darin bestünde, eine ihrem Mann untertane und treue Ehegefährtin, Mutter und Erzieherin möglichst vieler Kinder und Hüterin eines trauten Heims zu sein?

Den Begriff der »Fortpflanzungsverweigerung«, durch die eine nationalsozialistische Frau sich schuldig machen konnte, durfte sie schon gar nicht in den Mund nehmen. Hierin hatte sie sich nämlich in ihrer Ehe mit Willi Brasch besonders hervorgetan, und dieses spezielle Stichwort hatte im Scheidungsverfahren schließlich sogar eine entscheidende Bedeutung bekommen. Die Frau hatte sich nämlich ihrem Mann sehr bald nach der Heirat verweigert und sich dabei auch noch auf die NS-Ideologie berufen. Der »kleine Dicke mit der Glatze«, wie sie Willi schon bald nach der Heirat – zuweilen sogar öffentlich – geringschätzig genannt hatte, war ihr nicht arisch genug erschienen, um Vater ihrer Kinder sein zu können. Warum sie dann so krampfhaft an der Ehe festgehalten und sich nicht längst davongemacht hatte, wusste sie in der Verhandlung nicht glaubhaft zu begründen. Tusnelda war schon eine merkwürdige Frau. Gut, dass die Zeit mit ihr zu Ende war. Sollten sich ihre Freunde bei der Ortsgruppenleitung um ihre Zukunft als rechte Frau und Mutter und Propagandistin der zugehörigen Parteilehren kümmern.

Jetzt war sie jedenfalls endlich aus dem Haus. Erna von Rohr und Klein-Rosi konnten kommen und die Plätze einnehmen, die ihnen seit Langem reserviert waren.

Am Sonntag, dem 5. April 1936, war es dann endlich so weit: Der bürgerliche Gärtnermeister Willi Brasch heiratete das adelige Fräulein Erna von Rohr. Die Siebenunddreißigjährige (am 20. 4., also am nächsten Führer-Geburtstag, wurde sie 38) legte damit nach gegebener Ordnung ihren Adel ab und wurde zur bürgerlichen Frau Brasch. Wie hatte sie doch dazu schon vor Monaten gesagt? »Mein Erbe an Grund und Boden entlang der Stepenitz und der Straße nach Freyenstein ist überschrieben und steht unter meinem Namen. Das bleibt mir also neben einigem an edlem Hausrat und wertvollem Schmuck. Als Erinnerung bleibt mir auch das schlichte, aber schöne Familienwappen. Darüber hinaus gibt es nichts mehr. Also, mein Lieber, kein Verlust.« Nein, Erna erlitt an diesem Tag keinen Verlust. Sie erhielt durch ihr Ja-Wort den Hauptgewinn ihres Lebens: den Mann, den sie seit Langem liebte, den Vater ihres Kindes, und dazu seine Familie, die sie als neues Mitglied herzlich aufnahm und der sie selbst sehr zugetan war. Gerne wollte sie sich um die an Krebs erkrankte Schwiegermutter kümmern und ihr den schwierigen Lebensabend erleichtern. Ebenso gerne wollte sie sich den neuen Aufgaben in der großen Gärtnerei ihres Mannes stellen, die sie sicherlich in anderer Weise erfüllen würde als es die Vorgängerin an ihrem Platz getan hatte. Gott sei Dank für das alles!

Gott sei Dank? Da ging der Frau, die übrigens mit ihrer Schwester zum endgültigen Abschluss des Scheidungsverfahrens auch Parteimitglied hatte werden müssen, während der Rede des Standesbeamten tatsächlich der christliche Gott wieder einmal durch den Sinn. Hatte nicht dessen Sohn Jesus einmal zum Thema Ehe gesagt: »Was nun Gott zusammengefügt hat, das soll der Mensch nicht scheiden«? Sie heiratete doch gerade einen geschiedenen Mann, wobei sie eingestehen musste, dass sie selbst der Grund dieser Scheidung war. Aber waren Willi und Tusnelda damals von Gott zusammengefügt worden? Doch wohl eher nicht. Sie und Willi allerdings. Darin war Erna, in wenigen Minuten nur noch »geborene von Rohr«, sich sehr sicher. Deshalb würde sich die Frage überhaupt nicht stellen, ob sie beide jemals wieder geschieden werden könnten.

Schon merkwürdig, dass ihr gerade jetzt dieser biblische Satz einfiel und ihr diese Gedanken durch den Kopf gingen. Dabei hatte der braune Bürgermeister und Standesbeamte Sönksen in seiner Rede eben von germanischen Gottheiten gesprochen und von »Vorsehung«, die alles Leben und Wirken jedes wahren deutschen Menschen lenke und gestalte und ihn zu echter Treue befähige, wie es auch der Führer Adolf Hitler erlebe und proklamiere. Aber wer oder was war denn überhaupt die »Vorsehung«, der man sich für ein glückliches Leben anvertrauen sollte?

Doch so plötzlich, wie der fromme Gedanke aus der Bibel Erna in den Kopf gekommen war, so rasch war er auch schon wieder verflogen. Vielleicht hatte Rosilein ihn vertrieben. Die Kleine saß nämlich während der Rede und der Trauzeremonie im hübschen Rüschenkleidchen auf dem Schreibtisch des Bürgermeisters und hatte sichtlich ihren Spaß daran. Dabei konnte sie doch gar nicht wissen, worum es hier eigentlich ging. Ihr großer Bruder Hans begriff das schon eher. Er freute sich mindestens so wie die Kleine. Er zeigte das nur auf andere Weise: Er umrahmte die Eheschließung mit zwei heiteren Stücken auf seinem Akkordeon, woran auch der Herr im dunklen Anzug mit der Hakenkreuzbinde am Arm sein Gefallen hatte. Ein guter deutscher Junge, mochte dem durch den Kopf gegangen sein.

Schließlich waren die Unterschriften der neuen Eheleute geleistet. Als sie durch die der beiden Trauzeugen bestätigt waren – Carola von Rohr und »Opa Kord«, Frisör im Städtchen und ein Freund von Willi, setzten ihre Namen unter die Urkunde –, war das Glück der neuen Familie Brasch für die Zukunft besiegelt. Den besonders von Erna gewünschten kirchlichen Segen für die gemeinsame Zukunft würde es später in der kleinen Kirche von Schmolde geben, die zum Patronat derer von Rohr gehörte. Das gäbe dann einen erneuten Grund für ein fröhliches Fest.

Aber auch heute sollte schon fröhlich gefeiert werden. Nicht nur die standesamtliche Hochzeit, sondern auch der lang ersehnte Einzug von Erna Brasch, geborene von Rohr, und der von Töchterlein Rosemarie von Rohr ins herrlich frühlingshaft geschmückte Haus am Wilhelmsplatz. Das Pummelchen sollte freilich nicht mehr lange seinen adeligen Namen tragen, denn noch im Rathaus legte Willi Brasch den schriftlichen Antrag auf Adoption seiner Tochter vor mit der ausdrücklichen Bitte, ihn schnellstmöglich an das zuständige Vormundschaftsgericht weiterzuleiten und auf rasche Bearbeitung zu drängen. Der Parteifunktionär versprach, sich persönlich um die Sache zu kümmern. Es werde sicher keine Probleme geben. Er habe schließlich im Rückblick auf die vergangenen Monate noch etwas gutzumachen. Womit er durchaus recht hatte. Aber den entsprechenden Hintergrund kannte nur Willi, und der behielt ihn für sich.

Carola von Rohr freilich konnte diesem denkwürdigen Sonntag nicht nur Positives abgewinnen. Der Tag machte ihr bei aller Freude auch einige Mühe. Sie verlor schließlich ihre jüngere Schwester und Hausgenossin und war künftig die letzte derer von Rohr, zumindest hier in Meyenburg. Und wie lange sie noch auf dem Schlossgelände wohnen und als alleinstehende Frau von 43 Jahren die Garten- und Feldwirtschaft versorgen konnte, das musste sich erst noch zeigen. Mit dem kleinen Tross ihrer Bediensteten kam sie schon alleine zurecht. Aber die Auseinandersetzungen mit den Leuten von der SA nebenan im Schloss musste sie nun auch allein durchstehen. Das war nicht immer einfach. Die gingen nämlich nicht gerade zimperlich mit dem ehrwürdigen Gemäuer und seinem kostbaren Inventar um. Und auch von der Pflege der weiten Außenanlagen hielten die wenig. Was würde wohl künftig aus dem Schloss und seinem schönen Park, und wer bearbeitete die zugehörigen Felder und pflegte die Wälder? Nun gut, eigentlich war das ja das Problem der fernen Halbschwester Magdalene von Harrach in Klein-Kriechen in Schlesien. Sollte die sich von dort aus kümmern. Sie selbst, Hänschens und in einigen Monaten dann wohl auch Rosis »Tante Carlchen«, würde wohl ihre Heimat und ihren angestammten Wohnsitz in absehbarer Zeit aufgeben – vielleicht sogar aufgeben müssen –, um sich den Frauen im Stift Kloster Malchow anzuvertrauen, mit denen sie vertraglich verbunden war. Dieses Schicksal blieb ihrer Schwester nun erspart. Die war versorgt. Da konnte man schon ein wenig neidisch sein. Aber das lag alles in höherer Hand, sagte Carola von Rohr sich selbst, schob die grauen Gedanken von sich und beschloss, sich doch lieber mit ihrer »kleinen« Schwester über deren neues Leben zu freuen.

Mit der neuen Haus- und Geschäftsfrau und mit Klein-Rosi zog in das große, mit festlichen Girlanden und einer Menge vielfarbig leuchtender Frühlingsblumen geschmückte Haus am Wilhelmsplatz ein ganz neuer Geist ein; ein Geist der Leichtigkeit, ein Geist der Freude, ein Geist der herzlichen Zuwendung und der menschlichen Wärme. Erna bemühte sich vom Tag ihres Einzugs an darum, zu den vielen großen und kleinen Mitbewohnern ein gutes, offenes Verhältnis aufzubauen. Diese Leute waren zumeist Angestellte der Gärtnerei oder gehörten zu deren Familien. Etliche hatten bis vor wenigen Jahren zu den inzwischen verbotenen Parteien KPD und SPD gehört. Schon deshalb blieb die Tages- und Parteipolitik der kleinen und großen NS-Führer meistens außen vor oder wurde nur im Verborgenen diskutiert.

Erna war kein politischer Mensch, ganz im Gegensatz zu Tusnelda. Die hatte bei jeder passenden und auch bei unpassender Gelegenheit penetrant versucht, die Männer und Frauen ihrer häuslichen Umgebung von den NS-Lehren zu überzeugen. Für deren kleine und große Probleme hatte sie sich nicht interessiert. Das war bei Erna Brasch anders, und durch sie konnte sich ihr Mann nun auch seinen Angestellten gegenüber ganz anders verhalten. Auch Willi interessierte sich nur am Rande für Politik. Das »braune Gesülze« seiner Exfrau war ihm immer zuwider gewesen, er hatte es allerdings nicht abstellen können. Der NSDAP war er auch nur beigetreten, um seine Widersacher in deren Lager zu besänftigen und um damit seine Scheidung zu beschleunigen. Also: Ab der zweiten Aprilwoche 1936 wehte in der Meyenburger Gärtnerei ein neuer und für alle recht angenehmer Wind.

Sohn Hans leistete seinen Beitrag dazu ebenso wie seine kleine Schwester Rosemarie, die vom ersten Tag an für alle auf dem weitläufigen Gärtnereigelände der Sonnenschein war und nur noch Rosi genannt wurde. Der Junge konnte sich endlich verhalten und entfalten, wie es in ihm steckte: freundlich, frei und fröhlich. Dieselbe Art steckte offenbar in dem Mädchen auch. Die hatte immer ein Lachen auf dem Gesicht und ein Jauchzen auf ihren kleinen Lippen. Es kam kaum vor, dass sie in ihrem Kinderwagen, auf der Decke oder in ihrem Sandkasten einmal missmutig angetroffen wurde. Jeden Bewohner des Hauses und jeden Kunden, ob Frau oder Mann, ob groß oder klein, lachte sie an und streckte ihnen allen die Hände entgegen, um auf den Arm genommen zu werden. Als sie im Sommer dann laufen konnte, war sie überall anzutreffen, wo sie mit ihren kleinen Beinchen hingelangen konnte. Auch zuweilen an Orten, die ihrer Mutti und dem Vati gar nicht recht waren, weil sie gefährlich waren oder doch gar zu schmutzig. Ein wissbegieriges und entdeckungsfreudiges Kind, das keine Gefahr kannte und alles Neue und Unbekannte gründlich untersuchen musste. Kuhstall, Schweinekoben, Pferdebox, Hühnerpferch, Scheune, Werkstatt, Geräteschuppen, Gewächshäuser, Verkaufsraum, kein Ort war vor Rosi sicher. Immer wieder musste die Mutter fragen: »Hänschen, hast du Rosi gesehen?« – »Willi, ist Rosi bei dir?« – »Herr Zettel, wissen Sie, wo die Kleine ist?« – »Frau Hellmig, das Kind ist nicht mehr auf dem Hof. Wissen Sie …?«
So ging das manchen Tag, je älter und beweglicher Rosi

wurde, desto häufiger. Zuweilen war es sehr aufregend für die Großen, was der Kleinen wieder eingefallen war und wo sie sich wieder herumtrieb. Nach etwa einem Jahr am Wilhelmsplatz notierte Erna Brasch in ihr sporadisch geführtes Tagebuch: *Inzwischen ist unser kleiner Liebling schon ein richtiges kleines Mädchen geworden und sehr, sehr süß. Sie ist ziemlich groß und sehr flink auf den Beinen. Die Haare wachsen immer noch sehr langsam, und es ist noch immer nicht raus, ob sie kraus werden, lockig oder glatt; etwas locken tun sie sich schon. Sie ist sehr klug, immer lustig und vergnügt, und unser Glück über sie wird immer größer. Ziemlich eigensinnig ist der kleine süße Frechmops oft. Aber das wird schon noch anders werden. Sie babbelt einem schon alles nach, und wir verstehen schon das meiste von ihrer Kleinkindsprache. Viele kleine Geschichten leistet sie sich nun schon, und wir kommen oft aus dem Lachen gar nicht heraus. Wie arm sind doch die Menschen, die keine Kinder haben. Eine ganze Stube voll müsste man davon haben, wenn man bloß könnte.*

Leider konnte Erna nicht. Sie wurde zwar im Frühjahr 1937 wieder schwanger, erlitt aber im Winter wieder eine Frühgeburt. Nur war dieses Kind zu ihrem großen Schmerz und auch zu dem ihrer Familie nicht lebensfähig. Eine Stunde nach seiner Geburt hauchte es sein kleines Leben schon wieder aus. Rosi blieb also ohne das erwünschte Geschwisterchen. Aber sie hatte ja Hans, und sie hatte ihren Neffen Dieter, der mit seinen Eltern inzwischen im Städtchen wohnte und immer wieder auf dem Hof und im Gartengelände war, wenn Lilo zur Arbeit in die Gärtnerei kam. Außerdem hatte Rosi bald ihre kleine Freundin Friedel, die mit ihren Eltern als neue Mitarbeiter in Vaters Betrieb ins Haus am Wilhelmsplatz eingezogen war.

An einem heißen Tag war Rosi wieder einmal aus ihrem Sandkasten verschwunden, zumindest konnte Erna Brasch ihr Kind durch das Küchenfenster nicht mehr sehen. Eben hatte der nackte kleine Mensch doch noch dort gesessen und mit seinem Schäufelchen und den Blechförmchen gespielt. Die Mutti ging hinaus, um die Kleine zu suchen. Kein Mensch sonst war auf dem Hof oder in der Nähe. Mehrfach rief sie nach Rosi. Aber von nirgendwoher kam eine Antwort.

Erna schaute in den Stall. Bei Hulda, der behäbigen schwarzbunten Kuh, der Rosi gerne an ihr dickes Euter fasste, um »Mimi« zu bekommen, war sie nicht. Bei Hektor, dem starken Kaltblüter, war sie auch nicht. Auch bei den dicken braunen Rhodeländern, den »Gagags« mit ihrem wilden »Kiki«, war Rosi nicht zu finden. Wo mochte das Kind nur sein? Und wo war übrigens Schäferhündin Senta? Dass die nicht an ihrem Platz lag, fiel Erna erst jetzt auf. Das Tier musste doch eigentlich in seiner Hütte liegen, weil es bei Sonnenschein wie heute gerne den Schatten suchte. Aber nur die lange Kette der Grundstückwächterin lag auf dem Boden. Um diese Zeit lief das Tier aber doch nie frei herum. Wer hatte Senta denn von ihrer Fessel befreit?

Erna Brasch rief nach der Hündin. »Senta! Senta, komm her!« Das treue Tier hatte bei seinem Herrn Gehorsam gelernt und seine neue Gebieterin längst akzeptiert. Es kam sofort aus dem Winkel hinter dem großen Holzstoß vor dem Schuppen hervorgetrottet, den buschigen Schwanz eingezogen, als wäre es sich einer Schuld bewusst. »Brav, Senta«, lobte Erna das Tier und kraulte ihm das Fell. »Wo ist Rosi, Senta? Such sie!«

Der Hund hatte die Frage und den Auftrag offenbar verstanden. Er hatte ja auch das Kind in sein Hundeherz geschlossen und vertrug sich gut mit ihm. Er drehte sich herum und lief in seinen Winkel zurück. Sein Frauchen folgte ihm – und fand ihr Töchterlein. Da hatte dieser kleine Mensch doch tatsächlich Sentas Fressnapf hinter den Holzstoß geschleppt, als habe sie gewusst, dass diese Aktion nicht im Sinne ihrer Mutti war. Im Augenblick ihrer Entdeckung schob sie sich gerade den letzten Rest des Hundefutters mit den kleinen Fingern genüsslich in ihr Mäulchen.

»Aber Rosilein, was machst du da?«, entfuhr es der erschrockenen Mutter.

»Rosi esst hat«, kam es treuherzig zurück. »Senta fesst hat. Meckt gut.« Das Mädchen richtete sich aus seiner Hockstellung auf, das leere Gefäß in seinen Händchen haltend.

»Aber du kannst doch nicht einfach Sentas Napf leer essen, Rosilein«, widersprach die Mutter. Dabei musste sie sich zu einem strengen Ton zwingen. Die Szene war einfach mindestens zum Schmunzeln. »Dann hat Senta ja nichts mehr zu fressen.«

»Senta esst hat. Meckt gut«, rechtfertigte sich die Kleine und reichte ihrer Mutter den leeren Hundenapf. »Senta satt ist. Rosi auch satt ist.«

Damit war für die Kleine die Sache wohl erledigt. Ihre Mutter machte dann auch kein weiteres Aufheben darum. Sie nahm Rosi bei der Hand und ging mit ihr zurück zu dem Sandkasten. »Du bleibst jetzt hier und spielst in deinem Sand! Die Mutti mag dich nicht immer suchen. Und Senta muss wieder an die Kette. Und morgen muss Senta wieder alleine fressen, hörst du? Hast du verstanden?«

Rosi hatte verstanden. Sie sagte nur noch: »Senta leine fesst. Rosi Sand pielt. Senta Hütte läft.« Dann hatte sie auch schon ihre kleine Schaufel in der Hand und stocherte damit im Sand herum.

Als Erna einige Minuten später erneut nach Rosi schaute, war das Kind schon wieder nicht mehr an seinem angewiesenen Spielplatz. Diesmal musste die Mutter allerdings nicht lange suchen. Rosi lag mit Senta im Schatten neben der Hütte und – schlief. Welche Idylle! Die Mutter konnte sich ein Lächeln nicht verkneifen. Brauchte sie ja auch nicht. Bei Senta war Rosi bestens aufgehoben. Eine bessere Bewachung konnte das Kind nicht haben.

Bei Vollmond hätte Rosi in ihren ersten Lebensjahren immer wieder einmal eine Bewachung gebraucht. Das Kind war so etwas wie mondsüchtig. Die hellen Nächte verbrachte sie dann nämlich häufig außerhalb ihres Bettchens. Sie stand auf, ohne es zu wissen, und wanderte irgendwo im dunklen Haus herum, bis sie sich von allein wieder ins Bett legte oder auch an einem anderen Platz niederließ.

Einmal war Rosi allerdings nach draußen auf den Hof gelaufen – wer hatte da wohl vergessen, die Türe abzuschließen? –, und das mitten im kalten Winter, barfuß und im Nachthemdchen bei Frost und Schnee. Ob das daran lag, dass ihr die Mutti am Abend zum wiederholten Mal das Lied vom »Neeföckchen, Weißöckchen« gesungen hatte? Die drei Strophen konnte das Mädchen trotz seiner erst zweieinhalb

Jahre bereits nahezu vollständig mitsingen. Die Melodie hielt sie schon recht gut, und der Text war zumindest für den, der ihn kannte, erkennbar:

Schneeflöckchen, Weißröckchen, da kommst du geschneit,
du kommst aus den Wolken, dein Weg ist so weit.
Komm, setz dich ans Fenster, du lieblicher Stern;
malst Blumen und Blätter, wir haben dich gern.
Schneeflöckchen, du deckst uns die Blümelein zu,
dann schlafen sie sicher in himmlischer Ruh.

Jedenfalls lag Rosi nicht unter ihrer Decke, als die Mutter nach ihr schaute, wie sie das immer einmal in der Nacht tat, in Vollmondnächten erst recht. Der Schreck, das Kind nicht in seinem Bettchen zu finden, war groß. Erna suchte in den Räumen der Wohnung, fand Rosi aber nicht. Sie weckte ihren Mann, und die beiden suchten in panischer Hast draußen in Schnee und Kälte nach dem Kind. Fußspuren, die ihnen den Weg gewiesen hätten, waren trotz der Mondhelle nicht zu erkennen. Und still war es auch, beinahe gespenstisch still. Das konnte doch nicht wahr sein, dass Rosi irgendwo hier draußen war! Die holte sich in der Winternacht ja den Tod!

»Wo mag sie sein? O Gott, doch nicht so etwas!«, murmelte Erna vor sich hin.

»Wir werden sie gleich finden, Liebes«, versuchte Willi seine Frau zu beruhigen. »Sie muss ja irgendwo hier sein. Aus dem Hof und dem Garten kann sie nicht raus. Die Tore sind zu.«

Nach dem Kind zu rufen, wagten beide aber nicht. Einen mondsüchtigen und schlafwandelnden Menschen solle man nicht aufwecken, hatten sie einmal gelernt. Der könne dann sehr unkontrolliert reagieren und sich Schaden tun, je nachdem, wo er sich gerade befand. Also eiligst, aber still suchen im Stall, in der Scheune, im Gewächshaus. Nichts! Rosi war nirgendwo zu finden. Jetzt erst fiel den beiden Suchenden auf, dass Senta nicht auf dem Hof war. Das war schon merkwürdig. Nachts lief die Hündin nämlich immer frei auf dem weiten Gärtnereigelände herum. Das war das Tier so gewohnt, und es wusste, dass es Wache halten musste. Bisher hatte Senta ihre Pflichten nie versäumt. Aber wo war sie nur?

Willi pfiff leise durch die Zähne, wie er das Tier zu rufen pflegte, wenn es kommen sollte. Ein leises Knurren kam von irgendwoher zurück. Aber wo kam es her? Nicht aus der Hütte. Da hatten die Eltern schon nachgeschaut. Willi wiederholte seinen Pfiff. Wieder antwortete das leise Knurren. Seine Herkunft war nicht auszumachen.

»Pfeif noch einmal, Willi«, bat Erna. Diesmal kam das Knurren etwas lauter zurück.

»Der Holzschuppen, Willi. Das kommt aus dem Holzschuppen!« Erna war sich sicher.

Rasch eilten die beiden hinüber. Die Lattentüre des Verschlags war nur angelehnt. Als sie sie öffneten und das Mondlicht hineinfiel, trauten Willi und Erna Brasch ihren Augen nicht. Da lag ihre kleine Tochter gleich vorne vor den aufgeschichteten Scheiten auf dem Boden, zugedeckt mit dem Fell, das eigentlich in Sentas Hütte gehörte, und warm gehalten von dem Hund. Der schaute seine Herrschaften an, als wollte er sagen: »Nett, dass ihr kommt. Habe ich das nicht gut gemacht? Aber wenn ich jetzt aufstehe, wird das Kind kalt, und das ist nicht gut.«

Nein, gut wäre das auch nicht gewesen. »Komm, Senta, braver Hund, steh auf. Wir müssen Rosi ins Haus tragen«, forderte Willi das Tier auf. Das gehorchte jetzt sofort. Es wusste anscheinend, dass sein Schützling nun in Sicherheit war.

Erna hob das Mädchen vorsichtig auf und trug es rasch ins Haus, eingehüllt in Sentas Fell, um es sofort unter seine eigene Decke zu stecken und danach schnell eine Wärmflasche zu füllen und mit ins Bett zu legen. Willi bedankte sich derweil bei seinem aufmerksamen und klugen Tier mit einem besonderen Stück Wurst, das er rasch aus der Speisekammer geholt hatte. Die Sonderration mitten in der Nacht hatte Senta sich redlich verdient. Was wäre in dieser kalten Mondnacht aus der kleinen Schlafwandlerin geworden, wenn die Hündin nicht gewesen wäre? Rosi wäre erfroren. Die Gefahr, dass sie sich mindestens eine Erkältung geholt hatte, bestand auf jeden Fall. Der neue Tag würde diese Frage wohl beantworten.

In dieser Nacht sprach Erna Brasch zum ersten Mal am Bettchen ihres Kindes ein bewusstes Dankgebet zu Gott, der ihren Liebling durch den Einsatz des Hundes bewahrt hatte. Und sie bat Gott, dass er mögliche schlimme oder gar schlimmste Folgen des nächtlichen Ausflugs der Kleinen gnädig abwenden möge. Sie hatte doch gerade erst ihr zweites Kind verloren und sich von dem Schmerz noch nicht erholt. In ihrem Inneren sprach die Frau so etwas wie ein Gelübde. Ab heute wollte sie an die lange Tradition des Geschlechtes von Rohr anknüpfen und das Leben des Kindes und das Leben der ganzen Familie bewusst der Obhut des guten Gottes anbefehlen und es nicht mehr versäumen, am Morgen und am Abend genau das im Gebet zu tun. Hoffentlich gelang ihr das und sie hielt das durch, und hoffentlich ließ Willi ihre fromme Hinwendung zu Gott zu. Vielleicht vollzog er sie ja sogar mit? Auch wenn das nicht der Nazi-Parteilinie entsprach … Stand nicht ihrer beider Mitgliedschaft in der NSDAP ohnehin nur auf dem Papier? Schön wäre das, ging es der Frau noch durch den Kopf. Ehe sie sich wieder ins Bett legte, kontrollierte sie noch einmal die Türe. Noch einmal sollte Rosi nicht ausreißen können. Ab der nächsten Nacht würde sie wohl mit Hänschen in einem Zimmer schlafen …

Es erschien der Mutter wie die Antwort Gottes auf ihr Versprechen: Rosi wurde nach dieser Nacht tatsächlich nicht krank. Nicht einmal einen Schnupfen hatte sie sich geholt. Kam das nicht einem Wunder gleich? Da musste Gott doch seine Hände im Spiel gehabt haben! Im März 1938 schrieb Erna Brasch in ihr Tagebuch: *Gottseidank ist sie den ganzen Winter gesund gewesen, auch kaum erkältet. […] Ihr kleiner Geist ist sehr rege, und wir staunen oft, wie folgerichtig sie schon denkt. Sie schläft jetzt mit ihrem lieben Hansibruder zusammen, und beide sind glücklich, wenn sie dann morgens zusammen in seinem Bett herumtollen können. Die Liebe zwischen den beiden ist rührend und wird immer größer und ist unser Glück. […] Unser aller Leben steht in Gottes Hand, und er allein weiß, was wozu sein muss. […] Es ist so ein Glück und Gottesgeschenk, Kinder haben zu dürfen. Man kann gar nicht dankbar genug sein. […] Rosi ist so springlebendig und immer froh. Sie lacht und singt und grölt*

Erna Brasch mit Stiefsohn Hans und Tochter Rosi
(Weihnachten 1938)

den ganzen Tag. Schlafen tut sie auch immer noch sehr viel. Das Essen schmeckt ihr immer, und es ist eine Freude zu sehen, wie sie gedeiht. Sie ist jetzt 94 cm groß und hat den ganzen Kopf voller Locken. Also hatte sich auch das Problem mit den Haaren gelöst. Die Tochter konnte jetzt mit der Mutter durchaus konkurrieren, was die Haarfülle anging …

Umzug in die eigene Villa

Im Sommer 1937 begannen Willi und Erna Brasch auf dem Grundstück an der Freyensteiner Straße, das die Hausfrau als ihr Erbe eingebracht hatte, mit dem Bau eines neuen Wohnhauses mit mehreren Stall- und Hofgebäuden. Die Pläne dazu hatte der Gärtnermeister selbst entworfen und mit einem befreundeten Architekten ausgefeilt. Ausgeführt wurden die Bauarbeiten von einem Unternehmer und verschiedenen Handwerksbetrieben des Städtchens und umliegender Orte. Das Wohngebäude wurde ein anderthalbgeschossiges, modernes Klinkerhaus mit großzügigen Wirtschafts- und Wohnräumen, einem halbrunden Vorbau auf der einen Längsseite und einer großen Terrasse auf der anderen. Von dieser führte eine Freitreppe in den Hof, der zum Zufahrtsweg und zur Freyensteiner Straße hin durch eine Mauer mit großem Flügeltor beziehungsweise durch die Rückwände einzelner kleinerer Gebäude abgeschlossen war. Das hübsche Wohnhaus bekam sogar ein großes Badezimmer und eine moderne Zentralheizung.

Es gab im Städtchen kein zweites Haus mit ähnlichem Komfort. Für viele Leute ein Anlass zu Neid und Missgunst und teilweise üblen Gerüchten um die Finanzierung dieses Projektes. Es gab in der bäuerlich-kleinhandwerklich geprägten Bevölkerung Meyenburgs und seiner kleindörflichen Umgebung allerdings auch kaum jemanden, der ähnlich wohlhabend war und sich ein solches Haus leisten konnte wie Willi Brasch. Der Gärtnermeister bediente ja auch nicht nur seine Mitbürger mit Pflanzen aller Art, er verkaufte seine Produkte weit ins Land hinaus und hatte sogar Geschäftsverbindungen ins Ausland. Das brachte natürlich etwas ein und ermöglichte der Familie einen Wohlstand, auf den die meisten anderen Einwohner der Stadt – leider – verzichten mussten. Sollte ihm daraus jemand einen Vorwurf machen? Schließlich gab er ja auch einer großen Zahl von Leuten im Städtchen Lohn und Brot.

Seine auswärtigen Kontakte konnte Willi Brasch freilich nur noch sehr kontrolliert aufrechterhalten. Er musste seit

Erna und Willi Brasch vor ihrem neuen Haus an der Freyensteiner Straße
(1939)

einiger Zeit nachweisen, wer seine Kunden waren. Das war Weisung der NS-Wirtschaftsbehörden in Berlin, für deren Durchsetzung am Ort die Partei-Ortsgruppenleitung zuständig war. Waren die Geschäftskunden jüdischer Herkunft, war der Gärtnermeister gehalten, Lieferungen zu verweigern. »Kauft nicht bei Juden!«, hieß der NS-staatliche Auftrag, der ihm als Unternehmer genauso galt wie jedem Privatmenschen. Für ihn hieß das dann zusätzlich: »Verkauft nicht an Juden!«, und es blieb ihm nichts anderes übrig, als zähneknirschend langjährig gepflegte Kontakte rigoros abzubrechen. Er durfte dazu nicht einmal sein Bedauern äußern.

Willi Brasch und seine Erna ärgerten sich gewaltig über die staatlichen Boykottbestimmungen. Und auch darüber, dass er immer wieder einmal nachweisen musste, dass unter seinen zahlreichen Mitarbeitern niemand war, der vielleicht irgendwelchem subversivem Denken nachhing und heimlich gegen den Hitler-Staat agitierte, anstatt als ordentlicher Deutscher und anständiger Bürger dem Führer und seinen Befehlen zu folgen. Obwohl er sich dem herrschenden Staat gegenüber loyal verhielt, kam der Geschäftsmann diesen Pflichten nur sehr halbherzig nach. Wenn er auch Parteimitglied war, ver-

Rosi mit Blumenkohl am Neubau an der Freyensteiner Straße
(1939)

hielt er sich doch überwiegend passiv. Sein aktiver Einsatz beschränkte sich auf seine leitende Mitarbeit als Löschzugführer bei der freiwilligen Feuerwehr. Adolf Hitlers rassistisches und antisemitisches Denken konnten und wollten er und seine Erna nicht nachvollziehen und erst recht nicht aktiv unterstützen. Auch störte die beiden der abartige Kult, den der mächtige Mann in Berlin um seine eigene Person, um Personen seiner unmittelbaren Umgebung und auch um Personen aus unteren Reihen der Partei und des Staates aufgebaut hatte und gepflegt wissen wollte. Gut, dass Meyenburg weit genug von Berlin entfernt war und die nationalsozialistische Sache hier auf verhältnismäßig kleiner Flamme gekocht wurde. Wer sich allerdings die örtliche Parteispitze oder die Herren der SA-Sportschule und des Reichsarbeitsdienstes – der RAD benutzte ebenfalls seit einiger Zeit das Schloss und das zugehörige Gelände für seine Zwecke – zu Feinden machte, musste wissen, dass das nicht ohne Konsequenzen blieb. Einige »Ewiggestrige« aus der früheren und seit 1933 verbotenen KPD und aus der ebenfalls verbotenen SPD waren bereits plötzlich und über Nacht nach unbekannt verschwunden. Ihr Schicksal lag im Dunkeln. Hinter der

Hand munkelte man etwas von Lagern zur politisch-geistigen Umerziehung. Nach ihrem Verbleib zu fragen, war gefährlich, erzeugte Ärger und brachte den Frager selbst in Bedrängnis. Antworten gab es ohnehin nicht.

Willi und Erna Brasch gehörten nicht zu den Fragern. Sie hielten sich auch am neuen Wohnplatz in politischen Dingen zurück. Sie wollten sich selbst und ihre Familie nicht gefährden. Ihnen ging es um die Erhaltung des Betriebs und die Fürsorge für ihre Mitarbeiterschaft und deren Familien, von denen sie sich nach dem Umzug ins neue Haus räumlich um etwa 300 Meter entfernt hatten. Die beiden – Erna freilich mehr als Willi – hielten sich wieder dichter zur evangelischen Gemeinde und besuchten ab und zu die Sonntagsgottesdienste und andere Veranstaltungen, zu denen der lutherische Pfarrer einlud, auch wenn der zuweilen ein etwas merkwürdiges Evangelium predigte. Der Mann im Talar mit dem geteilten Beffchen hatte sich der sogenannten »Glaubensbewegung Deutscher Christen« angeschlossen und redete in beinahe jedem Gottesdienst von notwendiger »heldischer Frömmigkeit« und einem »artgemäßen Christentum«, Ideale, denen ein guter Deutscher in dieser Zeit nachzustreben habe. Demgemäß müssten aus der Bibel »alle offenbar entstellten und abergläubischen Berichte des Neuen Testaments entfernt« werden. Auch wies er bei seiner Textauswahl immer wieder darauf hin, die Kirche müsse »vom Alten Testament mit seiner jüdischen Lohnmoral, von diesen Viehhändler- und Zuhältergeschichten« befreit werden und »auf die ganze Sündenbock- und Minderwertigkeitstheologie des Rabbiners Paulus« verzichten. Dazu gebrauchte er immer wieder die Formel »Ein Volk, ein Führer, ein Gott und eine Kirche«. Das war schon alles sehr merkwürdig. Und was das überhaupt sollte, begriff mancher Besucher der Gottesdienste nicht. Aber es wagte auch niemand, dem Pfarrer zu widersprechen. Es war wohl gefährlich, das zu tun. Der Mann paktierte sehr eng mit den politischen Führern des Städtchens. Carola von Rohr hätte wohl widersprechen können. Sie übte als die letzte Bewohnerin des Schlosses in Vertretung für ihre ferne Halbschwester

Magdalene von Harrach auf dem Papier immer noch das Patronat über das Pfarramt aus und hätte von daher das Recht mindestens der Nachfrage gehabt. Aber auch sie wagte keinen Einwand gegen die Arbeit des Geistlichen. Sie sympathisierte ja ohnehin eher mit anthroposophisch geprägtem geistlichem Gedankengut als mit dem christlichen. Zudem nahm sie ihre NSDAP-Mitgliedschaft ernster als ihre jüngere Schwester und ließ von daher manche merkwürdige Predigtäußerung einfach stehen, ohne weiter darüber nachzudenken.

Erna Brasch war ebenfalls nicht geneigt, dem Pastor und seinem Reden zu widersprechen, obwohl sie sicher war, dass dessen Art der Textauswahl und Auslegung mit biblischer Verkündigung wenig oder gar nichts zu tun hatte. Sie hatte es bei ihren Eltern und bei ihrem eigenen Konfirmator noch anders gelernt. Der jetzige Meyenburger Pfarrer verkürzte und verfälschte demnach die Botschaft der Heiligen Schrift, wie sie im Alten und im Neuen Testament vorgegeben war. Und die beiden Teile der Bibel gehörten nun einmal zusammen und konnten auch nicht gegeneinander ausgespielt werden. Es hatte doch wohl auch niemand das Recht, einfach ganze Bücher oder auch nur einzelne Kapitel oder Verse aus dem Ganzen der Heiligen Schrift herauszureißen. Und das Glaubensbekenntnis zu ändern, war auch eine schwer nachvollziehbare Sache. Was war denn daran »undeutsch«, wenn ein Christenmensch bekannte, er glaube »an Gott, den Vater, den Allmächtigen, den Schöpfer des Himmels und der Erde. Und an Jesus Christus, seinen eingeborenen Sohn, unsern Herrn, empfangen durch den Heiligen Geist, geboren von der Jungfrau Maria, gelitten unter Pontius Pilatus, gekreuzigt, gestorben und begraben ...« und »an den Heiligen Geist, die heilige christliche Kirche, Gemeinschaft der Heiligen, Vergebung der Sünden, Auferstehung der Toten und das ewige Leben«? Leider gab es in Ernas Umgebung niemanden, den sie danach hätte fragen können.

Es gab überhaupt niemanden in der lutherischen Gemeinde Meyenburgs, der auf kritische Fragen Antworten hätte geben können oder sie gar wirklich gegeben hätte. Erna

Brasch musste also die »christlichen« Merkwürdigkeiten ertragen. Willi machte sich ohnehin weniger Gedanken darum und vermied es, mit seiner Frau über solche Sachen zu sprechen. Er vertrat die Meinung, der Pfarrer müsse es doch wissen, der sei doch ein studierter Mann und außerdem Parteimitglied und damit ein staats- und führertreuer Mensch. Solle er doch machen, wie er es für richtig hielte. Er müsse es schließlich auch vor seinem Gott verantworten …

Erna besprach ihre Probleme dafür immer wieder einmal mit ihrer Schwester, auch wenn nicht viel dabei herauskam. Carlchen hatte sich schon immer sehr mit geistigen Fragen beschäftigt, dabei hatte ihr Interesse jedoch vor allem der Anthroposophie gegolten. Die Bibel gelesen und mit dem Gesangbuch gelebt wie noch ihre Eltern hatte sie freilich nie so richtig. Erna dagegen in ihren Jugendjahren schon eher. Carlchen hatte es also wenig gestört, dass ihre jüngere Schwester sich später vom biblisch orientierten Glauben entfernt hatte. Dass sie sich gerade in der politisch und kirchlich schwierigen Zeit dem lutherischen Glauben wieder deutlich annäherte, wunderte sie. Die beiden unterhielten sich immer wieder über das, was sie zum Thema Religion und Glauben bewegte. Dass die nationalsozialistisch geprägte deutsch-christliche Veränderung der lutherischen Kirche nicht gut war und auch am Ende keinen guten Ausgang nehmen würde, darin waren sich die beiden Frauen einig. Darin allerdings überhaupt nicht, dass die Kirche ohnehin ausgedient habe, wenn das nationalsozialistische Gedankengut erst einmal bis in die letzten Wohnstuben durchgesetzt worden sei. Gegen diese Ansicht ihrer Schwester konnte Erna kaum überzeugend argumentieren. Dagegen konnte sie nur anbeten und anglauben und ihren eigenen Weg gehen.

Nach einem der Gespräche mit ihrer Schwester versprach Erna Brasch sich selbst erneut, sich zumindest darum zu bemühen, ihr in jener Winternacht gegebenes Gelübde auch zu halten und in ihrem Leben umzusetzen und sich in allen Dingen an der Bibel zu orientieren. Sie begann dann auch bald, ihren Tag entsprechend zu gestalten, indem sie wie früher als junges Mädchen im Schloss wieder regelmäßig Andacht hielt und betete. Für ihre Bibellese griff sie zurück auf den »Bibellese-Zettel der preußischen Haupt-Bibelgesellschaft« und auf deren »Wegweiser in die Heilige Schrift«, wie sie es von früher noch kannte. Ihre Eltern hatten wahrscheinlich recht gehabt, wenn sie immer wieder das alte Sprichwort zitiert hatten: »Gottes Wort und Luthers Lehr vergehen nie und nimmermehr.« Eher würde das derzeit herrschende Tausendjährige Reich vergehen. Aber diesen Gedanken durfte man wohl gar nicht haben, geschweige denn ihn laut aussprechen – außer bei Carlchen –, wenn man die kommende Zeit überleben wollte.

Und so führte Erna Brasch bei den häuslichen Mahlzeiten das Tischgebet ein. Sie begann es jeweils mit der Formel, die sie schon als Kind aus Martin Luthers Kleinem Katechismus gelernt hatte: »Das walte Gott Vater, Sohn und Heiliger Geist. Amen.« Wenn die Zeit reichte, betete sie dann auch nach Luther weiter: »Aller Augen warten auf dich, Herr, und du gibst ihnen ihre Speise zu seiner Zeit. Du tust deine milde Hand auf und sättigest alles, was lebt, mit Wohlgefallen.« Wenn die Zeit knapp war, betete sie auch nur eine kurze Form: »Segne, Vater, dieses Speise, uns zur Kraft und dir zum Preise.« Oder: »Komm, Herr Jesu, sei unser Gast und segne, was du uns bescheret hast.« Nach dem Essen hieß es meistens: »Wir danken dir, Herr Jesu Christ, dass du unser Gast gewesen bist. Bleib du bei uns, so hat's nicht Not, du bist das wahre Lebensbrot.«

Der inzwischen vierjährigen Rosi machte das Beten Freude, und sie lernte rasch, die Texte mitzusprechen und ihr eigenes kleines Gebet anzuhängen, das dann aber auch bei allen möglichen anderen Gelegenheiten seinen Platz hatte: »Hilf Gott allezeit. Amen.« Zum Beispiel nach dem Morgengebet, das die Mutter noch an ihrem Bettchen sprach: »In Gottes Namen steh' ich auf. Herr Jesu, leite meinen Lauf, begleite mich mit deinem Segen, behüte mich auf allen Wegen. Amen.« Ebenso nach dem Abendgebet: »Gott Vater, dir befehl ich mich, wollst mich behüten gnädiglich. Lass deine lieben Engelein meine Hüter und Wächter sein.« Sehr bald konnte Rosi auch die Liedstrophen mitsingen, die die Mutter mit ihrer rauen und wackligen Stimme nach dem Nachtgebet noch am Bett ihres Kindes anstimmte:

Breit aus die Flügel beide, o Jesu, meine Freude, und nimm dein Küchlein ein. Will Satan mich verschlingen, so lass die Englein singen: »Dies Kind soll unverletzet sein.«

Oder auch:

Weißt du, wie viel Sternlein stehen an dem blauen Himmelszelt ...
Weißt du, wie viel Mücklein spielen in der heißen Sommerglut ...
Weißt du, wie viel Kindlein frühe steh'n aus ihren Bettlein auf ...

Rosi lernte mit der Zeit sogar alle sieben Strophen des Liedes von Matthias Claudius »Der Mond ist aufgegangen«. Nach der letzten Zeile »... und unsern kranken Nachbarn auch!« hängte sie dann immer an, wer denn noch ruhig schlafen sollte: »... und Vati und Hans und Tante Carlchen und Dieter und Tante Lilo und Onkel Georg und Friedel und Senta und alle Tiere und Vatis Arbeitsleute und ... und ... und ...« Manchmal wurde die Liste so lang, dass die Mutter sie abbrechen musste, weil sie noch anderes zu tun hatte und ihr die Zeit davonlief oder auch, weil Willi rief, dem diese neue Frömmigkeit seiner Frau ein wenig übertrieben schien. Ungefährlich sei sie auch nicht, glaubte er zu wissen. Man müsse nicht unbedingt auf der Straße hören, wenn sie mit Rosi oder auch nur für sich fromme Lieder sänge. Die Nazis hörten das sicher nicht sehr gerne, wenn sie oder das Kind oder beide zusammen Jesuslieder sängen oder wenn sie mit ihrer Tochter zu Jesus betete. Der sei bekanntlich ein Jude gewesen, und alles Jüdische sei dem Staat nun mal ein Gräuel. »Sei vorsichtig, mein liebes Pützchen«, mahnte der Gärtnermeister seine geliebte Frau gelegentlich, »ich möchte nicht, dass wir Schwierigkeiten bekommen.«

Nein, Schwierigkeiten bekamen die Braschs nicht. Nicht wegen der ins Haus an der Freyensteiner Straße eingezogenen Frömmigkeit und auch nicht wegen ihres lediglich schwachen Einsatzes für den nationalsozialistischen Staat.

Man ließ die Gärtnersleute und ihre Familie in Ruhe leben und arbeiten, gaben sie doch auch nach wie vor etlichen Menschen Arbeit und Brot, Wohnung und Auskommen. Töchterchen Rosi, die leider ohne ein weiteres Geschwisterchen blieb – Mutter Ernas erneute Schwangerschaft endete nach wenigen Monaten mit einer Fehlgeburt –, wuchs also in einer einigermaßen heilen Welt auf. Sie hatte einen gesunden Leib, der kaum eine Krankheit kannte, und einen gesunden, fantasievollen Geist, der an allem und jedem Interesse hatte. Sie verstand sich mit Mensch und Tier, liebte das Alleinsein auf dem eigenen Hof oder auch auf dem von Tante Carlchen genauso wie die Geselligkeit mit allen möglichen großen und kleinen Leuten. Sie suchte das bewegte Abenteuer beim zuweilen wilden Spiel mit anderen Kindern an den Teichen und unter Bäumen und Sträuchern im Schlosspark ebenso wie die besinnliche Ruhe auf dem Schoß der Tante, die dazu mehr Zeit hatte als die Mutti.

Tante Carlchen konnte so wunderbar Geschichten erzählen von ihren vielen Vorfahren, die nebenan auf dem von Rohrschen Familienfriedhof beerdigt waren. Und sie las ihrer Nichte immer wieder einmal herrliche Märchen vor, was die Mama nie machte. Die war der Meinung, Märchen seien nichts für Kinder. Darin kämen zu viele Wölfe und andere böse Tiere vor und auch merkwürdige Wesen und furchtbare Räuber. Also musste Rosi für ihre Märchenstunden immer den Park durchqueren, was sie auch liebend gerne tat. Manchmal spielte sie dann selbst Wolf oder Räuber und erschreckte, fantasievoll verkleidet, die Leute.

Einmal trieb es die Kleine so toll, dass ein gestrenger Ortspolizist sie beim Wickel nahm und zu Hause ablieferte mit der deutlichen Mahnung an die Eltern, ihrer wilden Tochter solche Spiele gefälligst zu untersagen. Sie belästigten die Leute und störten die öffentliche Ordnung. Na ja, das war dann sicherlich wohl doch ein bisschen übertrieben.

Besondere Ereignisse waren für Rosi die regelmäßigen Waschtage im elterlichen Waschhaus mit dem großen Kessel, den verschiedenen hölzernen Bottichen und den geheimnisvollen Waschmitteldosen auf dem Regal. Schade, dass sie bei den Arbeiten nicht helfen durfte. Das sei zu gefährlich wegen des heißen Wassers beziehungsweise der heißen Lauge und zu schwer wegen der großen Wäschestücke, die sie mit ihren kleinen Händen noch gar nicht bearbeiten konnte. Sie schaffte es ja nicht einmal, ein kleines Handtuch auszuwringen. Das kriegte sie einfach nicht hin, so sehr sie sich auch mühte.

Bei den jährlichen Schlachtfesten war das anders. Sie durfte zwar nicht zuschauen, wenn die Schweine getötet wurden, aber wenn die Tiere kopfunter an der Leiter hingen und geöffnet und ausgenommen wurden, dann war sie dabei. Hier schaute das kleine Mädchen gerne zu und konnte auch schon helfen, wenn es zum Beispiel darum ging, das Schweineblut zu rühren, damit es bis zu seiner Verarbeitung in der Wurst nicht gerann. Sie konnte auch schon die Gefäße füllen, wenn später Leute aus der Nachbarschaft oder die Bewohner des Hauses am Wilhelmsplatz heraufkamen, um sich Fleisch- und Wurstbrühe abzuholen.

Das heranwachsende Mädchen liebte es, wenn der Vater oder der große Bruder es zum Angeln und Fischen an den Plauer See mitnahmen. Dann durfte Rosi auf der Stange oder dem Lenker des Fahrrades sitzen, später am Ufer spielen, eine eigene Angel halten oder in dem kleinen Boot sitzen und einen Handkäscher durchs Wasser ziehen. Dass sich nie ein Fisch in dem Netz verfing oder an ihrem Haken festbiss, machte Rosi nichts aus. Ihr war es wichtig und genug, dass sie dabei war und dem Vati und Hans »helfen« konnte. Vor den meist recht wilden Hechten hatte sie ohnehin Angst. Freude machte es ihr immer, wenn sie Tante Mieke, Vatis Schwester, und ihre Familie in Plau besuchen durfte oder wenn die Tante an den See kam und einen großen Korb voller guter Sachen für ein kräftiges Picknick mitbrachte. Mit ihren Vettern und Cousinen konnte Rosi am Ufer und im Wasser so herrlich herumtoben. Fröhliche Kinder in unbeschwerter Kindheit!

Besonderen Spaß machte es ihr, wenn Vati, der Bruder oder auch ein Arbeiter der Gärtnerei mit Pferd und Wagen unterwegs sein musste und sie mitfahren durfte. Wenn sie dann sogar die Zügel in ihre Hände nehmen konnte – das durfte sie meist auf dem Rückweg nach Hause –, war sie glücklich. Dass Hektor seinen Weg auch ohne sie finden würde, wenn es Richtung Hof und Stall ging, stritt sie immer ab. Ihrer festen Überzeugung nach fand das gute Tier seinen Weg eben nicht selbstständig, sondern folgte ihr als der Kutscherin und ihrer Lenkung mit den Zügeln. Darauf war sie einfach nur stolz, und hätte Bruder Hans ihr bei der gemeinsamen Fahrt von Schmolde zurück nach Meyenburg die beiden langen Lederriemen überlassen, dann wäre das Unglück nicht passiert. Auf dem heimischen Hof lag Rosi nämlich plötzlich mitten im dampfenden frischen Mist.

»Hättest du mir die Zügel gelassen, du dummer Kerl!«, prustete sie und schimpfte wie ein Rohrspatz. »Hektor wäre richtig gelaufen und hätte den Wagen nicht gegen die Mauer gestoßen.«

»Ach, stell dich nicht so an, Kleine«, konterte Hans. »Du konntest dich ja auf dem Bock festhalten, dann wärst du nicht runtergefallen und in dem Pferdekuhschweinehühnerhundemist gelandet. Du bist aber doch schön weich gefallen, oder?«

»Du blöder Kerl!«, schalt das Mädchen und rappelte sich hoch. »Igitt, wie ich aussehe und wie ich stinke!« Sehr böse herrschte sie ihren Bruder an: »Dafür holst du mir sofort die Wanne und machst mir Wasser da rein!«

»Mach' ich gleich, Rosilein. Tut mir ja leid, Kleines«, gab Hans mit gespieltem Bedauern zu; dabei konnte er sein Grinsen nicht verbergen.

»Nun lach nicht noch so dumm, blöder Kutscher. Hilf mir lieber aus dem Mist raus.«

»Ich werde mich doch nicht an dir dreckig und stinkig machen, Schwesterchen«, lehnte Hans die Hilfsforderung ab. »Komm alleine raus und lauf schon zur Pumpe. Auf die Wanne können wir verzichten. Zieh dich schon aus. Wenn ich den Hektor im Stall hab, dann schwinge ich den Schwengel und spüle dich ab. Das wird ein Vergnügen, Rosilein!«

Geduldig wartete Rosi unter der Pumpe, allerdings in ihrem Kleidchen. »Erst das Kleidchen abspülen. Das muss auch wieder sauber sein. Dann ziehe ich mich aus.«

Gesagt, getan, die Reinigungsaktion unter der Hofpumpe

konnte beginnen, und der große Bruder und die kleine Schwester hatten ihren Spaß dabei. Das nasse Kleidchen kam nach der Wäsche an die Leine – ob es wohl sauber geworden war? –, und Rosi holte sich nach der Körperwäsche ein neues. Mama Erna wunderte sich später beim Abendgebet darüber, dass ihre Tochter den Vater im Himmel darum bat, dass Hans es endlich lerne, den Hektor mit den Zügeln richtig zu lenken, und dass sie sich dafür bedankte, dass es auf dem Hof eine Pumpe gab mit gutem Wasser. Erst auf ihre Rückfrage hin erfuhr sie, was sich am Nachmittag auf dem Hof zugetragen hatte.

Krieg

Für Rosi Brasch waren ihre Kleinkinderjahre eine Idylle, wie sie schöner kaum sein konnte. Ihr kleines Leben verlief überwiegend heiter und nahezu sorgenfrei. Ein fröhliches Kind, eingebettet und gehalten in der Geborgenheit elterlicher und geschwisterlicher Liebe und in einem Netz freundschaftlicher Beziehungen zu vielen kleinen und großen Verwandten und Bekannten im Städtchen und hier vor allem in dem Bereich zwischen Wilhelmsplatz, Schlossgärtnerei und Freyensteiner Straße. Von den wachsenden Spannungen und der aufgeheizten Stimmung im Reich des großen Führers bekam sie wenig mit. Am gemeinsamen Küchentisch und bei gemeinsamen Unternehmungen der Familie wurde darüber selten ausführlich gesprochen. Nur am Rande ging es um die Ereignisse um den Einmarsch der Deutschen ins Sudetenland im Oktober 1938 oder die Geschehnisse der sogenannten »Kristallnacht« im folgenden November. Die Aktionen Hitlers gegen die Tschechoslowakei im März 1939 wurden kaum erwähnt, und der im ganzen Reich pompös gefeierte 50. Geburtstag des Führers wurde im Hause Brasch weitgehend übergangen. Man erfuhr diese Dinge und vieles andere aus dem Volksempfänger, den es seit einiger Zeit im Haus gab, und aus der lokalen Zeitung. Manche Neuigkeiten brachte Willi Brasch mit nach Hause, wenn er wieder einmal im fernen Berlin oder in Potsdam oder auch nur in Pritzwalk zu tun hatte, und auch Hans brachte immer wieder Neuigkeiten mit, die er bei den Jungvolktreffen und den Zusammenkünften der Hitlerjugend erfahren hatte. Diese Dinge wurden meist nur registriert. Politisch diskutiert wurde im Haus der Gärtnersleute eher selten, es sei denn, es waren irgendwelche Parteimenschen im Haus, die unbedingt diskutieren wollten. Ansonsten ging man bei Braschs immer wieder schnell zur Tagesordnung über, die von Keimlingen und Setzlingen und Pflanzen aller Art und von Bodenarten bestimmt war, von Torf, Pflanzendünger und Pflanzenschutzmitteln und von den Menschen, die sich mit alldem abgaben. Rosi spielte derweil lieber mit ihrem Schmusehasen, ihrem Plüschteddy und ihren Puppen, für die sie eine hübsche Kleidersammlung besaß und die sie liebend gerne aus- und wieder anzog. Sie war ohnehin noch zu klein, um von den Entwicklungen der Zeit und von den zuweilen hitzigen Auseinandersetzungen auf politischem und gesellschaftlichem Gebiet wirklich etwas mitzubekommen und zu begreifen.

Das änderte sich allerdings mit ihrem zunehmenden Alter und mit dem Fortschreiten der Geschichte. Am 1. September 1939 begann der Zweite Weltkrieg. Willi Brasch war inzwischen 48, Hans war 15. Beide Männer kamen glücklicherweise für einen Einsatz an irgendeiner Front zunächst nicht infrage. Der eine war zu jung, der andere hatte mit der Wehrmacht nichts zu tun, seitdem die bereits vor Jahren sein Gesuch auf freiwilligen Beitritt abschlägig beschieden hatte. Seine Kriegsverletzung aus dem Ersten Weltkrieg lasse eine Übernahme als Offizier der Reserve nicht zu, war Willi Brasch mitgeteilt worden. Er könne dem Reich auch in der Feuerwehr dienen. Gut so. So konnten Vater und Sohn weiter ungestört ihrer Arbeit nachgehen, der eine als Gärtnermeister, der andere als Lehrling im Betrieb seines Vaters. Aus der Mitarbeiterschaft des Betriebes musste auch zunächst noch niemand einrücken, um dem Hitlerstaat bei der Durchsetzung seiner Pläne zur Gewinnung von Land und Raum zu dienen. Dass im Osten und dann auch im Norden und Westen und bald in ganz Europa Krieg war, erfuhren die Menschen des Städtchens an der Stepenitz auch jetzt vornehmlich aus dem Radio, aus der Zeitung und aus den amtlichen Mitteilungen der NS-Gemeindeführung. Direkt betroffen von Kriegsereignissen war die ländliche Region lange nicht.

Für Rosi Brasch blieb die Idylle ihres Kindheitsparadieses noch eine gute Weile erhalten. Seine Grenzen weiteten sich allerdings aus, wie das mit dem Älterwerden nun einmal verbunden ist. Das Mädchen kam in den Kindergarten. Aber nicht in den, den Tante Carlchen inzwischen für Jungen und Mädchen aus nationalsozialistisch geprägten Familien eröffnet hatte, um sie dort im Geiste der NS-Ideologie zu erziehen. Nein, Mutti Erna hatte das nicht gewollt. Rosi kam in den kirchlichen Kindergarten zu Schwester Ella, einer Kai-

Rosi mit Bruder Hans auf dem Anwesen an der Freyensteiner Straße
(1940)

serswerther Diakonisse im langen blauen Kleid und mit weißer Haube auf ihrem dunklen Haar, die von einer großen weißen Schleife unter dem Kinn gehalten wurde. Schwester Ella war eine liebe, freundliche Frau, und es war schön, täglich einige Stunden in ihrer Nähe zu sein! Sie war immer heiter und fröhlich. Richtig böse konnte sie gar nicht sein. Auch wenn sie einmal streng sein musste, strahlte sie eine wohltuende Ruhe aus, die auch die wildesten Kinder zu bändigen wusste.

Rosi ging gerne in den Kindergarten. Jetzt konnte sie an sechs Tagen der Woche vormittags mit ihrer Freundin Friedel spielen und nicht nur wie bisher zweimal oder dreimal in der Woche. Jetzt konnte sie zusammen mit anderen Jungen und Mädchen allerhand Geschichten hören, bunte Bilder dazu malen und ihre Inhalte in kindliche Spielhandlungen umsetzen. Jetzt konnte sie in der Gruppe singen und brauchte es nicht mehr alleine im Hof oder im Haus zu tun. Diese Tante Ella kannte unendlich viele Lieder auswendig. Solche zu den biblischen Geschichten, die sie täglich erzählte, solche zu Morgen und Abend und zu Frühling, Sommer, Herbst und Winter und solche zu irgendwelchen besonderen Ereignissen. Beinahe jede Woche lernte Rosi ein neues Lied. Besonders lustig fand sie das von dem Mann mit den drei Söhnen und der Frau mit ihren Töchtern, die alle so komische Namen hatten.

Es war einmal ein Mann, der hatte drei Söhne.
Der erste hieß Schack, der andere Schack-schawwerack,
der dritte Schack-schawwerack-schackonimini.

Nun war auch eine Frau, die hatte drei Töchter.
Die erste hieß Sipp, die andere Sipp-siwwelipp,
die dritte Sipp-siwwelipp-sippelimini.

Und der Schack nahm Sipp,
und Schack-schawwerack nahm Sipp-siwwelipp,
und Schack-schawwerack-schackonimini
nahm Sipp-siwwelipp-sippelimini.

Dieses neckische Zungenbrecherlied sang Rosi immer wieder aus vollem Hals, wenn sie auf ihrem kurzen Heimweg durch den Schlosspark schlenderte oder zum Rhythmus dieses Liedes hüpfte. Da ließ sie sich auch nicht von den Männern der SA oder von denen des RAD stören, die ihr dort begegneten. Die hatten dann immer ihren Spaß an dem kleinen Singvogel.

Mutter Erna Brasch (1940)

Das andere Lieblingslied im Park ebenso lauthals zu singen, musste ihr die Mutter allerdings verbieten. Das kam bei den vielen Nazi-Ohren im Parkgelände nicht so gut an. Zu einem von Rosis besonderen Lieblingsliedern wurde nämlich bald das schöne Lied der Luise von Hayn, das Tante Carlchen ihr früher schon einmal zur biblischen Geschichte von dem Hirten gesungen hatte – Hans hatte es auch schon auf seinem Akkordeon gespielt – und das Schwester Ella beinahe jeden zweiten Tag anstimmte. Dieser Hirte hatte 99 Schafe in der Wüste alleine gelassen, weil er in den Klüften ein verlorenes Schaf, das hundertste seiner Herde, suchen musste:

Weil ich Jesu Schäflein bin, freu' ich mich nur immerhin
über meinen guten Hirten, der mich wohl weiß zu bewirten,
der mich liebet, der mich kennt
und bei meinem Namen nennt.
Unter seinem sanften Stab geh' ich ein und aus und hab'
unaussprechlich süße Weide, dass ich keinen Hunger leide;
und sooft ich durstig bin,
führt er mich zum Brunnquell hin.
Sollt' ich denn nicht fröhlich sei, ich beglücktes Schäfelein?

Denn nach diesen schönen Tagen
werden Engel heim mich tragen
in des Hirten Arm und Schoß.
Amen! Ja, mein Glück ist groß!

Schwester Ella ließ sich in ihrer stark christlich geprägten Arbeit von der immer ernster und dramatischer werdenden Zeit nicht beeindrucken. Sie war und blieb bemüht, ihren Kindern etwas ins Herz zu legen von biblischem Glauben und frommer Geborgenheit, das die Kraft hatte, die Zeiten der Kindheit zu überdauern und Schwierigkeiten im jetzigen und im späteren Leben tragbarer zu machen. Und das gegen den wachsenden Widerstand der NS-Funktionäre der Stadt, die keinen Blick hatten für das Unheil, das deutschland- und europaweit bereits entstanden war durch die ideologische Verblendung großer Bevölkerungskreise.

Ja, die Zeiten waren für die Menschen sehr ernst geworden, und das nicht erst seit Kriegsbeginn. Jetzt aber umso mehr. Auch in Meyenburg mussten bald die ersten Kriegsopfer beklagt werden. Im Sommer 1940 traf es auch den Hof- und Stallknecht des Gärtnereibetriebs Willi Brasch. Der junge Familienvater hatte sich freiwillig zur Wehrmacht gemeldet und war dann kaum zwei Monate im Einsatz gewesen. Scheußlicher Krieg! Willi Brasch hatte gehofft, der Mann käme bald zurück. Jetzt musste er sich nach einer neuen Arbeitskraft umsehen.

Aber nein, das brauchte er dann doch nicht. Das Reich kam ihm entgegen. Er bekam eine neue Arbeitskraft zugewiesen: einen jungen Franzosen, den die deutschen Truppen im Frankreichfeldzug bei Amiens in Gewahrsam genommen und als arbeitsfähigen Kriegsgefangenen nach Deutschland geschickt hatten. Mathieu war ein freundlicher junger Mann, der vorhatte, aus seiner Situation das Beste zu machen. Er verbrachte seine unfreiwilligen Tage auf dem Gärtnereigelände ohne irgendwelchen Groll gegen seine Herrschaften. Er war immer freundlich und fleißig, lachte viel mit den Leuten und trällerte immer wieder irgendwelche französischen Liedchen vor sich hin. Mit großem Eifer bemühte er sich, die deutsche Sprache zu lernen, damit er sich mit den anderen Menschen an seinen verschiedenen Einsatzorten auch verständigen konnte.

Rosi, inzwischen fünf und im letzten Kindergartenjahr, war ihm dabei eine gute Lehrmeisterin. Die beiden verstanden sich auf Anhieb. Wann immer das möglich war, hockten sie zusammen und sahen sich gemeinsam Bilderbücher an. Vor allem die bunte »Häschenschule« hatte es beiden angetan, das »Lustige Bilderbuch von Fritz Koch-Gotha zu Versen von Albert Sixtus«. Immer wieder schauten sie es miteinander an. Rosi konnte zwar noch nicht lesen, aber sie kannte die Texte des Buches auswendig und wusste genau, was bei welchem Bild stand. So lernte der junge Mann Deutsch, und das kleine Mädchen lernte Französisch. Wenn es um den Fuchs ging, »*wie er leise, husch, husch, husch, schleicht durch Wiese, Feld und Busch*«, machte Mathieu immer ein sehr bedenkliches Gesicht. Manchmal zeigte er auf die Abbildung und sagte leise: »Fux wie Itler, gefährlisch. Vorsischt, *ma petite rose, s'il te plaît!*« Dabei legte er immer einen Finger auf seinen Mund als Zeichen, dass man darüber wohl nicht laut sprechen durfte.

Es dauerte auch gar nicht lange, da sangen die beiden im Duett französische Lieder, auch wenn Rosi lange nicht wusste, was sie da sang. Lustig war es allemal, zumindest den Refrain dieses Tanzliedes mitzusingen:

Sur le pont d'Avignon, l'on y danse, l'on y danse,
sur le pont d'Avignon, l'on y danse tout en rond.

Sehr lustig war es auch, den jungen Franzosen das Lied von dem Soldaten singen zu hören, der aus dem Krieg heimkehrt und um eine Prinzessin wirbt. Mathieu sang das Lied nicht nur, er gestaltete es, spielte es vor, und Rosi, seine »*petite rose*« war dann immer seine Angebetete, der er eine frisch gepflückte Blume überreichte, meistens tatsächlich eine Rose, von denen es ja genug auf dem Gartengelände gab.

Trois jeun's tambours s'en revenaient de guerre,
trois jeun's tambours s'en revenaient de guerre,
et ri et ran, ran-pa-ta-plan! S'en revenaient de guerre.

Zumindest das »*et ri et ran, ran-pa-ta-plan*« sang Rosi auch sehr bald mit. Die anderen vielen Wörter gingen zu schnell an ihren kleinen Ohren vorbei, als dass sie sie aufnehmen und behalten konnte. Dafür hätte sie ihrem neuen Freund gerne das Zungenbrecherlied von Schack und Sipp und ihren Geschwistern beigebracht. Aber das war dann wieder für Mathieu zu schwer.

Mutti Erna hatte ihren Spaß daran, den beiden zuzusehen und zuzuhören, wenn sie auf diese Weise sprachlich-musikalisch miteinander umgingen. Es störte sie nicht, dass Mathieu seine kleine Freundin immer wieder auch »*gentille alouette*« (»freundliche Lerche«) nannte. Sie störte sich auch nicht daran, dass diese menschliche Nähe eigentlich seitens der NS-Behörden gänzlich unerwünscht war. Der Umgang mit Kriegsgefangenen war auf ein Minimum und nur auf die notwendige, die Arbeitskraft erhaltende Grundversorgung zu beschränken. Die Leute hatten Befehlen zu gehorchen, Aufträge auszuführen und zu arbeiten und sich ansonsten von allem fernzuhalten. Und sie sollten ferngehalten werden. Keine persönlichen Kontakte! Solche Leute waren nicht wie Menschen zu behandeln, sondern wie Gefangene eben, wie feindliche Gefangene.

Aber das hätte die Mama ihrer Rosi nicht erklären können, wenn sie es denn selbst so hätte praktizieren wollen. Folglich ließ sie die beiden gewähren, und ihr Mann machte es genauso.

Mathieu hatte seinen Platz im Herzen von Rosi, und auch in der Familie war er aufgenommen. Leider gelang es ihm nicht, Hans, mit dem er sich auch gut verstand und dessen Akkordeon er zuweilen spielen durfte, davon abzubringen, sich freiwillig der Wehrmacht zur Verfügung zu stellen. Hans hatte sich gegen die Einwände seiner Eltern von seinen HJ-Führern davon überzeugen lassen, dass er sich gleich nach Abschluss seiner Lehre – er war gerade 18 Jahre alt geworden – freiwillig zum Soldaten ausbilden lassen müsse, um sich für Führer, Volk und Vaterland in den Kampf gegen den bolschewistischen Feind schicken zu lassen. Er wurde dann tatsächlich noch vor Ende 1942 an die Ostfront geschickt, wo er im kalten russischen Winter als Kradmelder im heißen Kampf

Willi Brasch mit Sohn Hans und Tochter Rosi
an seinem 50. Geburtstag (21. Februar 1941)

der deutschen Truppen gegen die immer mächtiger werdende Offensive der russischen Armeen eingesetzt wurde.

War der Abschied von dem geliebten Bruder für seine kleine Schwester Rosi schon eine schlimme und tränenreiche Geschichte gewesen, so war die Zweitklässlerin schier untröstlich, als bereits sieben Monate danach die traurige Nachricht kam, Hans sei am 14. Juli fern im Osten in der Nähe von Orel an der Oka bei schweren Panzerkämpfen heldenhaft für das Reich und für das Volk und für die Ziele des Nationalsozialismus gefallen. Er habe dort auf einem Soldatenfriedhof ein würdiges Grab erhalten.

Die Nachricht schlug ins Haus an der Freyensteiner Straße ein wie eine Granate. Das konnte nicht wahr sein! Hans, gerade einmal 19 Jahre alt, heldenhaft gestorben, gefallen für Führer, Volk und Vaterland und schon unter russischer Erde! Nein! Nein! Und nochmals nein! Bei den Braschs zog die Trauer ein – und die Rebellion gegen den Staat, der für seine irrsinnige Großmachtpolitik zur »Eroberung neuen Lebensraums im Osten« und dessen »rücksichtsloser Germanisierung« über Leichen ging, über Berge von Leichen. Furchtbar, einfach nur furchtbar! Wenn diese Rebellion doch nur öffentlich gezeigt werden könnte! Willi und Erna Brasch wären dazu bereit gewesen, wenn sie auch nur die geringste Chance gesehen hätten, damit irgendetwas zu bewirken. Dabei wussten sie genau, dass schon der geringste Einwand oder gar Widerspruch gegen nationalsozialistische Politik und Staatsführung schwerwiegende Konsequenzen nach sich zog. Also schweigen, Wut und Zorn allein verarbeiten und Trost suchen an Stellen, wo er wirklich zu finden war: im Zuspruch des biblischen Wortes.

Herr, Gott, du bist unsre Zuflucht für und für. Ehe denn die Berge wurden und die Erde und die Welt geschaffen wurden, bist du, Gott, von Ewigkeit zu Ewigkeit, der du die Menschen lässest sterben und sprichst: Kommt wieder, Menschenkinder! Denn tausend Jahre sind vor dir wie der Tag, der gestern vergangen ist, und wie eine Nachtwache. Du lässest sie dahinfahren wie einen Strom; sie sind wie ein Schlaf, gleichwie ein Gras, das doch bald welk wird, das da frühe blüht und bald welk wird und des Abends abgehauen wird und verdorrt. Das macht dein Zorn, dass wir so vergehen, und dein Grimm, dass wir so plötzlich dahinmüssen. Denn unsre Missetaten stellst du vor dich, unsre unerkannte Sünde ins Licht vor deinem Angesicht. […] Lehre uns bedenken, dass wir sterben müssen, auf dass wir klug werden. Herr, kehre dich doch wieder zu uns und sei deinen Knechten gnädig! […] Und der Herr, unser Gott, sei uns freundlich und fördere das Werk unsrer Hände bei uns; ja, das Werk unsrer Hände wolle er fördern! (Psalm 90)

Rosi war für ein paar Tage überhaupt nicht ansprechbar, weder für die trauernden Eltern noch für Tante Carlchen oder Lilo – ihr Mann Georg befand sich inzwischen ebenfalls irgendwo im Osten an der Front – oder Dieter und seinen kleinen Bruder Peter oder auch für jemand anderes aus der Verwandtschaft. Auch nicht für Freundin Friedel und auch nicht für ihren französischen Freund Mathieu. Dem war die Achtjährige sogar richtig böse, weil er den Krieg überstanden hatte und es ihm hier in Meyenburg einfach gut ging. Das Mädchen verbrachte die traurigen Ferientage meist in irgendeinem verborgenen Winkel des Hofes oder des weitläufigen Gartengeländes oder an einem einsamen Platz im Schlosspark. Niemanden sehen, niemanden hören, mit niemandem reden! Kindliche Trauerarbeit.

Nach etwa einer Woche suchte Rosi Mathieu wieder auf und fragte ihn ganz unvermittelt: »Wenn Hansi doch nur gefallen ist, warum ist er dann tot?«

»*Excuse-moi*, du kleines Dummchen«, seufzte der Franzose auf. »Isch bin gefallen oft in Dreck bei unseres Kampf gegen die deutsche Soldaten. Aber isch konnte aufstehen immer wieder.«

»Und warum konntest du aufstehen und Hansi nicht?« Rosi hatte ihre Probleme mit dem Hinfallen und dem Nicht-mehr-aufstehen-Können.

Mathieu zögerte ein wenig mit seiner Antwort. Dann sagte er, und er schaute sein junges Gegenüber dabei traurig an: »*Pardon, ma petite rose*, dein Bruder wahrscheinlisch wurde getrefft von ein russische Kugel. Die at getötet ihn. Das nennt man in dein Sprache: er at gefallt.«

»Nicht, er hat gefallt, Mathieu, er ist gefallen!«, korrigierte das Mädchen und musste dabei nun doch ein wenig lächeln.

»*Merci*, Rosi, er ist gefallen«, nahm der Franzose die Korrektur an. »Das ist viel schlimm und viel traurisch. Dass isch lebe, ist mein Gluck.«

Rosi dachte einen Moment nach. Dann sagte sie: »Vielleicht hat dich ja auch der liebe Gott beschützt.« Traurig und nachdenklich setzte sie hinzu: »Schade, dass er das nicht auch bei Hans gemacht hat. Aber sicher haben ihn die Engel heimgetragen. Und jetzt ist er …« Die beiden schwiegen eine Weile; dann hängte Rosi leise an: »Ich muss die Mutti und den Vati suchen. Ich muss ihnen sagen, dass Hans bei dem Hirten ist, in seinem Arm und Schoß. Die Eltern sollen nicht mehr traurig sein. Jetzt müssen wir beten, dass Gott den Papa von Dieter und Peter behütet und dass er uns alle hier zu Hause auch beschützt.« Danach ließ das Mädchen den sehr nachdenklichen Mathieu einfach stehen und verschwand im Haus, wohl um zu tun, was es sich eben vorgenommen hatte.

In den nächsten zwei Jahren blieben die Eltern Brasch mit Töchterchen Rosi tatsächlich behütet. Sie gerieten zwar immer wieder in Gefahrensituationen, aber sie blieben bewahrt und kamen immer wieder heil und unversehrt aus den Schwierigkeiten heraus. Je länger der Krieg dauerte, desto häufiger gab es auch in Meyenburg Fliegeralarm. Dann mussten für die Nacht die Fenster der Häuser verdunkelt werden, zumindest alles Licht gelöscht, und die Menschen hatten sich mit vorbereitetem Notgepäck in ihre Keller zu begeben oder in den speziellen Luftschutzraum im Amtsgerichtsgebäude. Dort verbrachten sie dann Stunden großer äußerer Enge und innerer Angst, Stunden voller Zittern und Zagen, Stunden des Bangens, aber auch des Betens, Gott möge gnädig bewahren. Die Schutzsuchenden konnten allerdings immer wieder unversehrt in ihre Häuser und Wohnungen zurückkehren, denn die feindlichen Luftgeschwader überflogen die Stadt nur und suchten sich ihre Opfer 150 Kilometer weiter südöstlich. Ziel für ihre zerstörerischen und tödlichen Frachten war Berlin, die Reichshauptstadt.

Sich bei Alarm in Sicherheit zu bringen galt natürlich auch für die Gärtnerfamilie. Den Braschs erschienen diese Aktionen allerdings eher lästig, als dass sie sie als notwendig empfanden. Hier auf dem platten Land gab es doch gar keine strategischen Ziele, wo der Feind dem NS-Staat bedeutsamen Schaden hätte zufügen können. Dennoch, diese Nächte voller Anspannung in der dunklen Enge der Schutzräume hatten etwas Unheimliches, das auch die Braschs immer wieder für kurze Zeiten in Angst und Schrecken versetzte.

Die inzwischen neunjährige Rosi war zwar ein robustes Mädchen, das kaum einmal vor irgendetwas Angst hatte. Dennoch lernte auch sie in den Alarmnächten das Zittern und Zagen. Weniger aus ihrem eigenen Inneren als vielmehr aufgrund des Verhaltens der anderen Menschen im Schutzraum. Allerdings lernte sie auch das intensive Beten und die damit verbundene Zuversicht, der allmächtige Gott werde das Unglück gnädig vorübergehen lassen. In solchen Stunden übte sie, als besonderes Gebet den Psalm 121 auswendig zu sprechen und seinen Worten zu vertrauen:

Ich hebe meine Augen auf zu den Bergen, von welchen mir Hilfe kommt. Meine Hilfe kommt von dem Herrn, der Himmel und Erde gemacht hat. Er wird deinen Fuß nicht gleiten lassen; und der dich behütet, schläft nicht. Siehe, der Hüter Israels schläft noch schlummert nicht. Der Herr behütet dich; der Herr ist dein Schatten über deiner rechten Hand, dass dich des Tages die Sonne nicht steche noch der Mond des Nachts. Der Herr behüte dich vor allem Übel, er behüte deine Seele; der Herr behüte deinen Ausgang und Eingang von nun an bis in Ewigkeit.

Immer wieder machte das Mädchen dann auch die Erfahrung, dass sich dieses Vertrauen bewährte. Wieder zu Hause sang sie dann gerne mit den Eltern, allerdings mehr mit der Mutti als mit dem Vati, den Dank an den himmlischen Vater mit den Worten des alten Liedes von Heinrich Albert:

Gott des Himmels und der Erden, Vater, Sohn und Heil'ger Geist, der es Tag und Nacht lässt werden, Sonn' und Mond uns scheinen heißt, dessen starke Hand die Welt und was drinnen ist, erhält.

Gott, ich danke dir von Herzen, dass du mich in dieser Nacht vor Gefahr, Angst, Not und Schmerzen hast behütet und bewacht, dass des bösen Feindes List mein' nicht mächtig worden ist.

Führe mich, o Herr, und leite meinen Gang nach deinem Wort; sei und bleibe du auch heute mein Beschützer und mein Hort. Nirgends als bei dir allein kann ich recht bewahret sein.

Deinen Engel zu mir sende, der des bösen Feindes Macht, List und Anschläg' von mir wende und mich halt' in guter Acht, der auch endlich mich zur Ruh' trage nach dem Himmel zu.

Zum Glück und zur Freude der Familie gab es für Willi Brasch auch 1945 keine Notwendigkeit, sich dem Feind an irgendeiner Front entgegenzustellen. Er wurde weiterhin vom aktiven Kriegsdienst verschont. Die Meyenburger NS-Ortsgruppenleitung hielt die Hände über den Gärtnermeister. Den brauchten sie für andere Aufgaben. Der musste als führender Mann der Ortsfeuerwehr nach den zahlreicher und brutaler werdenden Bombennächten immer wieder mit Männern seines Trupps per Reichsbahn zu kurzen oder auch zu längeren Einsätzen nach Berlin fahren, um dort bei Löscharbeiten und Rettungseinsätzen zu helfen. Das waren meistens schwierige und gefährliche Aktionen, bei denen die Helfer mehr als einmal ihr eigenes Leben aufs Spiel setzen mussten. Willi Brasch kam dabei aber äußerlich nie zu Schaden. Nicht, als in seiner unmittelbaren Nähe eine Hausmauer einstürzte und er auf den Zuruf eines Kameraden in letzter Sekunde zur Seite springen konnte. Nicht, als in seinen Händen bei hohem Wasserdruck der Kopf eines Hydranten platzte und die Einzelteile ihm um die Ohren flogen. Auch nicht, als unter ihm eine Schiebeleiter zusammenbrach und er aus einigen Metern Höhe unsanft zu Boden ging. Willi Brasch kam zur großen Freude seiner Frau und seiner Tochter immer wieder heil nach Hause. Bewahrung Gottes?

Innerlich aber machten ihm die schlimmen Erlebnisse in der Reichshauptstadt mehr und mehr zu schaffen. Was er dann jeweils erzählte, jagte seinen Zuhörern Schauer über den Rücken und ließ die Herzen seiner Lieben immer wieder neu erbeben und ihre Gemüter zittern. Leichen aus den Trümmern zerstörter Häuser zu bergen oder sie auch auf der Straße aufzulesen und auf Karren an entsprechende Sammelstellen zu transportieren war die schlimmste Arbeit, von der Willi Brasch berichtete. Welch ein ungeheures Maß an menschlichen Opfern und materieller Zerstörung wurde der Berliner Bevölkerung zugemutet und abverlangt. Warum nur ließ Gott das alles zu und griff nicht ein? Das war schier unbegreiflich und einfach nur furchtbar. Gottlob hatten sie selbst ihre Heimat auf dem Land weit außerhalb dieses entsetzlichen Geschehens. Oder lebten sie hier draußen vielleicht doch nur in der Ruhe vor dem Sturm, der auch sie noch erreichen würde? Der allmächtige Gott mochte es in seiner Gnade verhindern …

Noch furchtbarer als das Berliner Erleben erschien Willi Brasch die immer lauter und irrsinniger werdende Propaganda, die alles Deutsche in den Himmel hob und alles Undeutsche in die Hölle verbannte und der unbedingten Vernichtung preisgab. Der Sieg über alle Feinde sei durch nichts aufzuhalten, erfordere freilich auch den Einsatz auch der letzten Kräfte, die zu mobilisieren seien. Mochte es kosten, was es wolle an Mensch und Material … Eine einzige Lüge, dieses Politgeschrei! Ein furchtbarer und verhängnisvoller Betrug am deutschen Volk, sowohl an denen, die draußen an irgendeiner Front oder auch nur in der Etappe ihren harten Dienst taten und ihr Leben aufs Spiel setzten, als auch an denen, die in der Heimat auf ihre Weise um ihr eigenes Überleben und das ihrer Mitmenschen kämpfen mussten. Mit dem Motto »Front und Heimat – die Garanten des Sieges« und den überall aufgehängten Plakaten mit markanten arischen Gesichtern und dem Propaganda-Spruch »Harte Zeiten – Harte Pflichten – Harte Herzen« sollten sie motiviert und bei der Stange gehalten werden. Scheußlich, das alles. Und es würde kein gutes Ende nehmen!

Nur im Flüsterton und hinter vorgehaltener Hand wurde im Haus der Braschs untereinander, aber auch mit Carlchen – auch ihr wurde der Nationalsozialismus immer fragwürdiger –, Lilo und anderen vertrauten Menschen solche führer-, partei- und staatskritischen Gespräche geführt und auch darüber geredet, dass es wohl besser gewesen wäre, wenn eines der verschiedenen Attentate auf Adolf Hitler, von denen natürlich in Funk und Presse mit großem propagandistischem Aufwand berichtet worden war, einen anderen Ausgang genommen und es den Mann erwischt hätte. Ob der Krieg dann nicht längst zu Ende wäre? Aber der Führer hatte ja die »Vorsehung« auf seiner Seite, wie er selbst immer wieder verkündigte. Die sei ihm Garant für den Endsieg über den »asiatischen Bolschewismus«, und gegen die Vorsehung habe der »Klüngel verbrecherischer Elemente« keine Chance. Welch ein irres Geschwätz eines offenkundig größenwahnsinnigen und kranken Mannes. Wenn das doch alles bald zu Ende ginge! Besser ein Ende mit Schrecken als dieser andauernde Schrecken ohne Ende.

Rosi war in all diesen Dingen mittendrin. Die Eltern konnten ihre Tochter gar nicht aus dem Geschehen und dem Reden darüber heraushalten. Dafür war sie zu wissbegierig und zu aufmerksam, und am Tisch wollte sie einfach mit dabei sein. Ob das für sie immer gut war, alles zu hören, was der Vater erzählte, und in die Gedanken der Eltern und ihrer Freunde einbezogen zu sein? Jedenfalls bekam Rosi strengste Anweisung, über die heimischen Tischgespräche in der Schule, auf der Straße und unter den Gärtnereiarbeitern absolutes Schweigen zu bewahren. Das seien Familiengeheimnisse und die dürfe sie niemals preisgeben.

Mit ihrem Freund Mathieu durfte sie weiterhin umgehen wie bisher, und mit Igor, dem jungen, hünenhaften Russen von der Wolga, durfte sie es ähnlich tun, wenn der denn mit sich umgehen ließ. Igor war im Spätsommer 1942 als Kriegsgefangener nach Deutschland gekommen und dem Gärtnereibetrieb zur Arbeit zugewiesen worden. Der große, blasse Mann mit dem traurigen Gesicht sprach kaum ein Wort, ein Lied sang er schon mal gar nicht. Dabei hätte Rosi so gerne auch einmal ein russisches Lied gelernt. Schade, dass der Russe so selten seinen Mund aufmachte. Das Mädchen kam über ein paar Wörter nicht hinaus, die sie in seiner Sprache und die Igor in ihrer Sprache lernte: *Da* und *njet* für ja und nein, *paschálsta* und *spassiba* für bitte und danke, *prastitje* für Entschuldigung, *dobry djen* und *da-swidánja* für Guten Tag und Auf Wiedersehen. Aber vielleicht taute er ja noch auf, wenn er merkte, dass seine Arbeitgeber mit ihm ebenso freundlich umgingen wie mit dem Franzosen. Der junge Kerl aus dem Osten mit einem offenbar schlichten Gemüt und anscheinend großer Sehnsucht nach Zuhause gehörte zur Mitarbeiterschaft des Betriebs wie alle anderen Männer und Frauen auch. Er bekam genug zu essen und auch sonst, was er zum Leben benötigte. Die von den Nazis geforderte Sonderbehandlung von Kriegsgefangenen fand im Gärtnereibetrieb auch jetzt nicht statt. Dort handelte man schon lange nach der sogenannten »Goldenen Regel«, die zwar in der Bibel stand, die aber längst sprichwörtlich geworden war: »Was du nicht willst, dass man dir tu, das füg' auch keinem andern zu!« beziehungsweise *»Alles, was ihr wollt, dass euch die Leute tun sollen, das tut ihr ihnen auch«* (Matthäus 7,12).

Die beiden unterschiedlichen Gefangenen erfuhren von daher am Wilhelmsplatz und an der Freyensteiner Straße von der Familie Brasch eine ansonsten selten gewordene Nächstenliebe und eine gegen alle anderslautenden Forderungen gelebte Feindesliebe. Dabei galt dieser Umgang mit Menschen, von dem Jesus nicht nur in der Bergpredigt, sondern auch bei vielen anderen Gelegenheiten gesprochen hatte, in ihrem Haus und in ihrem Betrieb als ganz normal. Darüber wurde auch nicht besonders nachgedacht. Die Liebe zu den beiden ausländischen »Nächsten« und die Achtung vor ihnen wurden selbstverständlich praktiziert. Die beiden »Feinde« dankten es ihren Arbeit- und Quartiergebern durch Treue, Fleiß und Anhänglichkeit.

Rosi hatte sich schon bei Igors Ankunft vorgenommen, auch diesem Fremdling sein Hiersein angenehm zu machen. Die Eltern mahnten sie nur, sie solle sehr vorsichtig sein in dem, was sie mit den Männern redete, und nicht unbedingt nach dem bekannten biblischen Motto nach Matthäus 12,34b verfahren: »*Wes das Herz voll ist, des geht der Mund über.*« Mathieu verstand viel und sprach inzwischen auch eine Menge Deutsch. Ob Igor etwas von dem verstand, was die Menschen um ihn herum sprachen, war schwer auszumachen. In Gebrauch hatte er nur die wenigen Wörter, die er von Rosi gelernt hatte. Welche Wörter er außer denen noch kannte, war kaum oder gar nicht herauszufinden. Er handelte mehr nach Vorbild und praktischem Beispiel als nach mündlicher Anweisung und hüllte sich dabei immer in tiefes Schweigen.

Rosi benahm sich im Umgang mit den beiden Männern ganz im Sinne ihrer Eltern. Sie war ja auch ein kluges Mädchen. Sie wusste sich in der Schule geschickt zu verhalten, wenn die Themen heikel wurden. Und sie wusste es auch im Umgang mit den beiden »Feinden« im Betrieb. Die Eltern hatten es ihr beigebracht – vor allem die Mutti –, immer darauf zu achten, was ihr über die Lippen ging. Das sei eine grundsätzliche, wichtige Lebensregel. In dieser bösen und unsicheren Zeit gelte aber ganz besonders, seine Zunge zu hüten und zu beachten, was der Apostel Petrus in seinem ersten Brief geschrieben hatte (Kap. 3,10): »*Wer leben will und gute Tage sehen, der schweige seine Zunge, dass sie nichts Böses rede, und seine Lippen, dass sie nicht trügen.*«

Ja, gute Tage sehen, das war der intensive Wunsch vieler Menschen dieser Zeit, und das sicher nicht nur in Meyenburg. Tage ohne Hetzmeldungen gegen alle und alles, was dem NS-Staat zuwider war, und die Aufforderung an jeden wahren Deutschen, den Weg der Vernichtung alles Unwerten und Abartigen mitzutragen und mitzugehen; Tage ohne erschreckende und deprimierende Nachrichten über neue verlustreiche Niederlagen deutscher Truppenverbände; Tage ohne Berichte über neue Bombardierungen deutscher Städte mit Hunderten von Toten und der Vernichtung von Industrieanlagen, Wohnraum und wertvollen Kulturgütern; Tage ohne verlogene Durchhalteparolen und Forderungen nach noch mehr Einsatz und Opfern …

Dabei waren die gegenwärtigen Tage auch im Jahr 1944 für die Bewohner des Städtchens an der Stepenitz und der Umgebung immer noch vergleichsweise gut, auch wenn es hier, wie wohl allerorten, zunehmend mehr Familien gab, die Opfer zu beklagen hatten. Geschossen und gebombt wurde immer noch woanders als hier auf dem platten Land der Prignitz. Aber war es nicht nur eine Frage der nächsten Monate, bis der Krieg auch in Meyenburg und seiner Umgebung ankommen und mit seinem Lärm die Luft und den Boden erfüllen würde? Seit die Alliierten im Juni in der Normandie gelandet waren und von dort auf deutsches Territorium vorrückten und seit die Rote Armee im Osten ihre Sommeroffensive in Gang gesetzt hatte und westwärts drängte, zweifelten immer mehr Leute an einem deutschen Endsieg, auch wenn sie das nicht auszusprechen wagten. Die Braschs glaubten schon lange nicht mehr daran. Die Nachricht vom heldischen Tod ihres Schwiegersohns im fernen Russland, durch den Lilo zur Witwe und Dieter und Peter zu Halbwaisen geworden waren und der nicht nur die Tochter und ihre beiden Jungen, sondern die ganze Familie in eine neue tiefe Depression geführt hatte, hatte seinen Anteil am wachsenden politischen Zweifel. Alles, was an Meldungen von den direkten Kriegsschauplätzen die Heimat erreichte, sprach gegen eine Wendung der Dinge zum Guten. Nein, das Ende aller Illusionen war ringsum am Horizont bereits deutlich wahrzunehmen.

Dennoch, sollten sie sich heute schon Sorgen machen über morgen?, fragten sich Willi und Erna Brasch immer wieder, und sie bezogen Rosi in ihr Fragen mit ein. Ihr Glaube an die

Allmacht Gottes war zwar nicht frei von Zweifeln und Anfragen an ein gerechtes Handeln Gottes. Aber er enthielt doch auch eine große Portion Zuversicht, dass Gott auch dann da sein würde, wenn die Katastrophe vollends hereinbräche und auch für sie ihre Auswirkungen hätte. Das war sicher nur noch eine Frage weniger Monate. Bis dahin aber galt es, den jeweiligen Tag zu gestalten und mit Menschen und Dingen so gut wie möglich umzugehen, den Betrieb aufrechtzuerhalten und weiterhin mit der verbliebenen deutsch-französisch-russischen Mannschaft Gemüse zu produzieren. Vor allem die Berliner Bevölkerung brauchte dieses Gemüse dringend, und Not zu lindern, hatte Willi Brasch schon immer am Herzen gelegen. Seine Frau hatte ihn seit Beginn ihrer Beziehung immer darin unterstützt.

Tiefflieger

Dann verschärfte sich die Lage auch für die ländliche Region, und die Dinge spitzten sich zu. Auch das weite Land der Prignitz bekam den Krieg und seinen desolaten Fortgang für das Reich zu spüren.

Zum einen bildete neuerdings die SA im Schloss und auf dem Wiesengelände jenseits des Flüsschens junge und alte Männer für den Volkssturm aus. Der Hitlerstaat rekrutierte offenbar seine letzten menschlichen Reserven. Sechzehnjährige Schüler und sechzigjährige Männer, die bisher nicht der Wehrmacht angehört hatten, wurden einberufen, um ihren Kriegseinsatz zu trainieren und die Handhabung von Panzerfäusten und einfachen Waffen zu üben. Dabei traf es auch eine Anzahl Meyenburger Bürger, die sich täglich auf dem Gelände jenseits der Stepenitz einzufinden hatten, um mit denen, die im Schloss kaserniert waren, durch die Wiesen zu robben und durch die Wälder zu stürmen. Hoffentlich zogen die zuständigen SA-Behörden nicht auch Willi Brasch noch ein. Der passte mit seinen jetzt 53 Jahren noch sehr gut in das Schema. Seine häufigen Einsätze mit der Feuerwehr mochten ihn allerdings vor einer Einberufung zum Frontdienst bewahren. Gott konnte es schenken!

Zum anderen tauchten im Herbst 1944 in der Region Tiefflieger auf, die die Gegend immer wieder unsicher machten, als hätten sie von der übenden Volkssturmtruppe erfahren und seien darauf aus, die Aktivitäten um das Schloss zu stören, auch um den Preis von Opfern unter jungen und alten Männern. Plötzlich und unerwartet, wie aus dem Nichts und ohne Ankündigung durch die Sirenen kamen die kleinen einmotorigen Flugzeuge, trieben für eine Weile ihr Unwesen und verschwanden auch wieder nach Irgendwo. Wo sich die schnellen Maschinen sehen ließen, machten die Besatzungen mit ihren Bordwaffen Jagd auf alles, was sich am Boden unter ihnen bewegte. Es wurde äußerst gefährlich, sich länger in ungeschütztem Gelände aufzuhalten. Zu schnell waren diese gefährlichen Luftbrummer da und versetzten die Menschen am Boden in Panik und Schrecken. Manchmal kamen zwei, manchmal kam auch nur eine Maschine, die den Luftraum über Meyenburg und seiner Umgebung eine Zeit lang in längerem Hin- und Herflug unsicher machte. Gelegentlich trafen die Bordschützen sogar, und es gab Tote und Verletzte unter den Militärs und auch unter der Zivilbevölkerung.

Übel erging es eines schönen Tages auch Rosi und ihrem gleichaltrigen Neffen Dieter. Der Vater des Mädchens und Opa des Jungen hatte wieder einmal ein paar Kisten guter Zigarren gefertigt. Er tat das in letzter Zeit häufiger, und zwar aus selbst gezogenen Tabakpflanzen. Am besagten Tag hatte er die beiden Kinder mit einer Lieferung der edlen Ware hinüber nach Schmolde geschickt. Dort sollten sie die Kistchen bei einigen Bauern und anderen Geschäftsfreunden abliefern und bald wieder zurückkommen. »Seid wachsam auf dem Weg und haltet euch immer in der Nähe von Bäumen und Sträuchern«, hatte Willi Brasch ihnen noch mit auf den Weg gegeben. »Man weiß nie, wann die Flugzeuge kommen. Dann braucht ihr sichere Deckung. Die feindlichen Piloten unterscheiden nicht nach Kindern und Kaninchen.«

Eingedenk der väter- bzw. großväterlichen Mahnung waren Rosi und Dieter hinüber ins Nachbardorf gelaufen, hatten dort ihren Auftrag ausgeführt und befanden sich auf dem Rückweg durch die Flur. Der Tag war schön, die Luft noch mild, die frühherbstliche Stimmung friedlich. Am Bachlauf der Stepenitz in einem flachen Tal zwischen Schmolde und Meyenburg setzten sie sich für eine Weile in die Nachmittagssonne.

»Wie wär's mit einem kleinen Bad im Bach?«, fragte Rosi unvermittelt und zog sich bereits ihr Kleid über den Kopf. Im Nu war sie völlig nackt und warf sich auch schon ins Wasser. »Komm, du wasserscheuer Feigling«, forderte sie Dieter auf, es ihr nachzutun. Der ließ sich natürlich nicht ungestraft Feigling nennen, zog sich ebenso rasch Hemd und Hose aus und sprang seiner Tante hinterher, um sie sofort zu greifen und unterzutauchen. Die revanchierte sich sogleich und ließ Dieter kräftig prusten. War das ein Spaß, hier in der freien Natur im frischen Wasser zu toben und für eine Weile die Gefahren dieser Kriegstage zu vergessen!

Nach nur wenigen Minuten dieses besonderen Vergnügens rannten die beiden ein paar Runden über die Wiese. Irgendwie mussten sie ja trocken werden, ehe sie sich wieder anziehen konnten. Immer noch nackt legten sie sich dann in die Sonne und beobachteten eine Bussardfamilie, die hoch über der Flur ihre Kreise zog. Die Schreie der Vögel waren deutlich zu hören. Ein Reiherpärchen stand abseits am Bachufer und ließ sich weder von den Vogelschreien oben noch von den beiden Kindern unten stören. Zu schauen, ob sich im Wasser etwas regte, das sich zum Verzehr anbot, war den beiden grauen Vögeln wohl wichtiger. Eine herrliche Idylle, in der Rosi plötzlich zu singen begann:

Wem Gott will rechte Gunst erweisen, den schickt er in die weite Welt, dem will er seine Wunder weisen in Berg und Tal und Strom und Feld.

Bei der zweiten Strophe sang Dieter mit seiner schönen Knabenstimme kräftig mit. Er hatte das Lied ebenfalls bei Tante Carlchen gelernt.

Die Bächlein von den Bergen springen, die Lerchen schwirren hoch vor Lust, was sollt' ich nicht mit ihnen singen aus voller Kehl' und frischer Brust?
Den lieben Gott lass' ich nur walten, der Bächlein, Lerchen, Wald und Feld und Erd' und Himmel will erhalten, hat auch mein' Sach' auf's Best' bestellt.

»Stimmt nicht ganz«, stellte Rosi fest, als die beiden mit ihrem Lied zu Ende waren. Dieter schob sich einen Grashalm zwischen die Zähne und schaute seine junge Tante fragend an.

»Denk doch mal nach, Neffe Dieter«, forderte Rosi den Jungen auf. – Zum eigenen Vergnügen redeten die beiden sich manchmal mit »Neffe Dieter« und »Tante Rosi« an. – »Dies Bächlein springt nicht von Bergen. Hier gibt's nämlich keine Berge, höchstens Hügelchen. Und die Lerchen sind längst weg auf dem Luftweg irgendwohin nach Süden. Oder hörst du noch eine, mein lieber Neffe?«

»Ich höre nur die Bussarde, Tante Rosi«, antwortete Dieter, blickte nach oben und hielt dabei sein rechtes Ohr gegen den leichten Südwind.

»Und die können den Lerchen nicht mehr gefährlich werden, weil sie weg sind«, kommentierte das Mädchen.

»Hast recht, Tante Rosi. Aber jetzt höre ich was anderes. Horch, Rosi! Das hört sich nicht gut an!« Dieter sprang auf seine Füße und griff nach seinen Kleidern. »Da kommen Flieger, Rosi. Irgendwo kommen Flieger. Schau, die Reiher haben sie auch gehört und heben ab.«

»Jetzt höre ich sie auch, Dieter. Wir müssen weg hier! Da rüber zum Wald, schnell!« Rosi sprang jetzt auch auf, schaute sich für einen Moment um, hob ihre Sachen auf und lief los. »Dieter, schnell, dort drüben kommen sie schon.«

»Und gleich zwei. Wirf dich unter die Schlehe! Der Wald ist zu weit!«, rief der Junge dem Mädchen zu. Kaum hatte auch er den besagten Strauch erreicht, als die beiden Tiefflieger auch schon ihre Waffen knattern ließen. Die Einschläge waren deutlich auf dem Boden sichtbar, weil jede Kugel den Feldboden ein wenig aufspritzen ließ. Und dann waren die beiden kleinen Maschinen auch schon in Richtung Meyenburg hinter dem Wald verschwunden.

»Die kommen wieder, Dieter, die drehen nur um und kommen zurück«, war Rosi überzeugt, und ihre Stimme zitterte. »Was machen wir nur? Ich hab' Angst, die erwischen uns. Es ist noch weit bis zum Waldrand.«

»Rasch anziehen, Rosi, und dann trennen wir uns«, schlug Dieter vor. »Du rennst bis zu der Haselhecke da drüben. Ich bleibe hier, bis sie wieder durch sind. Dann läufst du weiter zum Wald, und ich laufe bis zur Haselhecke. Hau schon ab, Tante.«

Rosi hatte gerade ihre neue Deckung erreicht, als eine der beiden Maschinen über den Wald zurückkam. Über dem freien Feld ging der wendige Brummer auf nur 15 oder 20 Meter über dem Boden runter und pflügte die Erde erneut mit seiner abgeschossenen Munition. Zum Glück verfehlte der Pilot die beiden jungen Menschen um viele Meter. Hatte der nicht gesehen, dass da Kinder unterwegs waren? Oder hatte der Lust dazu, Menschen zu jagen, als wären sie

Hasen? Rosi schaute hinüber zum Wald und knöpfte dabei ihr Kleid vollends zu. Wo war der nächste Platz, wo sie sich verbergen konnte? Es gab bis zum Waldrand keinen mehr. Was tun? Das Mädchen schickte ein Stoßgebet zum Himmel und rannte einfach los. »Lauf, Rosi, lauf! Ich komme nach!«, hörte sie Dieter rufen. Da kam die kleine Maschine auch schon wieder zurück. Rosi warf sich auf den Boden und drückte ihr Gesicht ins Gras. Aber der Pilot hatte es anscheinend bei diesem Überflug auf Dieter abgesehen. Die Munition des Fliegers schlug weit hinter ihr in den Boden. Rosi raffte sich wieder auf, schaute kurz zu Dieter hinüber und rannte dann weiter. Weit war sie nicht gekommen, als das Flugzeug nach einer engen Schleife über den Feldern erneut zurückkam. Diesmal hatte der Pilot wohl sie im Visier. Rosi warf sich wieder auf den Boden. Ihr war es, als hörte sie die Kugeln an ihren Ohren vorbeipfeifen und unmittelbar neben ihrem Körper in den Boden schlagen. Erneut raffte sie sich auf und hetzte weiter. Der Flieger nahm bei seiner nächsten Runde offenbar wieder Dieter ins Visier.

Für das Mädchen war der Saum des Waldes jetzt fast greifbar. Als der Pilot seine Maschine gedreht hatte und wieder gegen den Wald geflogen kam, hatte Rosi ihn erreicht. Völlig außer Atem schlüpfte sie unter das dichte Strauchwerk und ließ sich auf den Boden fallen. Gott sei Dank! Hier sollte sie eigentlich sicher sein. Hierhin konnte das kleine Flugzeug aus der Höhe, in der es wegen des Waldes fliegen musste, wohl kaum noch zielen. Hoffentlich kam Dieter auch heil hierher. Einen Moment später war er da und warf sich ebenso erleichtert unter den Strauch. »Gott sei Dank!«, kam es von den beiden Kindern wie aus einem Mund, und dann ließen sie die Tränen fließen. Die Spannung der letzten zehn Minuten und die Angst, die damit verbunden war, mussten sich entladen. Dicht beieinander saßen die beiden eine ganze Weile schweigend und schluchzend in ihrem Gebüsch. Das Flugzeug überflog noch zweimal das offene Gelände entlang der Stepenitz, als sei es weiter auf der Suche nach seinen Opfern. Es fand sie nicht und verschwand dann hinter dem südlichen Horizont in der Richtung, aus der es vor wenigen Minuten gekommen war.

»Ob die zweite Maschine noch kommt?«, flüsterte Rosi Dieter zu, als hätte sie Angst, deren Pilot könne sie beide unter dem Strauch hören und ausmachen.

»Ich glaube nicht«, meinte der Junge. »Die hat wohl ein anderes Ziel gefunden. Wir bleiben trotzdem noch ein bisschen hier. Und dann müssen wir sehen, dass wir nach Hause kommen. Deine Eltern machen sich sicher Sorgen, wenn sie die Flugzeuge bemerkt haben.«

»Deine Großeltern auch und deine Mutti«, konnte Rosi nun schon wieder feixen. Und dann horchte sie in den Wald hinein. Irgendetwas hatte sie gehört. »Horch, Dieter, da ruft jemand nach uns.«

So war es in der Tat, da rief wirklich jemand ihre Namen. »Rosi! Dieter! Hallo! Hallo! Rosi! Dieter!«

»Das ist Igor«, erkannte Rosi. »Der Russe kommt und sucht uns. Gib ihm Antwort, Dieter. Du kannst lauter rufen als ich.« Die beiden Kinder krochen aus ihrem Versteck und liefen weiter in den Wald hinein in Richtung Meyenburg, das noch etwas mehr als einen Kilometer entfernt war.

Dieter antwortete dem Rufer so laut er konnte: »Igor! Hier sind wir! Hallo, Igor! Wir kommen!«

Momente später standen sie vor dem Russen, der sichtlich erleichtert war und über das ganze Gesicht strahlte. Er nahm beide Kinder in seine langen Arme. Dabei sagte er irgendetwas in seiner Sprache, aus dem Rosi mehrfach das Wort *»spassiba«* für »Danke!« heraushörte. Der Mann freute sich offensichtlich wie ein Schneekönig, dass er die beiden Kinder unversehrt vor sich hatte. Und die freuten sich, den sonst immer so traurig schauenden Mann endlich einmal richtig lachen zu sehen. Gerne ließen sie sich an den Händen nehmen und mit raschen Schritten nach Hause bringen. Dort konnte die Freude über die gesunde Rückkehr der Kinder kaum größer sein als zuvor bei Igor.

»Gott sei Dank! Ihr seid heil wieder da«, rief Erna Brasch erleichtert. »Wir hatten solche Angst um euch! In den Wiesen hinter dem Schloss haben sie die SA-Leute beschossen und ihre Volkssturmlehrlinge«, informierte sie die Kinder.

»Sind die tot?«, fragten Rosi und Dieter gleichzeitig.

»Einen SA-Mann hat es wohl erwischt«, wusste die

Mutter. »Ein paar andere sollen verletzt sein. Wir müssen wohl in Zukunft noch vorsichtiger sein. Gut, dass der Vater im Himmel euch bewahrt hat.« Erna Brasch atmete ein paar Mal tief durch, nahm die beiden Kinder noch einmal in die Arme, bedankte sich mit Handschlag bei Igor für seinen Such- und Rettungsdienst und begab sich wieder an ihre Arbeit im Waschhaus. Momente später konnte sie sehen, wie die beiden an der Stalltüre Mathieu gestenreich erzählten, was sich jenseits des Waldes Richtung Schmolde abgespielt hatte. »*Mon dieu, da abt ihr großer Gluck geabt.*«

»Aben wir, Mathieu, aben wir wirklisch«, ahmte Rosi den Franzosen lachend nach und tanzte mit ihm und mit Dieter ein paar Runden im Kreis. »*Sur le pont d'Avignon l'on y danse, l'on y danse, sur le pont d'Avignon l'on y danse tout en rond.*« Diesmal ließ sich sogar Igor mit in den Kreis nehmen. Herrlich!

Dann kam der Winter, und mit ihm kamen die ersten Züge mit Evakuierten aus Berlin und Flüchtlingen aus dem Osten. Jetzt bekamen auch die Menschen in Meyenburg die Auswirkungen des Krieges unmittelbar und hautnah zu spüren. In beinahe jedem Haus wurden Mütter mit Kindern einquartiert. Die Männer und Väter gab es bereits nicht mehr, oder sie waren irgendwo im Kriegseinsatz. Viele der heimatlos gewordenen Leute waren alte Menschen, aus deren verhärmten Gesichtern großes Leid und viel Elend schauten. Was hatten diese Leute in der vergangenen Zeit alles mitmachen und erleben müssen?! Was hatten sie nicht alles verlassen und zurücklassen müssen?! Für die Meyenburger Bürger waren das unbekannte und kaum vorstellbare Dinge. Abgesehen von Trauer und Leid über den Verlust von Angehörigen hatte hier bisher kaum jemand wirklich Not gelitten, es sei denn, er hätte die notwendigen Einschränkungen in der Versorgung schon als Not bezeichnet. Das aber wäre wohl angesichts dessen, was diese Menschen zu berichten hatten, äußerst unangebracht gewesen.

Auch im Geschäftshaus der Braschs am Wilhelmsplatz mussten die Familien zusammenrücken, weil fremde Menschen einquartiert wurden. Und auch im Haus an der

Freyensteiner Straße wurde es eng. Rosi musste ihr Zimmer hergeben und ins Schlafzimmer der Eltern umziehen. Die beiden Kriegsgefangenen Mathieu und Igor mussten sich künftig einen Schlafraum teilen. Vater Brasch musste sein Arbeitszimmer räumen und mit seinem Büro ins Wohnzimmer umziehen, um einer Mutter mit drei Kindern Platz zu machen. Den Braschs fiel das zwar nicht gerade leicht, aber um dieser armen Menschen willen wollten sie sich schon gerne eine Weile beschränken. Die Versorgung der mehr als 20 Personen im Haus sollte wohl auch gelingen, wenn sich jeder mit schlichter Kost zufriedengab und sich bei den Mahlzeiten ein wenig einschränkte. Irgendwie würde das schon gehen.

Dennoch, die neue Situation war alles andere als gut. Sie zeigte an, dass das Ende des Dritten Reiches nicht mehr ferne war. Die Russen standen bereits in Ostpreußen und an der Weichsel; die westlichen Alliierten kämpften in Frankreich noch um die Vorherrschaft, dabei war die Niederlage der deutschen Truppen bereits absehbar. Die Alliierten würden sicher bald am Rhein stehen. Und welche Truppen eines Tages in der Prignitz auftauchten, war wohl nur noch eine Frage der Zeit und der jeweiligen Durchsetzungskraft der Alliierten von Westen her oder der Russen aus östlicher Richtung. Vielleicht auch eine Frage der Vereinbarung zwischen den verschiedenen Mächten, die das gebeutelte Deutsche Reich in der Zange hatten und vollends zu zerquetschen drohten. Was kam dann auf die einheimische Bevölkerung zu? Was geschah mit den vielen fremden Menschen aus der Hauptstadt und den östlichen Regionen des Deutschen Reiches? Konnten sie wieder in ihre Orte zurück? Mussten sie hierbleiben und auf Dauer im Städtchen aufgenommen werden? Kamen vielleicht noch andere dazu, weil sie vor den Feinden flohen oder auch von ihnen aus den eroberten Gebieten vertrieben wurden? Kam vielleicht auf die Meyenburger selbst ein ähnliches Schicksal zu, dass sie Haus und Hof verlassen müssten, um zu fliehen und sich selbst in Sicherheit zu bringen? Wie verhielten sich die Kriegsgefangenen, von denen es in Meyenburg mehr als nur Igor und Mathieu gab, wenn sie vielleicht »befreit« würden?

Fragen über Fragen, die immer wieder am Küchentisch bei Willi und Erna Brasch hin- und herbewegt wurden und von denen Tochter Rosi schon eine ganze Menge mitbekam. Die Eltern konnten und wollten das Mädchen auch gar nicht aus ihren Gesprächen heraushalten. Rosi war klug und alt genug, um in die Überlegungen einbezogen zu werden. Auch in die Gedanken um die Frage, was die wahrscheinlichen Sieger wohl mit den Nazis machen würden, wurde sie hineingenommen. Es war unbestritten, dass die Nazis das Debakel dieses Krieges mit allen seinen Folgen verursacht hatten. Würden sie nun alle von den künftigen Siegern haftbar gemacht und zur Rechenschaft gezogen werden, auch wenn sie lediglich auf dem Papier der Partei angehört hatten? Auch wenn sie keine besonderen Funktionen bekleidet hatten und sich nicht an irgendwelchen schlimmen Aktionen beteiligt hatten? Würden die Sieger auch Sippenhaft praktizieren, wie es die Nazis bei unliebsamen Personen getan hatten und immer noch taten?

Die nächsten Monate würden die vielen Fragen beantworten, da waren sich die Braschs sicher. Aber konnten sie im Vorfeld etwas für sich und für andere tun? Konnten sie für sich selbst irgendwelche Weichen stellen? Das wohl eher nicht. Also abwarten, hoffen und – beten und vertrauen. Das taten die Braschs zu dritt, wenn Willi zu Hause war und nicht wieder zu einem besonderen Einsatz nach Berlin sein musste. Das taten Mutter Erna und Tochter Rosi zu zweit, wenn der Mann und Vater nicht dabei war. Dann beteten sie mit ihren eigenen Worten, aber auch mit Worten zum Beispiel des 71. Psalms. Sie wussten, dass ihre Gegenwart nur bei dem Vater im Himmel gut aufgehoben war und ihre Zukunft erst recht. Was auch immer kommen würde, sie wollten daran festhalten, dass Gott sie alle wie bisher halten und bewahren würde.

Herr, ich traue auf dich; lass mich nimmermehr zuschanden werden. Errette mich durch deine Gerechtigkeit und hilf mir aus; neige deine Ohren zu mir und hilf mir. Sei mir ein starker Hort, dahin ich immer fliehen möge, der du zugesagt hast, mir zu helfen; denn du bist mein Fels und meine Burg. Mein Gott, hilf mir aus der Hand des Gottlosen, aus der Hand des Ungerechten und Tyrannen.

Denn du bist meine Zuversicht, Herr Herr, meine Hoffnung von meiner Jugend an [...] So danke ich auch dir mit Psalterspiel für deine Treue, mein Gott; ich lobsinge dir auf der Harfe, du Heiliger in Israel. Meine Lippen und meine Seele, die du erlöst hast, sind fröhlich und lobsingen dir. Auch dichtet meine Zunge täglich von deiner Gerechtigkeit; denn schämen müssen sich und zuschanden werden, die mein Unglück suchen.

Der Zeitpunkt kam unaufhaltsam näher, dass diejenigen, die Deutschlands Unglück »gesucht« hatten, sich schämen mussten und zuschanden wurden. Bis dahin passierten freilich auch für die Meyenburger Alt- und Neubürger noch Dinge, die die Bevölkerung in Angst und Schrecken versetzten. Die Nachricht von der Kapitulation der deutschen Truppen im Ruhrgebiet und dem Vorstoß der Amerikaner bis an die Elbe machte den Leuten weniger Mühe. Sie war nur ein weiteres Signal des baldigen Endes dieses unseligen Krieges. Die Nachricht, dass die Russen ebenfalls bereits an die Elbe vorgestoßen waren und dass sie Berlin eingekesselt hatten, hatte ein viel schwereres Gewicht. Sie signalisierte, dass es wohl eher die Russen sein würden als westalliierte Truppen, die über kurz oder lang auch die Prignitz einnehmen und besetzen würden. Und wie die mit den Menschen – besonders mit den Frauen – der eroberten Gebiete umgegangen waren und umgingen, davon hatten viele der Flüchtlinge Schlimmstes berichtet. Mancher Meyenburger Frau lief es heiß und kalt den Rücken herunter bei den Gedanken, was da vielleicht auf sie zukommen könnte. Aber noch waren die Feinde ja nicht da. Dafür kamen andere Menschen in die Stadt und ließen die Menschen erschaudern und vor Entsetzen erstarren.

Todesmarsch

Es war Mittwoch, der 25. April, ein ruhiger Frühlingstag. Rosi Brasch hatte sich für den Nachmittag mit ihrer Freundin Friedel und ein paar anderen Schulkameradinnen zum Spielen verabredet. Und so streunten die Mädchen durch die Flur vor der Stadt, freuten sich am Gesang der Vögel, an Veilchen und Vergissmeinnicht am Bachlauf der Stepenitz und im lichten Wald an Buschwindröschen und Sauerklee. Sie sangen miteinander Lieder vom Frühling und vom Mai, die sie in der Schule gelernt hatten, und tanzten dazu im Kreis um die Bäume.

Jetzt fängt das schöne Frühjahr an, und alles fängt zu
blühen an auf grüner Heid' und überall …

Alle Vögel sind schon da, alle Vögel alle. Welch ein
Singen, Musizier'n, Pfeifen, Zwitschern, Tirilier'n!
Frühling will nun einmarschier'n, kommt mit Sang und
Schalle …

Grüß Gott, du schöner Maien, da bist du wied'rum hier, tust Jung
und Alt erfreuen mit deiner Blumen Zier. Die lieben Vöglein alle,
sie singen also hell; Frau Nachtigall mit Schalle hat die für-
nehmste Stell'…

Sie spielten fröhlich Fangen und Verstecken und hatten großen Spaß dabei, bis der plötzlich von mehreren scharfen Knallen gestört und beendet wurde. Die Mädchen erschraken heftig und rückten dicht zusammen. Was war das? Wo kam das her?

»Das waren Schüsse«, war sich Rosi sicher. Die Mädchen schauten sich um. In dem lichten Wald war nichts zu sehen.

»Wer kann da geschossen haben? Hier ist doch niemand außer uns«, sagte Friedel.

»Da ist irgendwo ein Jäger«, vermutete eins der anderen Mädchen.

»Doch nicht jetzt am Nachmittag«, widersprach Friedel.

»Das kam von der Freyensteiner Landstraße. Da muss irgendwas sein.«

Dann ging es aufgeregt hin und her mit Vorschlägen und Meinungen. »Laufen wir doch rüber und schauen nach.« – »Bist du gescheit? Dann schießt noch jemand auf uns.« – »Wir sind doch keine Hasen.« – »Wir sollten schnellstens nach Hause laufen.« – »Ich bin aber neugierig und will wissen, was los ist.« – »Und wenn da Panzer kommen?« – »Die machen doch wohl anderen Lärm.«

In diesem Moment war wieder ein scharfer Knall zu hören. Wieder zuckten die Mädchen zusammen. Jetzt ordnete Rosi an: »Wir stehen jetzt nicht mehr rum! Ab nach Hause. Los geht's!«

Die Mädchen hatten bald den Waldrand erreicht. Von hier konnten sie ein kurzes Stück der Freyensteiner Landstraße einsehen, die vielleicht 200 Meter entfernt vorbeiführte. »Schaut mal!«, rief eins der Mädchen und hielt inne. »Da laufen Menschen. Und wie viele! Das ist ja eine riesige Kolonne!«

Die anderen blieben ebenfalls stehen und schauten in die Senke hinüber, die den Blick auf das Stück Straße freigab. »Das sind ja ein paar Hundert«, schätzte Rosi.

»Und die tragen alle Sträflingskleidung«, bemerkte eins der anderen Mädchen.

»Nicht alle«, korrigierte Friedel. »Da sind Einzelne in schwarzen Uniformen dabei.«

»Das sind wahrscheinlich Wächter.« – »Die sind von der SS.« – »Die passen auf, dass keiner abhaut.« – »Und wenn es einer versucht, knallen sie ihn einfach ab.« – »Oder sie schießen in die Luft. Zur Warnung.« – »Das waren wahrscheinlich die Knalle.«

»Das ist ja furchtbar!«, entsetzten sich die Mädchen. Dann rannten sie los, was ihre Beine hergaben, um ja schnell in die Stadt und nach Hause zu kommen, um sich selbst in Sicherheit zu bringen, aber auch, um dort die Leute zu informieren, dass irgendetwas sehr Merkwürdiges auf sie zukam.

Rosi Brasch hatte ihrer Mutti – der Vati war wieder einmal im Einsatz – und einigen anderen Hausbewohnern im Hof kaum von dem Erlebnis und der Beobachtung erzählt, als es auf der etwas oberhalb verlaufenden Freyensteiner Straße auch schon unruhig wurde. Eine merkwürdige Mischung aus unterschiedlichsten Lauten drang herüber: Ein Summen und Brummen, Rascheln, Knacken und Klopfen, unverständliche Stimmen sprechender, murmelnder, jammernder Menschen, begleitet von dem Geräusch schlurfender Schuhe und genagelter Stiefel. Dazwischen waren immer wieder einzelne unverständliche Rufe und scharfe Kommandos zu hören. Eine unheimlich anmutende, gespenstische Geräuschkulisse. Die Leute im Hof liefen aus dem Tor und über den Zufahrtsweg zur Straße hinauf, um zu sehen, was dort vor sich ging.

Das Bild, das sich ihnen bot, nahm allen zunächst einmal die Sprache. Da quälte sich eine schier unendliche Schlange erbärmlicher Gestalten in Viererreihen über das holprige Pflaster. Hunderte von Männern verschiedenen Alters, dann auch Frauen, manche sogar mit Kindern auf den Armen oder an den Händen. Die weitaus meisten dieser Leute steckten in gestreifter Sträflingskleidung. Die anderen trugen zerschlissene und zerlumpte Kleidung, deren ursprüngliches Aussehen man nicht einmal mehr ahnen konnte. Die Gesichter dieser elenden Menschen waren farblos und fahl, hohlwangig mit tief liegenden Augen, denen jeglicher Glanz und Ausdruck fehlte, gezeichnet von Leid und Entbehrung. Nur wenige von ihnen liefen wirklich aufrecht, als wollten sie den Menschen dieser Stadt, die sie hier durchqueren mussten, zeigen, dass sie sich trotz ihrer Situation einen Rest menschlicher Würde bewahrt hatten. Fast alle schleppten sich mehr vorwärts, als dass sie wirklich liefen. Mancher Mann und manche Frau konnte sich kaum noch aus eigener Kraft bewegen und musste von den Nachbarn in der Reihe gestützt und gehalten werden.

Eskortiert wurde die jämmerliche Menschenschlange von finster dreinblickenden, schwarz uniformierten Soldaten. Von denen trug jeder eine Waffe über der Schulter und eine Pistole am Gürtel. Einige hielten ihre Schießeisen in den Händen, als müssten sie ihre »Schutzbefohlenen« damit in Schach halten und verhindern, dass irgendjemand die Gelegenheit nutzen könnte, in den Straßen der Stadt aus der

Schlange auszubrechen und irgendwohin zu verschwinden. Zugegeben, wenn es einem gelänge, wäre der hier schwer auffindbar. Deshalb herrschte wohl unter den Wachleuten eine erhöhte Nervosität. »Kein Wort zu den Leuten!«, herrschte einer die Menschengruppe aus dem Haus Brasch an. Dabei hatte bisher keiner von ihnen auch nur einen Ton von sich gegeben. Es hatte ihnen völlig die Sprache verschlagen. Was war das nur für ein Elendszug? Wo kamen die her? Wo wurden die hingeführt? Was hatten die verbrochen? Was hatte man mit ihnen vor? Wie wurden die versorgt?

Einer der Männer, die gerade an Rosi und ihren Eltern und den anderen aus dem Haus vorbeizogen, konnte wohl Gedanken lesen. Ohne sein Gesicht nach der Seite zu wenden, sagte er leise und dennoch deutlich: »Sachsenhausen, Schwerin, Hunger, Durst.« Das eine war eine deutliche Information, das andere eine dringende Bitte. Wann mochten diese armen Kreaturen zuletzt etwas zu essen und zu trinken bekommen haben?

Erna Brasch nahm ihre Tochter an der Hand und eilte mit ihr zum Haus. Zwei andere Frauen folgten ihnen, wohl ahnend, was ihre Wohnungsgeberin vorhatte. Im Hof füllten sie am Brunnen rasch mehrere große Eimer mit Wasser, während Rosi ein paar Metallbecher aus dem Haus holte. Dann eilten sie mit ihrer kühlen nassen Fracht zurück an die Straße.

Ausgerechnet in diesem Augenblick kam einer dieser finsteren Zugbegleiter vorbei. Der Mann sah die Eimer mit dem begehrten Nass und wusste wohl sofort, was die Frauen damit vorhatten. Zunächst schien er diese Geste der Barmherzigkeit zulassen zu wollen. »Der erste Becher für mich! Danke!«, sagte er und blieb stehen, während die Elendsgestalten weiterlaufen mussten. Er ließ sich einen Becher Wasser reichen und trank ihn in einem Zug aus. »Der zweite Becher auch für mich!«, forderte er. Er bekam ihn gereicht. Bei seinem »Danke!« verzog sich sein Gesicht dann zur Fratze. »Und jetzt die Eimer ausschütten!«, kommandierte er. »Unterstehen Sie sich, auch nur einen Tropfen …! Die verdienen's nicht. Sollen sie doch verrecken!« Mit wenigen Schritten trat er zu der Gruppe, stieß die Eimer mit seinen Stiefeln um und machte sich mit schnellen Schritten davon.

Dabei stieß er ein Lachen aus, das klang, als käme es direkt aus der Hölle.

»Unmensch!«, rief Erna Brasch dem Mann nach. Es tobte in ihr vor Wut. Den Vorfall aber weiter oder auch schärfer zu kommentieren, wagte sie nicht. Der nächste Uniformierte war bereits in Hörweite. Diese SS-Kerle machten womöglich von ihren Waffen Gebrauch. Die anderen aus der kleinen Gruppe hatten ihre Sprache noch nicht wiedergefunden. Ihr Entsetzen war durch diesen Vorfall noch größer geworden. Rosis Entsetzen hatte wohl seine erträgliche Grenze überschritten. Das Mädchen, das sich zuletzt ängstlich an ihre Mutter gehängt hatte, riss sich plötzlich los und lief laut schreiend zum Haus. Erna Brasch folgte ihr sofort. Dieses Elend zu sehen war wohl zu viel gewesen für das Kind. Sie als Erwachsene hatte ja schon große Mühe damit. Die Mutter musste ihre Tochter erst eine Weile suchen. Schließlich fand sie sie in der Futterecke des Stalls. Sie lag bäuchlings im Heu und schluchzte so heftig, dass ihr ganzer Körper bebte.

Erna setzte sich ebenfalls ins Heu, nahm ihr Kind in die Arme und hielt den zitternden Körper nur fest. Dabei liefen ihr selbst ein paar Tränen über das Gesicht. Diese herzlosen Nazischergen hatten heute offenbar ein Stück von Rosis bisher überwiegend heiler Kindheit zerstört. Armes Kind! Und doch war sie noch sehr reich im Vergleich zu den Kindern, die in diesem Elendszug mitlaufen mussten. Eine ganze Weile hielt Erna das Mädchen schweigend in den Armen, wischte ihr nur ab und zu die Tränen aus dem Gesicht. Endlich hatte sich Rosi wenigstens so weit beruhigt, dass sie wieder reden konnte. »Was sind das für arme Leute, Mutti?«, fragte sie mit klangloser Stimme. »Was haben die verbrochen, dass die so mit denen umgehen?«

Erna Brasch atmete ein paar Mal tief durch. Was sollte sie antworten? Genaues wusste sie auch nicht. Dass es sogenannte Konzentrationslager gab, wusste sie zwar. Aber welche Leute dort inhaftiert waren, was sie dort tun mussten und was man mit ihnen machte, darüber wurde nur gemunkelt. Irgendetwas musste sie allerdings antworten. Also versuchte sie es: »Ich weiß davon zu wenig, Rosilein. Sachsenhausen ist ein Arbeitslager, sagt man, bei Oranienburg nördlich von

Berlin. Da haben die Nazis Leute eingesperrt, die irgendetwas gegen Adolf Hitler gesagt oder getan haben oder die in den Gedanken des Führers keinen Platz hatten. Was sie da arbeiten müssen, nein mussten? Kind, ich weiß es nicht.«

»Und wo müssen die hinlaufen?«

»Der eine Häftling hat was von Schwerin gesagt. Was sie da sollen, wissen sie vielleicht selbst nicht.«

»Und warum müssen die zu Fuß nach Schwerin laufen? Da fahren doch Züge. Und warum dürfen sie nicht einmal einen Schluck Wasser trinken?« Rosi erregte sich aufs Neue.

Die Mutter nahm sie wieder fester in die Arme und überlegte sich dabei eine Antwort, die vielleicht richtig sein könnte. »Ich denke, die Nazis mussten das Lager auflösen, weil die Russen Berlin eingeschlossen haben. Vielleicht wollen sie die Leute ja vor den Russen retten, damit die ihnen nichts tun.«

»Das glaube ich nicht, Mutti«, widersprach Rosi. »Die Nazis haben eher Angst, die Russen könnten das Lager entdecken und merken, was sie da verbrochen haben.«

»Da magst du auch recht haben, Kind«, bestätigte die Mutter.

»Wenn die Wächter den Leuten hier schon nichts zu trinken gönnen, dann haben die denen in Sachsenhausen auch nichts Richtiges gegeben. Was sind das für Menschen, die so mit anderen Menschen umgehen?«

Erna Brasch atmete wieder durch und sagte dann leise: »Das sind Teufel, Rosi, richtige Teufel. Hast du gehört, wie der Mann in der schwarzen Uniform gelacht hat? Wie ein Teufel hat der gelacht.«

»Wird der dafür bestraft, Mutti?«

»Irgendwann ja, Kind. Wenn nicht mehr in dieser Welt, dann in der anderen. Gott wird ihn bestrafen und alle anderen auch.«

Plötzlich fiel Rosi etwas ein und sie erschrak heftig über das, was ihr da ins Bewusstsein kam. »Papa ist doch auch Nazi, Mutti. Und du bist auch in der Nazi-Partei. Und Tante Carlchen auch. Was ist, wenn …«

Jetzt war es an Erna Brasch, zu erschrecken und in Unruhe zu geraten. Das Kind hatte recht. Was sollte sie jetzt bloß antworten? Sie zögerte einen Moment. Dann sagte sie: »Das ist nur halb richtig, Rosi. Vati ist Mitglied der Nazi-Partei, aber nur auf dem Papier, wie man sagt. Er hat lediglich einen Parteiausweis, wie ich ihn auch habe und Tante Carlchen auch. In seinem Herzen ist Vati nie ein Nazi gewesen, und er hat sich nie an irgendwelchen Nazi-Geschichten beteiligt. Wir sind alle keine richtigen Nazis.«

»Aber Vati ist doch bei der Feuerwehr.«

»Das war er schon lange vor unserer Hochzeit. Und er war immer ein guter Feuerwehrmann. Deshalb musste er ja auch in die Partei eintreten. Das mussten alle Feuerwehrleute. Aber deshalb ist dein Papa kein Nazi geworden. Zufrieden?«

»Wenn Vati Nazi wäre, hätte er doch ganz anders mit Mathieu und mit Igor umgehen müssen, oder?«, gab sich Rosi jetzt ein Stück eigene Antwort.

»Richtig, Kind. Vatis Freundlichkeit hat ihm oft Ärger eingebracht bei dem Bürgermeister und der Ortsgruppenleitung. Aber Vati hat sich nie beirren lassen. Er war wirklich nur auf dem Papier Nazi. Im Herzen ist er sicher ein Christ, der Gott liebt und nach seinem Gebot lebt, die Feinde zu lieben. Und bei mir ist das nicht anders, Kind.«

Jetzt war es Rosi, die ein paar Mal kräftig durchatmete, als hätte ihr die Antwort eine Last von den Schultern genommen. Dann fragte sie: »Bleiben diese armen Menschen in der Stadt?«

»Ich glaube es nicht«, antwortete die Mutter. »Die müssen sicher schnellstens weiter. Es könnte ja sein, dass sie schon von den Russen verfolgt werden. Die lassen sich sicher nicht gerne einholen, zumindest die SS-Leute nicht.«

»Einholen heißt dann einfangen, oder, Mama?«

»Ich denke, so ist es«, bestätigte Erna die Sicht ihrer Tochter und hängte an: »Du solltest jedenfalls im Haus bleiben und auf dem Grundstück, bis diese Leute alle wieder abgezogen sind. Du musst dir das Elend nicht noch einmal anschauen. Ich möchte es selbst auch nicht. Wir können den armen Kreaturen ja sowieso nicht helfen. Das können vielleicht die Russen tun, wenn sie kommen.«

»Hoffentlich kommen die bald und befreien die armen Leute. Und zahlen es denen in den schwarzen Uniformen heim.« Das klang ehrlich und entschlossen. Dabei konnte

Rosi nicht ahnen, was sich in den nächsten Tagen in ihrem Heimatstädtchen alles ereignen würde.

Zunächst wurden immer neue Kolonnen Gefangener aus dem Lager Sachsenhausen durch die Stadt getrieben. Es waren wohl insgesamt mehr als 30.000, von denen ein großer Teil auch aus dem Lager Ravensbrück bei Fürstenberg an der Havel stammen sollte. Sie alle sollten demselben Schicksal entgegengeführt werden, von dem allerdings auch die örtliche Parteiführung nicht recht wusste, wie das aussah. Vielleicht wollte sie sich dazu aber auch nur nicht äußern, um die Unruhe im Städtchen nicht noch zu vergrößern. Die war nämlich erheblich dadurch, dass es einzelne Gefangene trotz schärfster Bewachung versucht hatten, sich zwischen die Häuser oder in die Büsche und Wälder zu schlagen, um ihren Schergen zu entkommen. Einigen war die Flucht offenbar sogar gelungen. Hinter vorgehaltener Hand flüsterte man, unter den Geflohenen seien Meyenburger Bürger, die wegen ihrer Zugehörigkeit zu SPD und KPD vor Jahren verhaftet und interniert worden seien. Sie hätten ihre Ortskenntnis zur Flucht ausgenutzt. Gefunden wurden sie nicht. Wer sie versteckt hielt, wusste niemand. Das war wohl auch besser so. Mit Flüchtigen und Kollaborateuren machten die SS-Leute nämlich kurzen Prozess. Es gab in diesen wirren letzten Tagen des Aprils etliche Tote in Meyenburg und seiner näheren Umgebung. Einige von ihnen, zu deren »Versorgung« auch Willi Brasch mehrmals ausrücken musste, trugen Zivil und keine gestreifte Sträflingskleidung …

Für Rosi galt in diesen Tagen die strenge Anweisung, das Hofgelände an der Freyensteiner Straße nicht zu verlassen. Die Gefahr für Leib und Leben sei einfach zu groß. Dieselbe Weisung galt auch den anderen Kindern, die im Haus lebten. Es gab für sie ohnehin keine Notwendigkeit, in den Ort zu gehen. Die Schule und die beiden Kindergärten waren nämlich vorsorglich geschlossen worden. Abgesehen davon war heute ohnehin der 1. Mai, also Feiertag. Nur war von Maifeiern nirgendwo etwas zu sehen oder zu hören. Zu hören waren nur Motorengeräusche von jenseits des Schlossparks und immer wieder einmal Schüsse. Im Schlosspark selbst, in dem am Maifeiertag sonst immer ein reges Treiben herrschte, war es schon vor ein paar Tagen erstaunlich ruhig geworden. Die SA hatte ihre Schule offenbar geschlossen, und die Männer vom Volkssturm waren wohl zu irgendeinem Einsatz außerhalb der Stadt abgezogen worden.

Schade, Rosi hätte doch so gerne selbst nachgeschaut, ob das Schloss wirklich leer stand. Ebenso gerne hätte sie einmal beobachtet, was sich am Wilhelmsplatz, in der Marktstraße und auf dem Schulhof oder auch vor dem Wald hinter dem Schloss auf der anderen Seite der Stepenitz um die armen Strafgefangenen abspielte, die dort noch sein sollten. Ihr Freund Dieter, der zwölfjährige Junge, der mit seiner Mutter und den Geschwistern Vatis Arbeitszimmer bewohnte, war genauso neugierig wie Rosi. Ob sie vielleicht gegen das ausdrückliche Verbot der Eltern …

Als die beiden sich dann einmal unbeobachtet fühlten, riskierten sie tatsächlich den Ausbruch aus dem Hof, um rasch durch den Park hinüber zur Kirche zu laufen. Von dort aus waren es nur ein paar Schritte zur Marktstraße. Im Park war kein Mensch zu sehen oder zu hören. Das Schloss lag tatsächlich wie tot und unbewohnt da. Nur frühlingshaftes Vogelgezwitscher füllte die Luft und das Säuseln des Windes in den frisch begrünten Sträuchern und Bäumen. Da hinein mischte sich ein merkwürdiges Grummeln vieler Stimmen, das von dem kleinen Familienfriedhof bei Tante Carlchens Gärtnerhaus her zu kommen schien. Dort knallten plötzlich kurz hintereinander zwei Schüsse. Die beiden Kinder erschraken heftig. Sollten sie weitergehen oder lieber umkehren? Es erschien ihnen, als verstummten in dem Moment alle Geräusche und als hätten selbst die Vögel vor Schreck ihren Gesang eingestellt. Nur der Wind ließ sich nicht stören. Sein Säuseln in den Zweigen war weiterhin zu hören. Aber was war da drüben? Was passierte da?

Die beiden Kinder zogen sich nicht etwa verängstigt zurück, nein, sie änderten mutig ihre Richtung und pirschten sich vorsichtig an dem schönen alten Fachwerkgebäude der Schlossgärtnerei vorbei, um einen vorsichtigen Blick über die

Begrenzungsmauer auf das von Rohrsche Gräberfeld zu riskieren. – Hätten sie das doch nur bleiben lassen! Was sie in dem Friedhofskarree dort wahrnahmen, jagte ihnen erneut einen schlimmen Schrecken ein und ließ ihnen das Blut in den Adern gefrieren. Auf den Gräbern und zwischen den Gräbern hockten und lagen dicht an dicht Unzählige der gestreiften Elendsgestalten, die meisten von ihnen mehr tot als lebendig. Viele waren anscheinend wirklich tot und die anderen wohl kaum noch fähig, auf den eigenen Füßen zu stehen. Waren sie zurückgelassen worden, weil sie mit den Kräften am Ende waren, während die anderen weiter in Richtung Schwerin laufen mussten?

Am Friedhofstor zur Stadt hin standen ein paar schwarz Uniformierte, die ihre Waffen in den Händen hielten und in wechselnde Richtungen zielten. Die sollten wohl das Sterben dieser Kreaturen bewachen – oder auch ihm nachhelfen. Von hier waren die Schüsse gekommen. Einer von den Männern musste eben geschossen haben. Und der hatte sicher auch getroffen. Die SS-Soldaten schienen sehr nervös zu sein. Jedenfalls redeten sie sehr aufgeregt miteinander und behielten doch dabei die Gefangenen im Blick und vor ihren Pistolen und Gewehren. Einer von ihnen schien sich auf eine Art Rundgang durch die Gräber zu begeben, weshalb sich die beiden Späher rasch hinter die Mauer duckten. Dann wurde im Karree wieder geschossen.

»Lass uns abhauen, Rosi«, flüsterte Dieter erschrocken. »Wenn der hier vorbeikommt …«

»Noch einen Moment«, flüsterte das Mädchen zurück. »Ich muss noch einmal schauen.«

Die beiden Kinder wollten gerade einen vorsichtigen zweiten Blick über die Mauer riskieren, als sie von hinten einen leisen, aber scharfen Ruf vernahmen. »Rosi! Dieter! Seid ihr noch ganz gescheit? Kommt sofort hier ins Haus!« Tante Carlchen hatte die beiden Kinder entdeckt und war eilends nach draußen gekommen. Welch eine kindliche Unvernunft! Die beiden setzten mit ihrer Neugier leichtfertig ihr Leben aufs Spiel. Sofort und ohne Widerspruch befolgten sie Tante Carlchens Anordnung. Sehr betreten standen sie vor ihr und setzten an, ihr leichtsinniges Verhalten zu erklären. Aber sie kamen nicht zu Wort. Die adelige Frau überschüttete sie bereits mit einem Schwall von Vorwürfen, Tadeln, Maßregeln, Erklärungen und wer weiß, was noch allem. So aufgebracht hatte Rosi ihre Tante noch nie erlebt. Dabei hatte die ja recht. Es war wirklich sehr leichtsinnig von ihnen gewesen, das elterliche »Ausgehverbot« zu übertreten. Wenn die schwarzen Wachen die beiden Spione nun entdeckt hätten? Nicht auszudenken, wie sie reagiert hätten!

»Und jetzt?«, vermochte die inzwischen verheulte Rosi nach Tante Carlchens aufgebrachter Rede nur noch zu stammeln. Dabei hielt sie Dieters Hand, als suche sie bei dem Jungen Hilfe und Schutz gegen das, was hier über sie hereingebrochen war und was sich wohl zwangsläufig zu Hause anschließen würde. Der Junge musste selbst schlucken, so hatte auch ihm die Strafpredigt zugesetzt.

Tante Carlchen holte tief Luft und verkündete dann ihren Beschluss: »Ich bringe euch hinauf. An meinen Händen seid ihr sicher. Eure Eltern werden sich freuen, wenn sie euch lebend wiederhaben. Am besten vergesst ihr, was ihr gesehen habt! Es wird nur noch ein paar Tage dauern, dann ist der grausame Spuk zu Ende. Und jetzt kommt.«

Zu Hause in der Freyensteiner Straße angekommen, gab es prompt die zweite Strophe des wortreichen Gewitters. So böse über einen Ungehorsam seiner Tochter hatte Rosi ihren Vati noch nie erlebt. Nach langer Zeit wieder einmal griff er nach dem Stock und versohlte seiner Tochter mit ein paar kräftigen Schlägen den Hintern. Für das Mädchen war das das Signal dafür, dass mit ihrem unerlaubten Ausflug für Willi Brasch das »Glas voll« war. So hatte es ihr die Mutti erklärt, warum der Vati so selten zum Stock griff; auch wenn das nach einzelnen »Untaten« schon angebracht gewesen wäre. Also war das heute der entscheidende »letzte Tropfen« gewesen.

Rosi rieb sich den schmerzenden Po. Tränen verkniff sie sich, obwohl die Schläge gesessen hatten und sie nahe daran war, zum zweiten Mal wegen derselben Sache zu weinen. Aber sie wollte Dieter, der die Ohrfeigen seiner Mutter auch tapfer eingesteckt hatte, kein Schauspiel geben. Sie hatten ja auch recht, die Eltern und die Mutter, wenn sie hier deutlich und handgreiflich geworden waren. – Rosi bekam übrigens nie Ohrfeigen. Die schädigten das Gehirn, hatten ihr die Eltern schon früher erklärt und jeweils zum Stock gegriffen, wenn das »Glas voll« war. –

Dennoch, wenige Minuten nach dem Strafgericht suchte Willi Brasch seine noch Neunjährige am Holzschuppen auf, wo sie mit Dieter in alle möglichen Gedanken versunken und schweigend, vielleicht auch ein wenig schmollend auf dem Boden hockte, zog sie an der Hand hoch, nahm sie in den Arm, strich ihr über ihren üppigen Wuschelkopf und sagte: »Alles ist wieder gut, min lütten Pummi. Es tut mir leid, dass es sein musste.« – Der Vati nannte seine Tochter nur in besonderen Situationen »Lütte« und »Pummi«. Das war wohl heute eine ganz besondere Situation, die den Vater sogar beide Begriffe zugleich verwenden ließ. –

»Ich möchte gerne etwas wissen, Vati«, gab Rosi als Antwort auf die väterliche Versöhnungsgeste.

»Frag, mein Kind«, ermunterte Willi Brasch das Mädchen. »Wenn ich es weiß, sag' ich es dir.«

»Tante Carlchen hat gesagt, dass es nur noch ein paar Tage dauert, bis der grausame Spuk zu Ende ist. Was hat sie damit gemeint?«

Der Mann runzelte für einen Moment die Stirn. Dann antwortete er: »Die Russen sind nicht mehr weit. Sie brauchen vielleicht noch zwei oder drei Tage, bis sie hier sind. Igor scheint ihnen schon entgegenzufahren. Er ist nämlich weg und das Fahrrad auch.«

»Und Mathieu?«

»Der ist auch weg, ohne sich zu verabschieden«, musste der Vati zugeben. »Wohin der sich abgesetzt hat und wie der unterwegs ist, würde ich gerne wissen. Ich habe ihren Abgang bereits gemeldet und mir dafür böse Worte anhören müssen.«

»Können die uns was Übles tun, wenn der Spuk zu Ende ist, weil sie bei uns als Kriegsgefangene arbeiten mussten?«, wollte Rosi wissen.

»Ich glaube nicht, Rosi. Die beiden hatten es gut bei uns. Viel besser als andere an anderen Orten. Die beiden haben sich davongemacht, damit die SS-Leute sie nicht in ihre Finger kriegen. Die würden kurzen Prozess mit denen machen. Für die SS wird es jetzt nämlich besonders eng, wenn jemand von ihnen Radio gehört hat.«

»Wie meinst du das, Vati?«

»Der Führer ist tot«, informierte Willi Brasch das Mädchen.

»Der Führer ist tot?«, erschrak Rosi. »Wieso ist Adolf Hitler tot? Der hat doch gesagt, er sei nicht totzukriegen.«

»Da muss er sich wohl geirrt haben. Der Rundfunk hat es vor einer halben Stunde gemeldet, dass der Führer heute Nachmittag in seinem Befehlsstand in der Reichskanzlei für Deutschland gefallen ist. Er habe bis zum letzten Atemzug gegen den Bolschewismus gekämpft.«

»Aber besiegt hat er ihn nicht«, wandte Dieter ein, der dem Gespräch des Vaters mit der Tochter bisher nur still zugehört hatte.

»Nein, das hat er nicht, Junge«, seufzte Willi Brasch auf. »Im Gegenteil. Wer hier wen besiegt hat, wird sich auch für uns bald herausstellen. Wer weiß, was auf uns zukommt, wenn die Russen erst einmal hier sind.«

»Müssen wir Angst haben?«, fragten Dieter und Rosi fast gleichzeitig.

»Ich weiß es nicht«, gab der Mann zu. »Zumindest müssen wir vorsichtig sein in allem, was wir reden und tun.«

»Und freundlich müssen wir sein zu den Leuten«, meinte Rosi. »Wer zu den Leuten freundlich ist, zu dem sind sie meistens auch freundlich. Das gilt sicher auch für Russen. ›Alles, was ihr wollt, dass euch die Leute tun sollen, das tut ihr ihnen auch‹, steht in der Bibel.«

»Ob die Russen etwas von der Bibel wissen, bezweifle ich. Der Kommunismus kennt keinen Gott. Aber wir werden sehen, Kinder«, beendete der Mann das Gespräch. »Empfangt sie wirklich freundlich, wenn sie kommen. Das kann nicht schaden.« Nach einem Moment des Zögerns hängte er noch an: »Passt auf euch auf und betet, dass Gott uns allen gnädig ist.«

Die Russen

Noch aber waren die Russen nicht da. Und noch gab der Bürgermeister auf Weisung von »oben« die trotzige Parole aus, die Stadt um jeden Preis und »bis auf den letzten Blutstropfen« gegen den anrückenden bolschewistischen Feind zu verteidigen. Sollte jemand auf den Gedanken kommen, eine weiße Fahne zum Zeichen seiner Ergebung zu zeigen, werde er als Landesverräter von einem Standgericht abgeurteilt. Das zwingende Urteil sei entsprechend dem »Flaggenbefehl« des Reichsführers der SS Heinrich Himmler nicht diskutabel und werde unmittelbar vollstreckt.

Die vollmundigen Worte des Meyenburger Parteifunktionärs Sönksen verstärkten die ohnehin schon bestehende große Unruhe unter der Bevölkerung des durch neu angekommene Flüchtlinge und Vertriebene inzwischen völlig überfüllten Städtchens um ein Vielfaches. Dabei waren sich die meisten Haushalte längst darüber im Klaren, dass es ohne die weißen Flaggen nicht gehen konnte und nicht gehen sollte. Die würden rechtzeitig auf dem Kirchturm und an anderen markanten Punkten gehisst. Einen Beschuss durch die Russen wollte niemand riskieren, außer den Nazis natürlich. Es lagen schon genug Leichen auf städtischem Gebiet, die auf ihre Beisetzung warteten. Von dem Durchmarsch der Strafgefangenen waren ein paar Hundert zurückgeblieben. Da mussten nicht noch weitere Leben aufs Spiel gesetzt werden.

Unruhe herrschte in den Häusern auch wegen der Züge, die seit ein paar Tagen im Bahnhof standen und deren Waggons vollgepackt waren mit Lebensmitteln und – mit Munition. Ein Fahrziel gab es für diese Züge nicht mehr. Damit sie den Bolschewisten nicht in die Hände fielen, sollten sie gesprengt werden. Für 10 Uhr am 2. Mai war die Sprengung angesetzt. Die Bevölkerung der Stadt war angewiesen, zu diesem Zeitpunkt alle Fenster ihrer Wohnungen zu öffnen, um die Schäden durch die dadurch ausgelöste große Druckwelle gering zu halten. Welch ein Irrwitz!

»Wo will Vati denn hin?«, fragte Rosi ihre Mutter. Willi Brasch hatte sich gleich nach dem Frühstück verabschiedet und das Haus bereits verlassen. Mutter und Tochter waren in der Küche beschäftigt.

»Mit ein paar Feuerwehrkameraden ins Rathaus«, antwortete Erna Brasch.

»Was will Vati denn im Rathaus?«

»Genau weiß ich es auch nicht, Kind«, gab die Mutter zurück. »Ich glaube, Vati und die Männer wollen die Sprengung der Züge im Bahnhof verhindern.«

»Ob die bei diesem Nazi-Mann damit Erfolg haben? Was der will, das setzt der doch durch, und wenn er über Leichen gehen muss.«

»Ich will nicht hoffen, dass es ihm diesmal auch wieder gelingt, Rosi. Es gibt Leichen genug, für die die Gräber noch gar nicht geschaufelt sind.«

Das Mädchen stellte sich in Positur und deklamierte, indem sie den Bürgermeister imitierte: »Volksgenossen, es wird gesprengt! Wir geben dem Feind nicht nach! Das wird die letzte gute Tat sein, die wir im Geiste unseres hochverehrten und leider für Volk und Vaterland gefallenen Führers und der ruhmreichen nationalsozialistischen Idee für unsere Stadt tun können …«

»Rosi, hör auf!«, unterbrach die Mutter ihre Tochter. »Wenn dich jemand hört, der nicht weiß, wie du das meinst!«

»*Excuse-moi*, Mutti«, entschuldigte Rosi sich in Erinnerung an das französische Wort, das Mathieu häufig zu seiner Entschuldigung gebraucht hatte. »Vati und die Feuerwehrkameraden sollten den Bürgermeister und seine Freunde und das Sprengkommando gleich mit in die Luft …«

»Rosi!«, wies Erna Brasch das Mädchen jetzt scharf und deutlich zurecht. »So jetzt auch nicht! Der Mann wird schon bekommen, was er verdient hat. Und die anderen Nazis auch. Vergiss nicht, Vati und ich stehen auch auf der Mitgliederliste der NSDAP. Wenn nun andere über uns …«

»Ihr habt in unsrer Stadt und im Land immer nur Gutes getan, Mutti. Wenn sich Vati nicht immer wieder als Feuerwehrmann eingesetzt hätte, dann wäre manches …«

»Hast ja recht, Kind«, gestand die Mutter zu. »Ich hoffe

nur, dass uns das hilft, wenn das Reich endgültig untergeht. Leg schon einmal die Laken bereit, damit wir sie später in die Fenster hängen können. Ich möchte nicht unser schönes Haus zusammenschießen lassen.«

»Soll ich die Fenster vorsichtshalber schon öffnen? Es ist neun. Um zehn Uhr soll gesprengt werden.«

»Lass sie zu. Ich denke, es wird nicht gesprengt. Vati und seine Kameraden werden die Sprengung verhindern.« Erna Brasch war plötzlich überzeugt davon, dass es so kommen würde.

Sie sollte recht bekommen. Die Detonation blieb aus. Es waren überhaupt keine ungewöhnlichen Geräusche zu hören außer dem mehrfachen Pfeifen einer Lokomotive. Die Bevölkerung des Prignitz-Städtchens konnte aufatmen. Gegen Mittag kam Willi Brasch sichtlich erleichtert zurück und musste sogleich erzählen, was sich im Rathaus und am Bahnhof abgespielt hatte: Also, es war der Abordnung der Feuerwehr gelungen, verstärkt durch einige andere namhafte Bürger der Stadt, den NSDAP-Ortsgruppenleiter und Bürgermeister Sönksen von seinem Plan abzubringen, die Waggons in die Luft zu jagen. Sie hatten den Mann auch dazu bewegen können, das Sprengkommando aus Wehrmachtsoffizieren wegzuschicken. Die seien auch sofort Richtung Schwerin abgefahren. Der Bürgermeister habe am Ende der Verhandlung einen sehr deprimierten Eindruck gemacht. Er habe wie ein gebrochener Mann gewirkt, der die Niederlage seines Lebens hatte hinnehmen müssen …

»Und was war auf dem Bahnhof?«, fragten gleich mehrere der in der Stube versammelten Zuhörer.

»Die Züge sind aus dem Bahnhof rausgeschleppt worden. Der eine steht jetzt am Elsholz zwischen Penzlin und Schmolde, der andere auf freier Strecke in Richtung Priborn. Wenn sie da hochgehen sollten, richten sie keinen Schaden an.«

»Und was ist mit den Lebensmitteln in den Waggons?«, fragten Rosi und Dieter zugleich.

»Die könnten wir in der Stadt wirklich gut gebrauchen. Aber sie zu bergen war zu gefährlich. Niemand konnte sagen, wie die Wagen gesichert sind. Und Opfer wollten wir keine riskieren.«

»Schade«, kam es aus mehreren Mündern zugleich.

»Und was wird nun weiter?«, erkundigte sich eine der Frauen. »Wann kommen die Russen?«, wollte eine andere wissen.

»Die sollen bereits in Pritzwalk stehen«, beantwortete Willi Brasch die beiden Fragen. »Die ersten werden vielleicht heute gegen Abend schon hier sein. Morgen mögen mehr kommen. Wir müssen uns darauf einstellen und auf der Hut sein. Besonders ihr Frauen. Haltet euch im Hintergrund, wenn Russen auf den Hof und ins Haus kommen. Wir werden versuchen, sie gnädig zu stimmen. Man kann nie wissen. Wir hängen jedenfalls heute Abend die Tücher raus.«

Tatsächlich kam ein erster Trupp noch am selben Abend mit lautem Geknatter und Getöse von Pritzwalk her in die Stadt. Die kleine Einheit hielt sich allerdings nicht lange auf. Die Russen suchten offenbar zunächst nur nach führenden Personen der NS-Ortsgruppenleitung und der Stadtverwaltung. Es waren aber keine auffindbar, weder im Rathaus noch in ihren Häusern oder an irgendeinem anderen Ort. Sie hatten sich sämtlich in letzter Sekunde auf unterschiedlichen Wegen der Verantwortung entzogen. Entweder hatten sie sich im letzten Augenblick mit unbekanntem Ziel abgesetzt – auch Bürgermeister Sönksen war nicht mehr da –, oder sie hatten sich nach dem Vorbild ihres großen Führers in Berlin feige aus dem Leben gestohlen. Ein paar von ihnen fand man erschossen an ihren Schreibtischen oder in ihren Wohnungen an einem Balken hängend. – Dass der Führer Adolf Hitler wirklich »im Kampf gefallen« war, hatte kaum jemand so recht glauben wollen, und die Wahrheit über seinen Abgang war inzwischen auch nach Meyenburg durchgedrungen. – Die russische Vorhut verließ die Stadt wieder, ohne »Beute« gemacht zu haben.

»Beute« machten dann die Truppen, die am frühen Morgen des 3. Mai in Meyenburg einrückten. Sie nahmen die Stadt ein, wobei es tatsächlich einzelne Leute gab, die keine Zeichen ihrer Ergebung gezeigt hatten und immer noch glaubten, sich mit der Waffe in der Hand den Rotarmisten entgegenstellen zu können. Einige Männer bezahlten ihren Widerstand mit dem Leben, ihre Frauen damit, dass sie sich hergeben mussten, wollten sie nicht auch erschossen werden … Brutales Schicksal! Grausamer Krieg!

In die Freyensteiner Straße kamen die ersten Russen erst am folgenden Tag. Sie mussten durch den Schlosspark gekommen sein, denn sie waren zu Fuß. Plötzlich standen sie im Hof, junge finster und entschlossen dreinblickende Kerle, ihre Waffen im Anschlag. Sie fanden nur die Kinder des Hauses vor, die natürlich mächtig erschraken und blitzschnell im Haus verschwanden – bis auf »Tante« Rosi, »Neffe« Dieter und den anderen Dieter. Geistesgegenwärtig befahl Rosi dem Hund, der mitten in der Kindergruppe gelegen hatte: »Senta, ab in die Hütte!« Das treue Tier kam der Anweisung sofort nach und verschwand in seinem Häuschen. Die drei Kinder gingen den Soldaten mutig ein paar Schritte entgegen, als wollten sie sie begrüßen. Daraufhin feuerte ein Russe einen Warnschuss ab, wurde aber sofort von einem anderen zurechtgewiesen. Von den Kindern drohte ja wohl keine Gefahr, und von dem Hund offenbar auch nicht. Oder wollte der Mann ihr Erscheinen nur anmelden und zugleich klarstellen, wer hier ab sofort das Sagen hatte?

Einer der Soldaten sprach ein wenig Deutsch. Er schien der Anführer des Trupps zu sein. Er verlangte von den Kindern, den Hausherrn zu holen. Sie brauchten ihn allerdings nicht zu rufen. Willi Brasch kam bereits eilig aus dem hinteren Gartengelände, wo er mit irgendeiner Arbeit beschäftigt gewesen war. Er ging mit offenem Gesicht und leicht erhobenen Händen auf die Männer zu. So konnten sie sehen, dass er freundlich gesonnen und unbewaffnet war. Dann streckte er dem Sprecher seine Hand entgegen. Der wechselte seine Waffe in die andere Hand und nahm die Begrüßung an. Sofort entspannten sich die Gesichter der Rotarmisten und damit die ganze Situation. Willi Brasch und auch die drei Kinder konnten den Männern ihre Hände reichen. »*Dobry djen!*«

»Ist der Krieg jetzt zu Ende?«, fragte Rosi treuherzig und zugleich mutig.

»*Njet*. Noch nicht«, antwortete der Anführer. »Nur wenig Tage. Wir Freunde. Wenn ihr freundig, dann wir freundig.«

»Wir möchten schon lange keinen Krieg«, versicherte Willi Brasch und zeigte dabei auf den weißen Kissenbezug, der im leichten Wind an einer Stange am Hoftor flatterte. Dann fragte er: »Dürfen wir Ihnen zu essen und zu trinken anbieten?«

»Hat Frau? *Paschálsta*. Kann machen Essen und Trinken. Wir hat Zeit.«

Erna Brasch hatte sich inzwischen in der Haustüre sehen lassen. Sie hatte die Lage rasch überschaut und sich sofort wieder in die Küche begeben, um ein paar Brote zu schmieren und Becher mit Saft zu füllen. Rosi ging zu ihr hinein. »Ich helfe dir, Mutti. Die Männer scheinen lieb zu sein.«

»Scheinen, Rosi, scheinen«, gab die Mutter zurück. »Sei dennoch sehr vorsichtig in dem, was du sagst und tust, hörst du? Vor allem keine Bemerkung über Igor! Verstanden?«

»Ich höre, Mutti, und ich habe verstanden. Und ich pass' schon auf mich auf«, versicherte das Mädchen, griff das Tablett mit den Bechern und begab sich wieder nach draußen. Die Mutter folgte ihr mit dem Teller voller Brote, stellte ihn ab und ging wieder ins Haus. Die Rotarmisten hatten derweil ihre Gewehre beiseitegelegt und es sich auf dem Boden gemütlich gemacht. So zu sitzen waren sie anscheinend gewöhnt. Dann griffen sie zu, und im Nu waren Gläser und Teller geleert.

»*Spassiba!* Danke!«, sagte der Anführer der Gruppe und wischte sich mit dem Handrücken über den Mund. Dann erhob er sich, und sein Gesicht wurde plötzlich wieder ernst. »Jetzt zeigen *dom*, Haus!« Das war wohl ein Befehl, dem sich Willi Brasch nicht widersetzen konnte.

»Bitte, kommen Sie«, sagte er und ging dem Mann voraus. Der griff seine Waffe vom Boden und folgte dem Hausherrn. Er ließ sich die Küche, das Wohnzimmer mit der Büroecke des Gärtnermeisters, das Schlafzimmer und das ehemalige Arbeitszimmer zeigen. Hier traf er auf Dieters Mutter, die Flüchtlingsfrau, die sich ängstlich mit ihren beiden jüngeren Kindern in eine Zimmerecke gedrückt hatte.

»Wer ist?«, wollte der Russe wissen. »Eine arme Frau mit drei Kindern aus …« Willi Brasch fiel der Ort nicht ein.

»Wo ist Mann?«

»Sie weiß es nicht. Niemand weiß es«, antwortete der Hausherr wahrheitsgemäß, wobei seine Antwort der Frau die Tränen in die Augen trieb. Der Russe mochte wohl keine weinenden Frauen. Er fragte nicht nach weiteren Räumen, sondern begab sich wieder auf den Hof. Hier fragte er: »Wie viel Person in *dom*?«

»Zurzeit zwölf.«

»Wo sind andere?«

»Bei der Arbeit auf den Feldern.«

»Waffen in Haus?«

»Keine Waffen.«

»Hat Uniform?«

»Ich bin Hauptmann der Feuerwehr. Kommen Sie.« Willi Brasch ging wieder zurück zum Haus. Gleich hinter dem Eingang zum Keller befanden sich an einem Haken Helm und Jacke und der Gürtel mit dem anhängenden Beil. Der Russe gab sich zufrieden, gab seinen Leuten den Befehl zum Aufbruch, grüßte militärisch und mit dem von Igor bekannten »*da-swidánija!*«, und weg waren die Männer. Der Hausherr atmete auf. Ein Glück, dass der Offizier – seinen Uniformzeichen nach musste er Offizier sein – nicht nach der Parteimitgliedschaft gefragt hatte. Das hätte brenzlig werden können.

»Warum wollte der das Haus sehen, Vati?«, wollte Rosi wissen, die mit den beiden Dieters und den anderen Soldaten auf dem Hof gewartet hatte und nun auch froh war, dass die Männer weg waren.

»Wenn ich das wüsste, Kind«, gab der Vati nachdenklich zurück. »Wenn ich das wüsste.«

»Diese Russen waren aber doch lieb, Vati, oder?«

»Diese ja, Rosilein«, gestand der Vater zu, und mit einem leichten Seufzer fügte er an: »Aber glaub nicht, dass sie alle so lieb sind.«

Willi Brasch sollte recht behalten mit seinen Bedenken. In den nächsten Tagen kamen zwar immer wieder kleine Trupps russischer Soldaten vorbei, die sich ähnlich anständig verhielten wie die ersten. Aber es kamen auch welche, die versuchten, sich an die Frauen heranzumachen. Zwei von ihnen drangen dabei auch ins Schlafzimmer der Braschs vor, wo Erna krank im Bett lag. Eine schwere Frühjahrsgrippe hatte sie erwischt. Rosi saß bei ihr. Sie hatte der Mutti gerade einen Tee gebraut und ins Zimmer gebracht, als die beiden Männer hereinkamen. Die Frau im Bett schien für sie ein Opfer wie bestellt. Die schien wie gelähmt und war zu keiner Reaktion fähig. Blitzartig entledigte sich der eine Russe seiner Hose, während der andere Rosi in die Ecke des Zimmers gegen die Wand drängte. Er verschloss ihr mit der einen Hand den Mund, sodass sie kaum einen Laut von sich geben konnte, während er mit der anderen unter ihr Kleid ging. Weder die Mutter noch die Tochter konnten sich gegen diesen Überfall wehren.

Wo war nur Willi? Wo war der Vati? Woher kam Hilfe? So mochte es den beiden in ihrer Not durch den Sinn gegangen sein. Hätten sie doch nur schreien können. Aber sie waren beide wie gelähmt und sprachlos.

Als ob er die flehenden Gedanken seiner Lieben gespürt hätte, stand der Ehemann und Vater plötzlich im Zimmer, riss den einen Russen von dem Mädchen los und schrie zugleich den anderen an: »*Njet!* Die Frau ist krank! Typhus!« Bei diesem Wort zuckte der Wüstling auf der Frau zusammen, sprang auf, griff seine Hose, zog sie wie in Panik über und rief dabei seinem Kameraden etwas Unverständliches zu. Sekunden später waren die beiden draußen. »Typhus!« Das Wort mussten sie kennen, woher auch immer. Vielleicht klang das Wort für diese Seuche im Russischen ja ähnlich, und sie wussten, dass »Typhus« eine gefährliche, ansteckende Krankheit bezeichnete. »Typhus!« Dieses Zauberwort hatte Mutter und Tochter Brasch vor Schlimmerem bewahrt.

Erst nach vielen Minuten, in denen sich Eltern und Kind zutiefst erschüttert weinend und schluchzend in den Armen lagen, vermochte Erna ihrem Mann zu danken und zu fragen: »Wie bist du auf Typhus gekommen, Willi?«

Der atmete noch ein paar Mal tief durch. »Ich weiß es selbst nicht, Pützchen. Eine Eingebung vielleicht.«

»Sicher eine Eingebung vom Himmel, Vati«, bestätigte Rosi den Gedanken. Ihre Stimme klang noch ein wenig belegt.

»Der himmlische Vater hat uns dadurch vor den Männern gerettet. Dieser Schweinekerl! Der hat mir wehgetan zwischen den Beinen mit seinen dreckigen Fingern.«

Erna schüttelte sich. »Armes Kind. Vati ist wirklich noch gerade rechtzeitig gekommen. Dich hat wirklich der Himmel geschickt, Willi.«

»Nicht nur armes Kind. Auch armes Pützchen. Dann dankt dem Himmel dafür, ihr beiden, dass mich da plötzlich in der Scheune diese Unruhe gepackt hat.« Der Mann löste sich aus der Umarmung und setzte hinzu: »Ihr könnt das besser als ich. Ich muss schauen, ob die Kerle wirklich weg sind.«

Für diesmal waren sie weg. Aber sie kamen wieder. Am Mittwoch, dem 9. Mai standen sie mit zwei kleineren Fahrzeugen vor dem verschlossenen Hoftor und begehrten lautstark und drängend Einlass. Bei dem Hupen und energischen Pochen gegen das Tor verzogen sich zunächst einmal alle Frauen und Kinder schnellstens in irgendwelche Verstecke. Dann öffnete Willi Brasch das Tor und ließ die Russen in den Hof fahren, sehr gespannt darauf, was jetzt kam. Die Soldaten sprangen aus ihren Wagen und stellten sich in eine Reihe, ihre Waffen im Anschlag. Angeführt wurde der Trupp von dem Offizier, der vor ein paar Tagen das Haus besichtigt hatte. Jetzt stellte sich heraus, warum er das getan hatte.

Er trat ein paar Schritte vor, grüßte militärisch und sagte dann in seinem gebrochenen Deutsch: »Krieg am Ende. Deutsche Hitlerreich kaputt. Nazis kaputt. Deutschland kaputt. Wehrmacht mit Kapitulation letzte Nacht. Jetzt Sowjetmacht hier. Braucht Haus für Kommandant Plotnikow. Alle Leute raus! Zeit ein Stunde!«

Willi Brasch verschlug es die Sprache. Das war es also gewesen, weshalb der Offizier sich die Räume hatte zeigen lassen. Der hatte vor Tagen bereits gewusst oder auch nur geahnt … Der Hausherr riskierte die Frage: »Und wohin sollen wir? Und die anderen Leute im Haus?«

»Suchen andere Platz. Zeit eine Stunde!«, war die lapidare, aber deutliche Antwort des Russen. Die Drohgebärde seiner Kameraden ließ keinen Zweifel an der Ernsthaftigkeit der Forderung. Es blieb wohl wirklich nur eine Stunde Zeit, um zwölf Personen irgendwo unterzubringen. Aber wo und wie? Dennoch wagte der Gärtner noch eine Frage: »Was ist mit dem Hof und den Tieren? Wer versorgt die?«

»*Rabota* hier, Leben andere *dom*. *Basta!*«, kam es scharf zurück, gefolgt von dem Befehl an die Soldaten, die Fahrzeuge wieder zu besteigen.

Während die Rotarmisten den Hof wieder verließen, gab Willi Brasch den Leuten im Haus schweren Herzens den Auftrag, das Nötigste einzupacken und ansonsten zu warten, bis er zurück sei. Er ginge auf Quartiersuche.

»Ich gehe mit, Vati, bitte«, ließ Rosi sich hören. »Ich weiß, wer uns aufnimmt. Wir gehen zu den Engels in die Mühle. Die haben bestimmt Platz für uns. Außerdem ist das nur für ein paar Tage. Komm, wir gehen zu den Engels, Vati.«

»Woher willst du denn wissen, dass die uns in der Mühle aufnehmen Rosilein, und dass wir nur ein paar Tage …?«

»Das ist meine himmlische Eingebung, Vati«, antwortete das Mädchen im Brustton der Überzeugung. »Du wirst sehen, dass ich recht habe. Komm schon, Vati. Die Mutti packt für mich mit.«

Willi Brasch und seine Tochter waren schon bald wieder zu Hause. Rosis Eingebung hatte sich als richtig erwiesen. In der Mühle war tatsächlich ein kleines Zimmer für die drei Braschs frei. Und eine Kochgelegenheit gab es auch, die sie sich freilich mit Leuten aus Berlin teilen mussten, die schon vor ein paar Monaten aus ihrer Heimatstadt evakuiert worden waren. Aber wo ein Wille ist, da findet sich ein Weg, dass das Miteinander vieler Menschen auf kleinem Raum einigermaßen funktionieren kann.

Hier bei den Engels brauchte es nicht lange zu funktionieren. Auch darin erwies sich Rosis Eingebung als richtig. Die russische Kommandantur zog bereits nach einer Woche um in einige Räume des längst leer stehenden und wohl für den neuen Zweck zurechtgemachten Schlosses. Willi Brasch durfte mit Frau und Tochter wieder ins Haus zurück. Aber wie sah das hier aus!? Wie hatten die Einquartierten hier gehaust! Da mussten die Braschs zunächst gründlich reinigen, aufräumen und Ordnung machen. Dann holten sie Lilo und ihre beiden Jungen ins Haus. Die anderen Menschen, die am 9. Mai mit hatten ausziehen müssen, blieben in ihren neuen Quartieren, sodass es mit sechs Personen im Haus wieder etwas geräumiger wurde.

Allerdings machte die russische Kommandantur dem Gärtnermeister und Landwirt andere Auflagen: Willi Brasch musste alles, was er an Produkten seiner Wirtschaft einbrachte, zur Versorgung des Kommandanten und seiner Leute abliefern. Für seine eigene Familie blieb ihm weniger als das Notwendigste. Küchenmeister Schmalhans sollte fortan regieren.

»Vati, Mutti, was ist ein Kapitalist?« Mit dieser Frage überraschte Rosi am dürftig gedeckten Abendbrottisch ihre Eltern.

»Wie kommst du zu dieser Frage, Rosi?« Willi Brasch schaute ganz erstaunt, und auch Erna sah ihre Tochter mit großen Augen an.

»Ein paar Kinder haben mir heute im Schlosspark ›blödes Kapitalistenschwein‹ nachgerufen und Steine hinter mir hergeworfen«, antwortete das Mädchen. »Ist Kapitalist sein etwas Schlimmes?«

Die Eltern schwiegen für ein paar Momente und schauten sich nur vielsagend an. Was kam da jetzt auf sie zu? Hatten die russischen Bolschewiki die deutschen Kommunisten wieder mit in die Stadt gebracht? Waren nicht einige der Häftlinge aus Sachsenhausen, denen beim Durchzug ihrer Marschkolonnen die Flucht gelungen war, vormals Mitglieder der KPD gewesen? Matthias Wagner, Peter Schröder, Hermann Grimm und ein paar andere waren wieder da. Arbeiteten die etwa schon mit der russischen Kommandantur zusammen und hatten dadurch ganz neuen Einfluss? Wenn es so war, deutete das auf keine gute Zukunft der Familie hin. Sie gehörten zu den Reichen in der Stadt mit großem Grund und Boden und bisher immer gutem Einkommen. Erna war ein ehemaliges Schlossfräulein, eine geborene von Rohr. Und zum Schloss gehörten immer noch riesige Ländereien, auch wenn die von Schlesien aus verwaltet wurden. Aber galt das überhaupt noch? Wer wusste denn etwas von Magdalene von Harrach und ihrer Familie? Sie nicht und Carlchen im Schlossgärtnerhaus auch nicht. Und was war inzwischen mit dem schlesischen Klein-Kriechen? Gab es das überhaupt noch? Saßen da nicht bereits Russen oder auch Polen im Schloss? Die Verbindung zu den Verwandten war durch den Krieg völlig abgerissen.

Aber jetzt stand Rosis Frage im Raum. Sie brauchte eine ehrliche Antwort. Willi Brasch holte tief Luft, um seiner Rosi zu erklären, was ein Kapitalist sei und weshalb dieser Begriff ihr als übles Schimpfwort nachgerufen worden war.

»Ich will versuchen, es dir möglichst einfach zu erklären, Pummi«, begann er. »Einer, der Kapital hat, hat Geld, oder er hat einen großen Besitz, der viel Geld wert ist und viel Geld einbringt. Einen Kapitalisten nennen die Kommunisten einen Menschen, der mit seinem großen Besitz wirtschaftet, damit er immer mehr Geld verdient. Dabei wird er immer reicher, und die, die für ihn arbeiten, werden im Vergleich dazu immer ärmer. Der Kapitalist kann mit seinem vielen Geld machen, was er will. Und die für ihn arbeiten, sind von ihm abhängig und müssen machen, was er will.«

»Dann müssten seine Arbeiter ja alle sehr unglücklich sein«, vermutete das Mädchen.

»Das behaupten die Kommunisten, Kind«, sagte die Mutter.

»Aber unsere Frauen und Männer in der Gärtnerei und in der Landwirtschaft waren nie unglücklich«, widersprach Rosi. »Ich habe noch niemanden weinen sehen, weil er wegen der Arbeit unten am Wilhelmsplatz oder hier oben unglücklich war.«

»Du hast recht, Kind«, bestätigte die Mutti. »Ich denke, sie waren dem Vati und uns allen dankbar, dass sie Arbeit und Wohnung hatten. Vati hat sich schon früher dafür eingesetzt, dass gerade arme Leute ihr Auskommen hatten.«

»Aber warum rufen sie mir ›Kapitalistenschwein‹ nach?«, wiederholte das Mädchen seine Frage.

»Ich weiß es nicht, aber ich ahne es«, gab der Vater mit einem leichten Seufzer zurück.

»Und was ahnst du, Willi?«, hakte Erna Brasch nach.

»Ich ahne, dass wir mit den Russen und mit den alten oder auch neuen Kommunisten unserer Stadt Schwierigkeiten kriegen. Welche, weiß ich nicht. Wir werden sehen, was kommt.« Willi Brasch machte bei dieser Antwort ein Gesicht, das wenig Zuversicht spiegelte.

Rosi fiel etwas ein. »Ich habe doch von meiner Patentante ein kleines Kärtchen zum Geburtstag bekommen. Da stehen zwei schöne Sprüche drauf und zwei Liedstrophen. Die können uns helfen. Ich hole das Kärtchen rasch und lese es vor.«

Einen Moment später saß das Mädchen schon wieder am Tisch, das Spruchkärtchen in der Hand. Sie las: »Psalm 55,23: *Wirf dein Anliegen auf den Herrn; der wird dich versorgen und wird den Gerechten nicht ewiglich in Unruhe lassen.*«

»Sehr gut«, meinte die Mutti. »Und wie heißt der andere Spruch?«

»1. Petrus 5,7: *Alle eure Sorge werfet auf ihn, denn er sorget für euch.*«

»Dann lies auch noch die Liedstrophe, Rosilein«, forderte der Vati auf.

Seine Tochter las den Text:

»*Auf, auf, gib deinem Schmerze und Sorgen gute Nacht, lass fahren, was das Herze betrübt und traurig macht; bist du doch nicht Regente, der alles führen soll, Gott sitzt im Regimente und führet alles wohl. – Ihn, ihn lass tun und walten, er ist ein weiser Fürst und wird sich so verhalten, dass du dich wundern wirst, wenn er, wie ihm gebühret, mit wunderbarem Rat das Werk hinausgeführet, das dich bekümmert hat.* – Paul Gerhardt 1653.«

Für einen Moment herrschte nachdenkliche Stille am Tisch, die Mutter Brasch mit den Worten beendete: »Ich glaube, das ist der einzig richtige Weg – auf Gott vertrauen, dass er sich um uns kümmert. Ihm unsere Zukunft getrost überlassen. Dann wird alles gut.«

»Wer beten kann, der bete«, sagte der Vater, erhob sich schwer und verließ die Küche. »Ich muss nach den Tieren sehen«, sagte er beim Hinausgehen noch. Dabei war seiner Stimme abzuspüren, dass er dumpfe Ahnungen und schwere Sorgen mit nach draußen nahm, die er nicht so einfach »werfen« konnte.

Todeskandidaten

Die schweren Sorgen Willi Braschs waren berechtigt. Die Kommandantur im Schloss arbeitete seit Juli im Auftrag der Sowjetischen Militäradministration, die das zentrale Organ in der SBZ, der sowjetischen Besatzungszone, war. Zu der neuen Stadtführung, die sich unter ihrer Obhut formierte, gehörten eine Reihe Leute, die dem inzwischen Vierundfünfzigjährigen seine Existenz neideten und zunehmend erschwerten. Der Mann war schließlich mit einer Frau aus dem »Junkertum« verheiratet und zudem Mitglied der NSDAP gewesen. Nach seinen Verdiensten für die Stadt Meyenburg und seine Bürger fragte plötzlich niemand mehr. Alle paar Tage kamen russische Abgesandte auf die beiden Gelände am Wilhelmsplatz und an der Freyensteiner Straße und durchsuchten die Wohnungen nach Waffen, Munition und anderem verbotenem Gut, um eine Handhabe gegen den unliebsamen Mitbürger zu finden.

Bei einer erneuten Razzia in Braschs altem Wohn- und Geschäftshaus wurden sie zur Überraschung und zum Entsetzen aller bei einem alten Flüchtlingsehepaar fündig. Wie die Armeepistole in die Wohnung gekommen war, konnten die alten Leute nicht sagen. Ihre wiederholten Beteuerungen, die Waffe gehöre nicht ihnen und sie wüssten nichts über ihre Herkunft, halfen nicht. Die beiden Menschen wurden verhaftet und ins neue Gefängnis der Stadt gesteckt, das in einem Flügel des Schlosses eingerichtet war. Dort sollten sie ihren Prozess abwarten.

Willi Brasch als Eigentümer des Anwesens am Wilhelmsplatz wurde gar nicht erst ins Gefängnis gesteckt. Mit ihm verfuhr man radikaler. Er wurde in seinem Hof an der Freyensteiner Straße gefunden und festgehalten. Dann wurde eiligst ein russisch-deutsches Standgericht nach dort zusammengerufen, das ihm den Besitz der Pistole unterschob. Der Angeschuldigte bekam keine Möglichkeit, sich zur Sache zu äußern oder irgendetwas zu seiner Verteidigung zu sagen. Das Urteil hätte er ohnehin nicht beeinflussen können. Das stand nämlich vorher schon fest: Tod durch Erschießen aufgrund des nachgewiesenen verbotenen Waffen-

besitzes und der Begünstigung des verbotenen Waffen-
besitzes.

In das verhängte und umgehend zu vollstreckende Urteil
wurden seine Frau und seine Tochter in Sippenhaftmanier
gleich mit einbezogen. Die treue Senta hatte bereits vorher
dran glauben müssen. Der Hund hatte seine Herrschaft
gegen die uniformierten und schwer bewaffneten Eindring-
linge verteidigen wollen und war von einem Soldaten mit
einem Pistolenschuss kurzerhand niedergestreckt worden.

Sofort nach der Verhandlung, die eigentlich gar keine war,
wurden Willi und Erna Brasch von groben Händen gepackt
und gewaltsam vor die Schuppenwand gestellt. Dort wurden
ihnen die Hände auf den Rücken gefesselt und die Augen
verbunden. Sie ließen es ohne Widerstand geschehen. Sie
wussten, dass jeder Einspruch zwecklos war. Je schneller die
Sache vorbei war, desto besser. Und so sagten sie sich ein
paar Abschiedsworte und harrten ergeben ihres Schicksals.
Dabei hofften sie wohl, dass Rosi nicht gefunden und
dadurch verschont würde. Das Mädchen hatte sich nämlich
in ein Versteck verkrochen, aus dem sie die Verhandlung mit-
verfolgen konnte. Was sie hörte, versetzte sie in höchste
Aufregung und Angst. Freiwillig kam sie aus der Scheune
nach draußen. Sie konnte ihre geliebten Eltern unmöglich
alleine hier stehen lassen. Wenn die sterben mussten, dann
wollte sie auch nicht mehr leben.

Die Zehnjährige hatte kaum den Hof betreten, als sie auch
schon von denselben groben Russenhänden gepackt und zu
ihren Eltern vor die Schuppenwand gezwungen wurde.
Dabei wehrte sich Rosi allerdings heftigst mit Händen, Füßen
und Zähnen und mit hysterischem Geschrei: »Nein, nein,
nein! Das könnt ihr nicht machen. Ihr dürft nicht schießen!
Die Eltern sind unschuldig. Unschuldig! Sie sind keine
Kapitalistenschweine! Wir haben keine Waffen im Haus. Wir
sind gute Leute ...« Die Kleine war schier außer sich und
wollte sich gar nicht mehr beruhigen.

»Lass gut sein, min lütten Pummi«, versuchte Vati Brasch
seine in panische Angst geratene Tochter zu beruhigen.
»Komm her zu uns und sei ganz still. Dann ist es bald vorbei.
Gott möge ihnen vergeben. Sie wissen nicht, was sie tun.«

»Der himmlische Vater ist bei uns, Rosilein«, fügte die Mutti an. »Es wird gnädig ausgehen. Wir werden nichts spüren. Du auch nicht. Und dann werden wir heimgetragen in des Hirten Arm und Schoß.« Bei diesem Satz versagte ihr die Stimme. Ob sie wohl sonst den Rest des Textes noch angehängt hätte: »Amen, ja mein Glück ist groß«?

Rosi beruhigte sich tatsächlich, als habe sie die Sinnlosigkeit ihres Protestes eingesehen und als habe sie begriffen, was die Mutti mit dem Liedtext hatte sagen wollen. Sie ließ sich widerstandslos die Hände fesseln, die Augen verbinden und zwischen die Eltern stellen. Auf dem Hof wurde es still wie auf einem Friedhof. Jeder wartete wohl auf das Kommando des Stadtkommandanten als dem Vorsitzenden des Standgerichtes. Warum gab der den Befehl denn nicht? Wollte er sich erst noch ein wenig weiden an dieser traurigen Szene und der vermuteten Todesangst der Delinquenten?

In die spannungsgeladene Stille hinein hörte man plötzlich ein Fahrzeug vorfahren und mit quietschenden Bremsen anhalten. Dann Türenschlagen und russische Stimmen. Das Hoftor wurde aufgerissen und eine äußerst erregte Stimme rief: »*Stoj!* Stopp! *Njet!*« und danach noch ein paar hastige und sehr erregte Sätze in russischer Sprache.

Rosi erkannte die Stimme sofort. »Igor! *Na pomoschtsch!* Hilfe! Sie wollen uns erschießen!«, rief sie über die Szene, dass sich ihre Stimme beinahe überschlug. »Igor, das dürfen die nicht! Vati hat nichts verbrochen, Igor! *Pamagitje!* Hilf uns! *Paschálsta!* Bitte, Igor!« Dann brach das Mädchen in lautes Schluchzen aus und verbarg dabei das Gesicht in den Rockfalten der Mutter. Die hätte ihr zitterndes Kind wohl gerne in die Arme genommen, was wegen der gefesselten Hände aber nicht möglich war. Ob ihr und ihrem Mann hinter den Augenbinden auch die Tränen liefen, war nicht erkennbar.

Auf dem Hof hatte inzwischen eine erregte Diskussion unter den Russen und den beteiligten Deutschen begonnen. Igor, der ehemalige Kriegsgefangene auf diesem Gelände, machte sich offenbar mit großer innerer Bewegung zum Anwalt der Familie Brasch und versuchte wortreich, die Männer des Standgerichtes zur Rücknahme ihres Urteils zu bewegen. Er erinnerte sich wohl gerne daran, dass er hier gut behandelt worden war und seine Herrschaften sich über die strengen Bestimmungen zum Umgang mit solchen Leuten wie ihm, wie der Hitlerstaat sie rigoros angeordnet hatte, hinweggesetzt hatten. Er wusste wohl auch manches zu sagen über selbstlose, fürsorgliche Einsätze für andere Menschen der Stadt und darüber hinaus.

Die drei Todeskandidaten standen derweil zitternd und bebend an der Wand ihrer Scheune in ihrer Dunkelheit und harrten des Ergebnisses, das die lautstarke Auseinandersetzung um ihr Leben haben würde, innerlich wohl zu Gott um Rettung schreiend. Nach schier endlosen Minuten war die Diskussion plötzlich zu Ende. Das aufgeregte Stimmengewirr verstummte. Die Stimme des Kommandanten verkündete knapp, das Todesurteil werde nicht vollstreckt, sondern aufgehoben. Dann gab er seinen Leuten noch ein paar Anordnungen, worauf die Russen und ihre deutschen Gefolgsleute schnellstens den Hof räumten. Er selbst verließ ebenfalls die Szene. Zurück blieb nur Igor, der die Erlaubnis oder den Auftrag oder auch die Freiheit hatte, sich um die Leute zu kümmern, von denen er in buchstäblich letzter Sekunde das schlimmste Schicksal hatte abwenden können.

»Alles *dóbry! Dóbry!* Ist alles gut!«, sagte er mehrfach, während er den drei Braschs nacheinander die Augenbinden löste und dann die Handfesseln aufknüpfte.

Kaum hatte Rosi ihre Hände und Arme frei, schlang sie sie auch schon in einem heftigen Gefühlsausbruch dem Russen um den Hals. Der nahm das Mädchen ebenso bewegt in seine großen Arme. Dabei liefen dem Mann tatsächlich ein paar Tränen über das Gesicht. Er hatte wohl in den vergangenen Minuten ebenfalls unter großer Spannung gestanden. »*Spassiba, spassiba!* Danke, Igor, danke!«, stieß Rosi immer wieder hervor, während sie das stachelige Gesicht des Mannes über und über mit Küssen bedeckte. »*Spassiba! Spassiba!*«

Igor konnte sich des Mädchens nicht erwehren. Er versuchte es auch gar nicht. Rosi brauchte diese Momente, um die furchtbare Spannung der bösen halben Stunde abzubauen.

Schließlich ließ sie von dem Russen ab, wohl auch, um den Eltern die Gelegenheit zu geben, Igor ebenfalls für seinen Einsatz zu danken. Erna und Willi Brasch fanden dafür allerdings keine rechten Worte. Erna Brasch nahm den Mann nur stumm in die Arme und gab ihm einen dankbaren Kuss auf jede Wange. Willi Brasch drückte seinem ehemaligen Zwangsarbeiter lange beide Hände. Mehr als ein »Danke, Igor, danke!« vermochte er in diesem Augenblick auch nicht zu sagen. Seine Stimme gehorchte ihm nicht. Welch ein Moment für die vier Menschen im Hof! Rettung und Bewahrung in wirklich allerletzter Sekunde. Welch gnädiger Ausgang der schlimmsten Momente, die die drei Braschs in ihrem ganzen bisherigen Leben mitgemacht hatten.

An diesem denkwürdigen Sommerabend mochte sich mancher darüber gewundert haben, wenn er es denn gehört hatte, dass Vati, Mutti und Tochter Brasch vor dem bescheidenen Abendbrot ein Weihnachtslied anstimmten:

Freuet euch, ihr Christen alle, freue sich, wer immer kann; Gott hat viel an uns getan. Freuet euch mit großem Schalle, dass er uns so hoch geacht', sich mit uns befreund't gemacht. Freude, Freude über Freude: Christus wehret allem Leide. Wonne, Wonne über Wonne: Christus ist die Gnadensonne.

Jesu, wie soll ich dir danken? Ich bekenne, dass von dir meine Seligkeit herrühr'; so lass mich von dir nicht wanken, nimm mich dir zu eigen hin, so empfindet Herz und Sinn Freude, Freude über Freude: Christus wehret allem Leide. Wonne, Wonne über Wonne: Christus ist die Gnadensonne.

Wenn die drei Braschs gedacht hatten, sie seien mit der Rettung durch den treuen Igor – für dessen unvermitteltes Auftauchen sich übrigens nie eine Erklärung fand – aus dem Blickfeld ihrer Widersacher herausgerückt, dann hatten sie sich mit dieser Annahme allerdings getäuscht. Die Schikane wurde lediglich mit anderen Mitteln fortgesetzt, blieb aber auf dauerhafte Schädigung, wenn nicht sogar auf Vernichtung der Braschs ausgerichtet.

Bereits am nächsten Tag kam die schriftliche Nachricht,

dass das Anwesen am Wilhelmsplatz mit allem, was dazugehöre, konfisziert sei. Ein Einspruch gegen diese Verfügung sei nicht möglich. Es blieb dem Gärtnermeister nichts anderes übrig, als den Verlust seines Elternhauses und seines geerbten Betriebes hinzunehmen. Was sollte es? Das war irdisches Gut, das er ohnehin eines Tages zurücklassen musste. Sollten sich die neuen Mächtigen um die alte Gärtnerei und die Landwirtschaft kümmern. Er hatte sein Leben und das von Frau und Kind, und es blieb ihm ja der neue Betriebsbereich an der Freyensteiner Straße. Der konnte immer noch ein paar Leuten Arbeit und Brot geben. Freilich musste diese Erkenntnis gegen heftigste innere Rebellion mühsam erkämpft werden.

In den folgenden Tagen und Wochen wurden Willi Brasch oder auch Erna oder auch beide zugleich alle paar Tage ins Schloss vor die Kommandantur geladen und dort stundenlang zu ihrer Vergangenheit als Mitglieder der NSDAP, zu ihrer Stellung zum Kommunismus und zum Sozialismus und zu ihren Zukunftsplänen verhört. Dabei ging es in der Regel sehr unfreundlich zu, gelegentlich auch unsanft bis brutal. Dann wieder wurde einer von beiden, meistens war es der Mann, ohne besondere Begründung ins Schlossgefängnis gesteckt und dort bei spärlichster Versorgung tagelang festgehalten.

Rosi war immer wieder einmal auf sich allein gestellt und musste sich selbst versorgen. Meistens konnte sie dann bei ihrer großen Schwester Liselotte unterschlüpfen oder bei Leuten, die zu ihren Eltern standen und Mitleid mit dem Kind hatten, wie die Eltern ihrer Freundin Friedel oder die Mutter des »großen« Dieter.

– Bei Tante Carlchen konnte sie nun nicht mehr unterkommen. Sie war mit dem Einzug der Russen in die Stadt und ins Schloss vom Gärtnerhaus ins etwa 30 Kilometer entfernte Damenstift Kloster Malchow umgesiedelt, wie sie das eigentlich erst viel später hatte tun wollen. Was hätte sie auch in Meyenburg halten sollen? Ihre Schwester Erna und deren Familie zu treffen, war sicherlich auch von dort aus immer wieder einmal möglich. –

Wenn wenigstens die Mutti wieder nach Hause kam, war

die Freude bei Rosi groß. Dann konnten die beiden dem Vati gelegentlich heimlich ein Brot oder ein Stück Wurst oder anderes Essbares ins Gefängnis bringen. Der Weg durch den Park war nur kurz, Erna Brasch kannte das Schloss von innen und wusste, wie man an der Wachstube vorbei zu den Verliesen kam.

Dann war Willi Brasch eines Tages nicht mehr in seiner Zelle. Man habe ihn weggebracht, wurde seiner Frau lediglich mitgeteilt. Eine Auskunft über seinen Aufenthaltsort war nicht zu bekommen. Jetzt wurde die Sorge von Frau und Tochter natürlich groß. Was hatte man mit dem Ehemann und Vater gemacht? Hatte man ihn doch umgebracht? Wenn nicht, wo hatte man ihn hingebracht? Wie mochte es ihm gehen? Wie wurde er versorgt? Fragen, auf die es keine Antworten gab. Mutter und Tochter konnten nur darum beten, dass es ihrem lieben Angehörigen gut gehen möge und dass er bald wieder nach Hause käme. »*Wirf dein Anliegen auf den Herrn, …*«

Zu Hause wurde es für die beiden Frauen zunehmend enger. Sie waren zwar aus der unmittelbaren Schusslinie der Russen und der einheimischen Kommunisten, die die Stadt beherrschten, ein wenig herausgenommen, seitdem die den Vater verschleppt hatten. Aber deswegen lebte es sich für sie nicht leichter. Die Versorgung wurde von Woche zu Woche schlechter und knapper. Die verbliebenen eigenen Gärten an der Freyensteiner Straße gaben für den eigenen Haushalt nichts mehr her. Sie durften nichts mehr hergeben. Erna Brasch und ihrer Tochter wurde der Zugang verwehrt. Im Auftrag der neu eingesetzten russisch-deutschen Verwaltungsbehörde, die das staatliche System der neuen Lebensmittelkarten eingeführt und zu seiner besseren Abwicklung eine zentrale Lebensmittelverteilung eingerichtet hatte, bearbeiteten andere die großen Beete. Das Gartengelände und die Hofwirtschaft mit dem verbliebenen Vieh seien ebenfalls beschlagnahmt, war Erna Brasch ohne weitere Erklärung mitgeteilt worden. Den beiden Frauen blieb nach der Verfügung nicht einmal das Federvieh. Die im Schlosspark neu angelegten Gärten durften sie auch nicht bearbeiten. Die

Beete dort waren den Familien der Flüchtlinge und Heimat-
vertriebenen vorbehalten. Die durften etwas gegen die eigene
Not tun. Den Kapitalisten aber musste und konnte es endlich
einmal gezeigt werden, wie das Proletariat schon immer
hatte leben müssen.

Zum Glück gab es aber auch noch einige Menschen mit
Herz. Nur lebten die leider nicht in Meyenburg. Im Dörfchen
Schmolde erinnerten sich ein paar Bauernfamilien weiterhin
gerne an die Braschs, und sie versorgten Mutter und Tochter
immer wieder einmal mit Lebensmitteln, sodass die beiden
wenigstens ab und an etwas mehr auf dem Tisch und in den
Tellern hatten als das, was sie auf ihre Marken bekamen. Der
Weg hinüber ins ehemalige Patronatsdorf war allerdings
nicht ungefährlich. Einer der Wege führte an der alten
Meyenburger Ziegelei vorbei. Dort waren russische Soldaten
einquartiert, die sich einen Spaß daraus machten, nach Lust
und Laune auf Menschen ohne Uniform zu schießen, als
wären sie Hasen. Zum großen Leid von Rosi hatte es ihren
Freund Dieter, der für sie inzwischen wie ein großer Bruder
geworden war, bei einer solchen Attacke erwischt. Irgendein
vermaledeiter Russe hatte den Jungen tatsächlich in der
Abenddämmerung mit einem Stück Wild verwechselt und
ihn einfach abgeknallt. Die Mutter hatte sich den Leichnam
ihres Sohnes am nächsten Tag dann zur Beerdigung abholen
dürfen.

Nach diesem tragischen Ereignis, das für den russischen
Schützen übrigens keine Konsequenzen hatte, war Rosi
Brasch tagelang kaum ansprechbar. Ihre Trauer um den
Freund und ihre Wut über die Ungerechtigkeit der gegenwärtigen Zeit und Welt waren einfach zu groß, und es gab
niemanden, der sie hätte trösten können. Waren das eigentlich Menschen, die so mit ihren Mitmenschen umgingen?
Nein, Untiere waren das, schrecklichste Scheusale. Wie hatte
der Vati einmal gesagt: »Der Kommunismus kennt keinen
Gott.« Und wer keinen Gott kennt, der behandelt Menschen
auch nicht wie Ebenbilder Gottes, sondern behandelt sie
schlimmer als Vieh. Und der macht sich auch selber zum Gott
und zum Herrn über Leben und Tod. Der kann dann auch

einfach einen abknallen, als würde er ein Kaninchen schlachten. Oder hatten die Bolschewiki und die Kommunisten vielleicht sogar recht mit ihrem Glauben, dass es keinen Gott gibt? Warum musste der Vati irgendwo an einem unbekannten Ort darben und leiden, vielleicht krank auf einer Holzpritsche liegen oder vielleicht Zwangsarbeit verrichten? Ob er überhaupt noch lebte oder ob die Russen oder andere Untiere ihn nicht längst umgebracht hatten? Und warum hatte Dieter sterben müssen? Warum war der Todesschütze nicht bestraft worden? Warum hatten die Eltern bis auf das Haus alles einfach so abgeben müssen, ohne etwas dafür zu bekommen? Warum musste es diesen schrecklichen Krieg geben, der ihr den Bruder genommen hatte? Warum? Wieso? Weshalb? Wozu? …

In Rosis jungem Kopf kreisten tagelang solche Gedanken, und sie hatte große Mühe, damit fertig zu werden. Ihre Mutti konnte ihr keinen Trost vermitteln, so oft und so gut sie es auch versuchte. Da war niemand, der das Mädchen trösten und seine Fragen beantworten konnte.

Rosis traurige Lage wurde noch dadurch verschlimmert, dass sie als »Kapitalistenkind« in der Schule – der Unterricht war am 1. September 1945 wieder aufgenommen worden – in die letzte Bank gesetzt und im Unterricht bei ihrem neuen Lehrer selten beachtet wurde, obwohl sie trotz fehlender Bücher und trotz des spärlichen Arbeitsmaterials zu den Besten gehörte. Bei irgendwelchen Schulfeiern und Kinderfesten musste sie am Rand stehen und zuschauen. Besonders dann, wenn es etwas zu gewinnen gab. Traurige Momente für ein kleines Mädchen, das manchen Jungen und manches Mädchen bei den Kletter- und Laufspielen in die Tasche gesteckt hätte. Aber wer genug hatte – angeblich –, musste ja nicht noch mehr dazugewinnen.

Als Freunde für die Pausen und die Nachmittage blieben ihr nur Friedel und »Neffe Dieter«, die mit ihr in derselben Klasse saßen und die sich auch für sie einsetzten, wenn einmal wieder Kapitalistenstänkereien losgingen. Dieter schlug dann auch schon einmal zu, wenn es gar zu arg gegen seine »Tante Rosi« ging. Und Friedel zog auch schon einmal an den Haaren und verteilte Ohrfeigen. Rosi tat diese Freundschaft gut, und mit der Zeit wurde ihr Gemüt auch wieder heller. Sie begann wieder zu lachen und sich selbst zu verteidigen und ihre Stellung zu behaupten. Danach wurden die Stänkereien tatsächlich weniger und Rosis Schulleben leichter.

Ihre Mutter registrierte die Veränderung mit Genugtuung, denn dadurch wurde Rosi auch in der Familie wieder umgänglicher. Sie wurde wieder offener für das tägliche Morgen-, Tisch- und Abendgebet und für die Erkenntnis, dass Gott es von seinem Wesen her dennoch gut meinte und dass es die Menschen ohne Gott waren, die der Welt und dem Leben ein manchmal so entsetzliches, fratzenhaftes Antlitz gaben.

Im Herbst desselben Jahres bekam dieses Antlitz ein paar neue Ausdruckslinien. Zum einen musste auch Erna Brasch sich der Bestimmung der SMAD fügen, dass jeder Bürger der SBZ aus dem Privatbesitz, den er über den Krieg hinweg-gerettet hatte, alles Silber und Gold und alle Devisen abzu-liefern hatte. Das traf die Frau hart, musste sie doch auf man-ches gute Stück aus ihrem von Rohrschen Erbe verzichten. Dennoch, mit der hart erkämpften Erkenntnis, dass alles irdi-sche Gut letztlich Tand sei, gab sie her, was sie nicht einmal als Erinnerung an ihre eigene adelige Vergangenheit behalten durfte. Hart war die Bestimmung auch für Rosi, denn ihr ent-gingen dadurch einige schöne Gegenstände, die sie gerne eines Tages von ihrer Mutter geerbt hätte. Hart würde dies auch für Willi werden, wenn er denn überhaupt noch einmal zurückkam. Der Geschäftsmann würde von den Ersparnissen auf seinen Konten nichts mehr vorfinden.

Zum anderen bekam das Haus an der Freyensteiner Straße erneut zahlreiche Einquartierungen. Es kamen eine Menge Leute in die Stadt, die infolge der Beschlüsse der Potsdamer Konferenz der Siegermächte vom Juli 1945 aus den ehemals deutschen Gebieten jenseits der Oder und der Lausitzer Neiße vertrieben worden waren. Die armen Leute, die mit Lastwagen angekarrt wurden oder mit Zügen ankamen und nichts als ein paar Koffer gefüllt mit dem Notwendigsten für ihr Überleben bei sich hatten, brauchten Wohnraum. Sie brauchten Arbeit, sie brauchten Versorgung und eine neue

Heimat. Erna Brasch und ihre Rosi mussten wie viele andere Bürger der Stadt in ihren Wohnungen noch weiter zusammenrücken. Zwei Räume blieben ihnen noch, wobei sie sich die Küche und das Bad mit einigen Parteien teilen mussten. Teilen musste die ständig wachsende Bevölkerung auch die wenigen Lebensmittel, die zur Verfügung standen. Für Erna und Rosi gab es folglich auch geringere Rationen und häufigeres Magenknurren. Wenn es die alten Freunde drüben in Schmolde nicht gegeben hätte …

Kurz vor dem Wechsel ins Jahr 1946 tauchte auf dem Hof ein kleiner, magerer, schlecht aussehender Mann auf. Er trug zerschlissene Kleidung, die einige Nummern zu groß schien, und zerrissene Schuhe, die die Zehen hervorschauen ließen. In seiner blau gefrorenen Hand hielt er einen alten Pappkarton, der offenbar seinen ganzen Besitz enthielt. Welch eine arme Kreatur, schoss es Erna Brasch durch den Kopf, als sie dem Mann gegenüberstand, der nach ihr gefragt hatte und in ihrem Haus Einlass begehrte. Sie kannte den Mann nicht. Wie kam der dazu, nach ihr zu fragen? Sie wollte gerade darauf hinweisen, dass es im Haus nun wirklich keinen Wohnplatz mehr gäbe und er sich woanders umschauen möge, als Rosi hinter sie getreten war, um zu sehen, was an der Tür los war. Sie kam ihrer Mutti zuvor.

»Vati!«, entfuhr es ihr mit einem spitzen Aufschrei der Überraschung und des freudigen Entsetzens. »Vati!« Im Nu hatte sie sich an ihrer Mutter vorbeigedrückt, um dem Mann um den Hals zu fallen. »Vati! Dass ich dich wiederhabe!«, konnte sie nur noch sagen, und dann brach sie in Freudentränen aus. Willi Brasch bekam auch nicht mehr heraus als »Min lütte Pummi! Ich hab dich wieder!« Dann hatte auch Erna endlich begriffen, dass diese Jammergestalt an der Treppe tatsächlich ihr Willi war. Und dann lagen sich drei Menschen lachend und weinend und sich immer wieder küssend in den Armen und wussten vor Glück nicht, was sie sonst tun sollten. Zu sagen wussten sie alle drei nichts. Vater, Mutter und Tochter Brasch hatten sich wieder! Welch ein herrliches nachträgliches Weihnachtsgeschenk!

Momente später saßen die drei in der warmen Küche – wie

gut, dass es wenigstens Brennholz für den Herd gab –, hielten sich an den Händen, lachten und weinten immer noch oder auch schon wieder und freuten sich über diese glückliche Wendung des Schicksals. Dass sie ihre Freude nicht unter Ausschluss der Öffentlichkeit feiern konnten, störte die drei dabei nicht. Irgendjemand anderes aus dem Haus war immer mit in dem Raum und machte sich am Herd oder sonst wo zu schaffen. Es war ein ständiges Rein und Raus in der Küche. Was sollte es?! Die Mitbewohner sollten gerne an der Familienfreude teilhaben. Willi, der Vati und Hausherr, war heimgekehrt! Was seine Lieben kaum noch für möglich gehalten hatten, was sie aber immer erhofft und erbeten hatten, war eingetreten. Das galt es jetzt zu feiern mit einem Becher heißen Tees und mit ein paar Stücken harten Brotes. Besseres gab es leider nicht. Aber es schmeckte doch wie Kaffee und Kuchen oder auch wie edler Sekt mit passendem Gebäck.

Dann musste der Ehemann und Vati erzählen, wie es ihm in den vergangenen beinahe fünf Monaten ergangen war und wie er wo gelebt und überlebt hatte. Das wenige, das der Heimkehrer von sich gab, wie die Russen irgendwo im Osten mit ihm und vielen anderen verfahren waren und wie es ihm gelungen war, sich mit ein paar anderen Männern abzusetzen, war äußerst spannend und zugleich sehr erschreckend. Dass es ihm in den verschiedenen Lagern und auf dem Rückweg nach Hause alles andere als gut gegangen war, zeigte ja auch seine körperliche Erscheinung und Verfassung. Da schauten müde Augen aus einem schmalen Gesicht, da steckte nur noch ein dürres Schmalhemd in den alten Klamotten. Die Waage würde wohl kaum noch 50 Kilo anzeigen, und ein paar Tage der gründlichen Erholung waren jetzt unbedingt erforderlich. Dennoch, Willi Brasch hatte den Rückweg nach Meyenburg geschafft und war nur noch glücklich. Am liebsten hätte er sich jetzt ins Bett gelegt, um endlich zu schlafen, nur noch zu schlafen. Aber vorher wollte er doch wenigstens in Stichworten wissen, wie es seinen beiden Lieben und auch Lilo und den Jungen in der Zeit der Trennung ergangen war und wie es ihnen heute ging.

Erna machte es knapp mit ihrer Auskunft und beschränkte

sich darauf, die Veränderungen zu nennen, die Willi im Haus ohnehin schon mitbekommen hatte. Rosi zeigte Verständnis dafür, dass sie später mit dem Erzählen dran war. Dann sprach die Frau ein »Machtwort«: »Jetzt ist genug der Feierei und des Erzählens, ihr beiden Lieben. Vati muss ins Bett. Ich mache schnell eine Wärmflasche und stecke sie unter die Decke. Drüben ist es lausig kalt. Und dann lesen wir noch einmal den Text, den wir Frauen heute Morgen in den Klageliedern Jeremias schon gelesen haben. Der passt für den heutigen Tag wunderbar.«

Rosi sprang sofort auf und holte Mutters Bibel aus dem Zimmer, das ihnen geblieben war. Dann schlug sie auf, was die Mutter durch ein Lesezeichen gekennzeichnet hatte, und las: »*Die Güte des Herrn ist's, dass wir nicht gar aus sind; seine Barmherzigkeit hat noch kein Ende, sondern sie ist alle Morgen neu, und deine Treue ist groß. Der Herr ist mein Teil, spricht meine Seele, darum will ich auf ihn hoffen.*«

Dann sprach die Mutti ein kurzes Dankgebet, und seit langer Zeit beteten die drei Braschs wieder zu dritt das Vaterunser, wie sie es früher ab und zu schon gemacht hatten. Anschließend wechselten sie den Raum und machten dem Vati das Bett. Der suchte rasch Toilette und Bad auf, zog sich aus – welch ein Klappergestell! –, schlüpfte in das vorgewärmte Nachthemd und legte sich sofort hin. Er lag noch nicht ganz unter seiner dicken Decke, als er auch schon eingeschlafen war.

»Heute Abend kriechen wir beide zusammen, Rosilein. Vati soll sich richtig ausruhen können«, flüsterte Erna Brasch ihrer Tochter zu, als befürchtete sie, der Mann würde von der Bemerkung wieder wach, und hielt Rosi vor Glück und Dankbarkeit eine ganze Weile fest in ihren Armen. Der Vati war wieder da! Gott sei Dank!

»Hoffentlich dürfen wir jetzt zusammenbleiben, Mutti«, antwortete Rosi. »Ob Gott uns den Wunsch erfüllt?«

»Wir können dafür beten, Kind, und dann werden wir sehen, wie Gott mit unserem Gebet umgeht.«

Vertreibung

Zusammenbleiben durften die drei schon, wenngleich nicht in ihrem eigenen Haus und auch nicht mehr lange in ihrer Heimatstadt. Willi Brasch war gerade ein paar Wochen wieder zu Hause und dabei, sich dank seiner Freunde in Schmolde und ihrer heimlichen Sonderrationen an Eiern, Speck und gutem Landbrot zu erholen und zu Kräften zu kommen, als er aufs Rathaus bestellt wurde. Was hatte das wohl zu bedeuten? Eher nichts Gutes. Deshalb wollte und musste Rosi den Vati unbedingt begleiten. Er sei noch zu schwach, den Weg alleine zu machen, argumentierte das Mädchen, und vielleicht brauchte er ja auch irgendwelche wirkliche Unterstützung.

»Na, Willi Brasch, nicht schlecht. Sie haben sich wohl Verstärkung mitgebracht. Die können Sie gebrauchen«, begrüßte Stadtoberhaupt Schröder, den die russische Kommandantur nach seiner Rückkehr in seiner Heimatstadt zum Bezirksbürgermeister für Meyenburg und Freyenstein gemacht hatte, Vater und Tochter und bat sie in sein Amtszimmer. Dabei hatte seine Stimme einen hörbaren Unterton. In dem Raum wartete bereits sein Leiter der Abteilung Gerichtswesen, ein Genosse Bolzmann – wie sein Vorgesetzter ehemaliges KPD-Mitglied irgendwo in Brandenburg und entflohener Häftling des Lagers Sachsenhausen und jetzt KPD-Mitglied an seinem neuen Wohnort.
»Kann Rosi dabeibleiben?«, fragte der Einbestellte.
»Sie kann«, antwortete der Bürgermeister. »Was wir zu sagen haben, betrifft sie genauso wie ihre Eltern.«
Dann nahm dieser Bolzmann das Wort und offenbarte Willi Brasch, dass mit sofortiger Wirkung sein Anwesen an der Freyensteiner Straße mit allem Inventar entschädigungslos enteignet sei. Er habe drei Stunden Zeit, sich in der Stadt nach einem Quartier umzuschauen, in dem er vorübergehend mit Frau und Tochter unterkommen könne. Beim Aus- und Umzug dürfe lediglich das mitgenommen werden, was in tragbarem Handgepäck unterzubringen sei. Es stün-

den ja immerhin sechs Hände zur Verfügung. Das werde wohl reichen. Alles zurückbleibende Gut werde konfisziert.

»Seid ihr verrückt geworden?«, entfuhr es dem Mädchen. »Das könnt ihr nicht machen. Ihr könnt uns nicht auch noch das Haus wegnehmen. Ihr habt ja schon alles andere weggenommen.«

»Sei still, du kleine dumme Göre, oder du gehst raus«, fuhr der Bürgermeister Rosi an. Das Mädchen zuckte zusammen, schwieg und schaute nur mit fragenden, hilflosen Augen ihren Vati an, dessen Gesicht auch den letzten Rest Farbe verloren hatte.

Willi Brasch holte ein paar Mal tief Luft. Dann hatte er sich gefasst und protestierte heftig gegen diese Verfügung, für die es überhaupt keine nachvollziehbare Rechtfertigung gäbe. Es wurde richtig laut zwischen den drei Männern in der Amtsstube, sodass Rosi sich verängstigt in eine Zimmerecke verzog. Hoffentlich wurden die nicht noch handgreiflich … Sie wurden es zum Glück nicht. Aber auch der laute und scharfe Protest des so gemaßregelten Mannes half nicht. Er solle froh sein, dass er als ehemaliger Nazi und Kapitalist noch so gnädig behandelt würde, wurde ihm entgegengehalten. Mit anderen Nazis ginge man andernorts völlig anders um. Und in einem dem Sozialismus verpflichteten Gemeinwesen müsse es ein für allemal mit dem Großbesitz aufhören. Das arrogante Junkertum, dem er sich durch seine Heirat angedient habe, habe endlich und für alle Zeiten ausgedient. Deutschland werde künftig ein Staat der Arbeiter und Bauern sein. Denen gebühre der Besitz, der ihnen jahrhundertelang vorenthalten worden sei. Da brauche man auch keine großkotzigen privaten Gärtnermeister mehr. So sei es nun mal und so bleibe es. Und damit Ende der Diskussion! »Die Unterschrift bitte!«

Willi Brasch blieb keine andere Wahl. Er unterschrieb mit zitternder Hand, versicherte dabei allerdings, er werde juristische Schritte gegen die Enteignungsverfügung unternehmen. »Kann ich jetzt gehen?«, fragte er.

»Noch nicht, Willi Brasch«, wurde ihm bedeutet, da gebe es noch eine zweite Verfügung.

»Bitte, ich höre«, forderte der Mann, dem gerade all sein

erarbeitetes Gut genommen worden war. Was konnte denn noch kommen? War das nicht genug »Strafe« für einen, der zwar in der Mitgliederliste der NSDAP gestanden hatte, sich aber nachweislich an keinen Parteiaktionen beteiligt hatte und der sich getraut hatte, die Ehe mit einer Adeligen einzugehen, die dadurch auch noch auf alle ihre Ansprüche verzichtet hatte? »Bitte, ich höre«, wiederholte Willi Brasch.

Jetzt zog der alte und neue KPD-Genosse Bolzmann ein zweites Papier aus einer Mappe und verkündete mit einem spöttischen Lächeln auf dem Gesicht: »Die zweite Verfügung besagt, dass der Bürger Willi Brasch bis zum Ablauf des ersten Quartals dieses Jahres die Stadt und das Gebiet des Bezirks Meyenburg-Freyenstein zu verlassen hat. Zwischen altem und neuem Wohnsitz hat von Ortsgrenze zu Ortsgrenze mindestens eine Entfernung von 50 Kilometern zu liegen. Eine Rückkehr an seinen Heimatort ist unerwünscht und auch nicht möglich. Eine Zuwiderhandlung hat schwerwiegende Folgen. Ein Einspruch gegen diese Verfügung hat keine aufschiebende Wirkung und ist ohnehin nutzlos.«

Dem Gärtnermeister verschlug es jetzt vollends die Sprache. Seine Erregung stieg aufs Äußerste. Das konnte doch wohl nicht wahr sein, was er sich da anhören musste. Mit hochrotem Gesicht suchte er nach Worten. Aber Rosi reagierte vor ihm. Ihr entfuhr erneut ein spitzer Schrei: »Vati, was wollen die von uns? Die schicken uns aus der Stadt?« Das Mädchen kam aus seiner Ecke heraus, baute sich vor dem Schreibtisch auf, stemmte seine kleinen Fäuste auf die Platte und funkelte die beiden Männer böse an: »Was macht ihr mit uns, ihr …?«

»Halt deinen frechen Mund, du wuschelköpfige dumme Göre!«, herrschte Bolzmann das Mädchen an. »Wir machen mit euch, was wir wollen. Merk dir das!«

»Sei still, Rosi!«, wies der Vater seine Tochter zurecht, als er sich gefangen hatte. Er bemühte sich, ruhig zu bleiben, und fragte seine Widersacher: »Gibt es dafür eine Begründung?«

Die Männer hinter dem Schreibtisch lachten höhnisch auf, und Bolzmann spottete: »Da will der Mann auch noch eine Begründung haben!? Die können Sie kriegen, Willi Brasch. Sag sie ihm, Genosse Schröder.«

Gerne beantwortete der Bürgermeister die Frage: »Sie selbst sind die Begründung, Willi Brasch. Sie selbst! Wir brauchen keine andere. Sie sind ganz einfach in unserem Gemeinwesen eine unliebsame Person. *Persona non grata,* heißt das wohl fachmännisch. Für Frau und Kind gilt: mitgegangen, mitgefangen, mitgehangen. So einfach ist das, Willi Brasch. Und jetzt bestätigen Sie den Empfang der guten Nachricht und dann gehen Sie! Sie entweihen durch Ihre Anwesenheit unser Büro. Vergessen Sie nicht, auf die Uhr und den Kalender zu achten!«

Willi Brasch drohte zu explodieren. Wie konnten diese politischen Emporkömmlinge nur so mit ihm und seiner Familie umgehen! Als seien sie der letzte Dreck und Abschaum! Was waren die Kommunisten nur für Menschen?! Willi Brasch riss sich ein zweites Mal zusammen, auch wenn es ihm noch schwerer fiel als zuvor. Er schloss für einen Moment die Augen und holte ein paar Mal tief Luft. Dann unterschrieb er den Beleg und sagte mit deutlichem Sarkasmus in der Stimme: »Ich verstehe, meine Herren. Das ist die Rache der Genossen. Sie sei euch gegönnt. Weil ihr an die Großen nicht herankommt, nehmt ihr euch die Kleinen vor. Recht und Gesetz interessieren nicht. Aber ich bin sicher, ihr werdet eines Tages an euren kommunistischen Ideen und Handlungen ersticken.« Er sprach's, unterschrieb das Papier, nahm seine Tochter an der Hand und verließ mit dem Mädchen grußlos das Amtszimmer und das Rathaus.

Schweigend und wie unter einer unendlich schweren Last gingen Vater und Tochter nach Hause. Sie nahmen den kurzen Weg durch den verschneiten Park, in dem trotz der Schneedecke zu erkennen war, dass er zu einem großen Garten mit vielen einzelnen Beeten umgestaltet war; vorbei an Tante Carlchens Gärtnerhaus, in dem inzwischen einige Flüchtlingsfamilien wohnten; vorbei am Schloss, Muttis Geburtshaus und Haus ihrer Kindheit und Jugend, das sich die Russen angeeignet hatten, das sie als Kommandantur, Kaserne und Gefängnis benutzten und von dem aus sie die kommunistisch und sozialistisch orientierte Stadtführung dirigierten und die Bevölkerung unter Druck hielten; vorbei an … Wie oft würden sie diesen Weg in den nächsten Wochen wohl noch gehen?

Im kalten Wohnschlafzimmer gab es nach kurzer Information der Frau und Mutti für ein paar Minuten stilles Weinen und Klagen, Seufzen und Zagen. Dann folgte eine kurze Beratung, was jetzt zu tun sei, um die Verfügungen umzusetzen, ohne Anlass zu neuen und vielleicht noch schlimmeren Schikanen zu geben. »Vielleicht können wir ja noch einmal bei Müller Engel unterkommen. Die haben uns doch schon einmal …«, meinte Rosi, die sich erstaunlich schnell gefasst und anscheinend mit der Situation bereits abgefunden hatte.

»Ich gehe hinüber und frage, was möglich ist«, griff der Vati den Gedanken auf. »Hoffentlich hat unsere lütte Pummi auch diesmal die richtige Ahnung.«

»Und wir beide versuchen, so viel in das erlaubte Gepäck zu kriegen, wie es eben geht«, bestimmte die Mutti das Programm für die verbleibenden zweieinhalb Stunden.

Dann ging dem Vater noch etwas anderes durch den Sinn. »Wenn wir in der Engel-Mühle unterkommen können, was ich hoffe, nein, sogar sicher annehme, sollten wir versuchen, ein paar unserer Möbel rüberzuschaffen. Das könnte für später gut sein, wenn wir hier ganz wegmüssen.«

Rosi zählte sofort auf, was das wohl sein müsste: »Wir brauchen zwei Betten – ich kann auf dem Ritz schlafen –, einen Schrank und einen Tisch mit drei Stühlen. Dann brauchen wir einen Herd zum Kochen mit einem Ofenrohr, damit wir in unserem eigenen Zimmer kochen können. Wir haben doch noch den alten im Keller.«

Über diesen spontanen Eifer ihrer Tochter mussten die Eltern doch tatsächlich ein wenig lächeln. »Wenn wir dich nicht hätten, Rosilein«, meinte Mutti Brasch und ergänzte die Liste: »Bettzeug sollten wir auch mitnehmen und ein bisschen Küchengeschirr. In sechs Koffer passt eine Menge rein.«

»Wir haben aber keine sechs Koffer, Mutti«, wusste Rosi.

»Dann leihen wir uns die, die uns fehlen. Wir können sie ja wieder zurückgeben.«

»Die Nähmaschine muss auch mit, Mutti«, fiel Rosi auf einmal ein, »und Vatis Fahrrad.«

»Beides werden wir gebrauchen können«, gab Erna Brasch zu und hing eine Frage an: »Und wer hilft uns, das Zeug in die Mühle zu schleppen?«

»Ich denke, ich finde ein paar Lastesel«, meinte der Vati zuversichtlich. »Ich gehe jetzt und schaue, was ich organisieren kann.«

Als die drei Braschs wenige Minuten vor Ablauf ihrer Frist schwer bepackt Haus und Grundstück verließen – der Möbeltransport hatte bestens geklappt –, kamen sie sich vor wie Adam und Eva bei ihrer Vertreibung aus dem Paradies. Nur hatten die beiden am Anfang der Zeiten kein Kind bei sich und wohl auch nicht so viel Gepäck. Aber wie damals vor dem Tor des Paradieses die Cherubim standen »mit dem bloßen, hauenden Schwert«, so standen hier am Tor zwei der neuen Ortspolizisten mit Armeepistolen in den Händen und kurzen Knüppeln an ihren Gürteln. Dort bewachten »höchste Angestellte« Gottes das Tor, hier waren es Gefolgsleute der neuen städtischen Machthaber, zwei schlichte Männer, wahrscheinlich ehemalige und wohl auch neue KPDler oder SPDler, die ihre neuen Posten wohl als Wiedergutmachung für ihre Leiden im Lager Sachsenhausen bekommen hatten. Sollten sie doch. Aber ob die wirklich zu Polizisten und Ordnungshütern taugten?

Auf jeden Fall taugten sie dazu, zu kontrollieren und anschließend Meldung zu machen, ob die Familie Brasch auch tatsächlich umgezogen sei. Rosi riskierte eine entsprechende Bemerkung, als sie an den Männern vorbeiging. Sie stellte für einen Moment ihr Gepäck ab, baute sich vor den beiden auf, machte ein grimmiges Gesicht und meldete: »Alle Mitglieder der Familie Brasch, aufgrund einer unrechtmäßigen Verfügung aus ihrem Haus vertrieben, ziehen fristgemäß um in Engels Mühle. Teilen Sie das bitte dem Herrn Stadtratsvorsitzer und seinem Herrn Rechtsverdreher mit.« Dann griff sie wieder ihre beiden Koffer und setzte mit den Eltern ihren Weg fort, um wenige Minuten später wieder in das Zimmer einzuziehen, in dem sie schon einmal für ein paar Tage gewohnt hatten und das sie vor etwa einer Stunde mit ihren eigenen Möbeln eingerichtet hatten. Auch diesmal würde es

nur vorübergehend sein. Wo sie dann einen neuen Wohnplatz fänden und wie sie den erreichten, würde sich ergeben.

Ehe Willi Brasch sich auf die Suche nach einem künftigen
Wohnort machte, erkundigte er sich nach den Bestimmungen
der Bodenreform, wie sie seit Herbst auf dem Gebiet der SBZ,
der Sowjetischen Besatzungszone, durchgesetzt wurde.
Dabei erfuhr er, dass gemäß einer Proklamation des Alliierten
Kontrollrats in Berlin vom 20. 10. 1945 niemand ohne ein gesetz-
liches Gerichtsverfahren seines Eigentums beraubt werden
durfte. Zu diesem Verwaltungsorgan gehörte neben dem
amerikanischen, dem britischen und dem französischen
Zonenbefehlshaber auch der russische. Demnach hatte diese
Proklamation auch in der SBZ Gültigkeit. Dann war die verfügte Enteignung nicht rechtens, denn es hatte kein Gerichtsverfahren gegeben. Damit war die Enteignungsverfügung ungültig.
   Mithilfe seines Pritzwalker Anwalts, der ihm vor Jahren in
der Scheidungssache gegen Tusnelda schon geholfen hatte,
setzte der Gärtnermeister ein Schreiben an das zuständige
Amtsgericht auf, in dem er unter Hinweis auf die Rechtslage
schärfstens gegen die Maßnahme protestierte und nachdrücklich ihre Rücknahme forderte. Die Antwort, die er bald
darauf bekam, war kurz und knapp, bitter und ernüchternd.
Sie wies das Ansinnen des Schreibens zurück, bestätigte die
Rechtmäßigkeit der Enteignung und verwies als Begründung
auf die Bodenreform-Verordnung für die SBZ-Provinz Brandenburg. In ihr sei die angesprochene Proklamation des
Alliierten Kontrollrats zum Wohle der Bevölkerung aus
Arbeitern und Bauern berücksichtigt. Punkt.
   Die Enttäuschung war groß im Stübchen von Willi, Erna und
Rosi Brasch – signalisierte das amtliche Schreiben doch, dass
auch Schloss und Gut Meyenburg für immer verloren waren.
   »Lass fahren dahin«, zitierte Erna Brasch am Ende eines
der vielen Gespräche über diese traurige Angelegenheit das
bekannte Lied des Reformators Martin Luther: ›Lass fahren
dahin, sie haben's kein' Gewinn. Das Reich muss uns doch bleiben.‹ Dabei hätte sie ohnehin nichts mehr zu erben gehabt.
Für ihre Schwestern tat es ihr dennoch leid. Ob Carola von

Rohr und Magdalene von Harrach von der Zwangsenteignung schon wussten? Wenn noch nicht, sie würden es sicher erfahren, wobei der Verbleib der Verwandten aus Klein-Kriechen unbekannt war. Wie traurig, dass auf diese unrühmliche Art die mehr als sechshundertjährige Geschichte eines ehrwürdigen adeligen Geschlechts sang- und klanglos zu Ende ging, und das aufgrund zweifelhafter, wenn nicht sogar unrechtmäßiger Beschlüsse von Menschen, die nach dem verlorenen Krieg eine völlig neue Zeit proklamierten.

Rosi kannte das Lied, das die Mutti zitiert hatte, und sagte: »Sie haben doch nur das Gut genommen, Mutti, und vielleicht die Ehr. Den Leib, das Kind und das Weib haben sie uns doch gelassen.«

»Du hast recht, Kind«, antwortete Erna, »wir sollten es bei allem Schweren stehen lassen: ›*Ein' feste Burg ist unser Gott, ein' gute Wehr und Waffen. Er hilft uns frei aus aller Not, die uns jetzt hat betroffen.*‹«

»Und er wird uns zeigen, wo wir mit unserem Lebensschiff landen können«, hängte Willi an. »Irgendeinen Ort wird es geben.«

»Und den Weg zu dem Ort auch«, sagte Rosi voller Überzeugung. »Vati wird ihn schon finden. Auf irgendeine Weise mit irgendwas in Richtung Berlin.«

Willi Brasch fand zunächst nur das Transportmittel: Es gelang ihm, einen kleinen, geschlossenen LKW der Marke Opel zu organisieren und fahrtüchtig zu machen, der die Möbel und das Gepäck aufnehmen konnte und in seinem Führerhaus Platz genug für drei Personen bot. Aber warum musste es gerade in Richtung Berlin gehen? Nun, Rosi war mit ihrer entsprechenden Bemerkung ja vielleicht wieder einer Eingebung gefolgt. Ob es so war, würde sich herausstellen. Der endgültige Auszug aus der Heimat ohne festes Ziel konnte also losgehen.

Ganz ohne Trauer und Herzweh ging es dabei nicht ab. Dafür waren alle drei Braschs zu sehr in Meyenburg verwurzelt. Es gab ja noch ein paar Leute, mit denen sie verbunden waren. Zum Beispiel blieb Lilo zurück mit Dieter und Peter und ihrem neuen Mann. Von dem wegzukommen war Rosi allerdings sehr recht. Der Mann war ein Fiesling und Lustmolch. Der hatte doch tatsächlich mehrfach versucht, sie in die kleine Besenkammer zu locken, um ihr sein großes Geschlechtsteil zu zeigen und ihr zu erklären, was sie als Mädchen damit machen könne und was er als Mann damit machen müsse. Einmal hatte sie ihm nicht ausweichen können. Igitt, war das peinlich gewesen und unangenehm und furchtbar. Am Ende der Geschichte hatte er sie auch noch bedroht, ja niemandem etwas davon zu erzählen. Das müsse unbedingt ihr Geheimnis bleiben. Rosi war dem Mann danach immer aus dem Weg gegangen. Nein, es war gut, dass sie dem so bald nicht wieder begegnen würde.

Zurück blieben auch Freundin Friedel und ein paar andere Jungen und Mädchen aus der Schule, mit denen sich Rosi zuletzt gut verstanden hatte. Und Tante Mieke und ihre Familie in Plau. Das war schon sehr bedauerlich. Sich von denen allen zu verabschieden und sich von den vertrauten Plätzen ihrer Kindheit loszureißen, kostete Tränen und Kraft.

Aber dann war das alles geschafft, und die drei Braschs waren in südlicher Richtung unterwegs an einen unbekannten Ort. In Schmolde machten sie noch einmal Halt, um sich von einigen treuen Bauern zu verabschieden, und auch, um noch ein wenig Reiseproviant für die nächsten Tage zu erbitten. Wer wusste denn, wie lange es dauern würde, bis sie ein neues Zuhause gefunden hatten?

Sie waren lange unterwegs auf Haupt- und Nebenstraßen, um in vielen Dörfern nach einer Wohn- und Arbeitsmöglichkeit zu fragen. Mehrmals wurden sie von russischen Patrouillen angehalten, kontrolliert und nach dem Woher und Wohin gefragt. Mithilfe der Ausweisungspapiere konnten sie den Grund ihrer Überlandfahrt plausibel machen. Es gab dann sogar Russen, die Mitleid mit den Heimatlosen bekundeten, vor allem mit Rosi, die so nett russisch grüßen konnte: »Dóbry djen!«, »Dóbry wjétschir!« und »Da-swidánija!« und die so treuherzig bitten und sich bedanken konnte: »Paschálsta« und »Spassiba!«. Ein paar Mal gaben die uniformierten Männer daraufhin von ihrer eigenen Verpflegung ab. Bei Neuruppin waren die Männer einer Streife sogar bereit, mit Sprit für das Fahrzeug auszuhelfen. Nur, mit Hinweisen für eine Wohn- und Arbeitsmöglichkeit konnten sie auch nicht dienen. Und in allen Ortschaften, in denen Willi Brasch danach fragte, bekam er abschlägige Antworten. Es seien schon genug Menschen im Ort, Evakuierte aus Berlin, Flüchtlinge aus Ostpreußen, Vertriebene aus Schlesien und dem Sudetenland und, und, und …

Je länger die drei Braschs unterwegs waren, desto mehr sank ihre Stimmung und die Hoffnung, endlich an ein Ziel zu kommen. Und desto größer wurden ihre Müdigkeit und ihr Hunger. Mehrere Nächte mussten sie in ihrem engen Führerhaus verbringen, weil sie kein Schlafquartier gefunden hatten. Ihr Proviant war längst aufgebraucht, und es erwies sich als schwierig, etwas zu essen zu bekommen. Entweder wurden ihre Lebensmittelkarten nicht akzeptiert, oder die Regale waren leer, oder aber die Menschen weigerten sich schlicht, fahrenden Leuten Brot, Früchte oder anderes Essbares zu überlassen. Die Lage war mehr und mehr zum Verzweifeln.

Irgendwann während der Suchfahrt durch das Rhinluch kam Willi Brasch plötzlich der Name eines Ortes in den Sinn, der vielleicht das Ziel ihrer Reise sein konnte: Schwante, ein Dorf nordwestlich vor Berlin, nicht sehr weit westlich von Oranienburg. In Schwante gab es einen großen Gartenbaubetrieb Viereck, mit dem er vor Jahren schon einmal zu tun gehabt hatte. Da war er irgendwann auch schon einmal gewesen. Ob es den Betrieb und die freundlichen Vierecks noch gab? Ob sie vielleicht einen Gärtner gebrauchen konnten? Oder auch nur einen Hilfsarbeiter? Und ob sie für den Mann und seine kleine Familie dann auch einen Wohnplatz hatten? Ein Raum ähnlich dem in Engels Mühle wäre schon genug. Einen bescheidenen Hausrat hatten sie ja bei sich.

Irgendwie kam mit diesen Gedanken bei den drei Braschs neue Hoffnung und Vorfreude auf, ihre Odyssee könnte bald zu Ende sein. Der Gärtnermeister erkundigte sich nach dem Weg in dieses Dorf und steuerte sein Fahrzeug auf die Überlandstraße. Bereits eine knappe Stunde später lasen sie am Straßenrand das Ortsschild »Schwante«. Waren sie am Ziel? Das wäre schön!

»Findest du die Gärtnerei, Vati?«, fragte Rosi.

»Sie müsste rechts von dieser Straße liegen, ziemlich am Rand des Ortes, wenn ich mich richtig erinnere.«

»Dann bieg doch einfach mal ab, Vati«, schlug das Mädchen vor. »Da vorne geht eine Straße nach rechts.«

»Das ist zu früh, Kind. Die Straße zu der Gärtnerei bog bei einer Kirche ab. Wir müssen noch ein Stück weiter.«

Willi Brasch fuhr weiter, immer wieder nach rechts schauend. Irgendwo dort hinter den Häusern oder hinter dem Wald musste die Gärtnerei liegen.

»Das ist aber ein komischer Ort«, meinte Rosi, die ihren Blick immer wieder von rechts nach links und zurück schweifen ließ, um ja nichts von dem zu verpassen, was hier so alles zu sehen war. »Hier gibt es anscheinend nur die eine Straße. Die zieht sich ja schrecklich lang. Und die Häuser und Höfe stehen sehr weit auseinander. Schau, Vati, da links ist die Kirche von Schwante.«

»Die sieht der Vati auch, Rosilein«, meinte Erna Brasch. »Die steht nur auf der falschen Seite. Aber mach den Vati nicht nervös. Der bringt uns schon richtig ans Ziel.«

»Schaut, da steht ja schon ein neues Ortsschild. Schwante ist schon vorbei. Da steht Vehlefanz. Das ist ein lustiger Name. Klingt fast wie Firlefanz, den ich nicht reden soll, wie ihr mir manchmal sagt.«

»Und da vorne steht auch die Kirche, die ich meine«, ließ sich der Vati jetzt hören, und er schien plötzlich sehr viel entspannter hinter seinem großen Lenkrad als in den letzten Minuten. »Bald sind wir da, ihr Lieben. Ich bin sicher, hier können wir bleiben, wenn es den alten Herrn Viereck noch gibt.«

»Schön wär's, wenn das Lied stimmte«, meinte Erna und erregte dadurch die Neugier ihrer Mitfahrer.

»*Hier ist das Ziel, hier ist der Ort, wo man zum Leben geht; hier ist des Paradieses Pfort', die wieder offen steht*«, zitierte die Mutti ein altes Lied von Michael Müller.

»Geht das Lied noch weiter, Mutti?«, fragte Rosi.

Erna Brasch setzte ihr Zitat fort: »*Hier fallen alle Sorgen hin, zur Lust wird jede Pein; es wird erfreuet Herz und Sinn in diesem Örtchen fein.*«

»Na, na, Pützchen, irgendwas hast du an diesem Text aber verändert«, stellte der Vater fest und setzte den Blinker, um seine Absicht zum Abbiegen anzuzeigen.

»Das ist ja auch ein Lied zum Erscheinungsfest. Der richtige Text passt jetzt nicht so gut: ›... *es wird erfreuet Herz und Sinn in diesem Jesulein*‹.«

»Ist aber trotzdem richtig, Mutti, das mit der Freude in diesem Jesulein, oder nicht?«, meinte Rosi. »Gibt es noch eine Strophe?«

»Es gibt sie: ›*Der zeigt dir einen andern Weg, als du vorher erkannt, den stillen Ruh- und Friedenssteg zum ew'gen Vaterland.*‹«

»Das ist ein schönes Lied, Mutti. Kannst du das auch singen?«

»Kann ich, und du kannst das auch«, antwortete die Mutter. »Das singt man wie das Weihnachtslied ›*Lobt Gott ihr Christen alle gleich*‹. Aber jetzt singen wir nicht. Vielleicht später.«

»Ob dieser Ort hier jetzt unser neues Vaterland wird?«, sinnierte Rosi und schaute dabei auf den Komplex niedriger Gebäude, hinter dem sich ein weites Gartengelände mit einer großen Zahl von Gewächshäusern zeigte und vor dem der Vati seinen schnaufenden LKW anhielt.

»Wir werden es bald wissen, ihr beiden. Ich gehe einmal rein und schaue, ob ich jemanden finde, der uns weiterhilft. Das Gebäude in der Mitte scheint das Wohnhaus zu sein.«

Willi Brasch ließ seine beiden Frauen lange warten, bis er mit seiner Nachricht zurückkam. Wie die aussah, war seinem Gesicht schon von Weitem abzulesen. Mutter und Tochter stiegen rasch aus, um dem Mann entgegenzugehen. Rosi ging allerdings nicht, sie lief und sprang. »Juhu, wir können bleiben«, jauchzte sie auf. »Man sieht's dir an. Die haben ein Zimmer für uns und für dich Arbeit, stimmt's, Vati?«

»Sie haben tatsächlich beides. Gott sei Dank! Hier sind wir erst einmal zu Hause«, bestätigte der Mann und ließ sich die Freudenumarmung seiner Frau und seiner Tochter gefallen.

»Kann ich hier auch in die Schule gehen?«, wollte das Mädchen wissen.

»Natürlich, min Lütte, warum nicht?«, antwortete der Vati. »Wenn der Bürgermeister ein besserer Mensch ist als der in Meyenburg und wenn er keinen Einspruch gegen uns erhebt. Das wissen wir heute Nachmittag. Dann muss ich nämlich den Mann aufsuchen.«

»Und wo ist unsere Wohnung?«, wollte Rosi wissen.

»Auf der anderen Seite der Gärtnerei. ›Am Wiesengrund‹ heißt die Straße. Da stehen ein paar schlichte Baracken. Eine davon steht leer. Da könnt ihr einziehen, wenn es euch recht ist.« Die Antwort hatte ein älterer, weißhaariger Herr mit verschmutzter grüner Gärtnerschürze auf dem Bauch gegeben, der inzwischen auch aus dem Haus gekommen war und Mutter und Tochter die Hand reichte. An Willi Brasch gewandt sagte er: »Fahren Sie schon hinüber. Einfach zweimal rechts. Vorsicht, der Weg ist schlecht! Ich komme mit ihrer Frau und der Tochter zu Fuß nach. Es ist linker Hand die …«, der Mann zählte wohl in Gedanken nach, »… die dritte Baracke.«

Wenige Minuten später standen die drei Braschs vor der besagten Baracke, ihrem neuen Zuhause. Das rechteckige, kleine, mit dunkler Farbe gestrichene Behelfshaus stand auf einem gemauerten Sockel und hatte ein schwach geneigtes Schleppdach, das vorne nur wenig, dafür hinten ein gutes Stück überstand. Eine Dachrinne gab es nicht. An der kurzen Seite befand sich in einem kleinen offenen Windfang die Haustüre, eigentlich eine Doppeltüre, die aus dem Freien direkt ins Zimmer führte. Das schlichte Holzgebäude hatte innen nur einen Raum, etwa 14 Quadratmeter groß; Fußboden, Wände und Decke waren aus Holz. An der langen Seite zur Straße hatte der Raum zwei kleine Fenster mit äußeren Schlaglädern. Ach ja, es gab auch noch ein rundes Loch oben in der Seitenwand. Das war wohl dazu gedacht, ein Ofenrohr durchzustecken. An derselben Wand befand sich auch eine Art Spülbecken mit Abfluss in einen Eimer, aber mit einem Wasserhahn darüber.

»Und wo ist das Klo?«, sorgte sich Rosi.

»Draußen stehen ein paar Häuschen«, hatte die Mutter bereits festgestellt.

»Na, reicht Ihnen das?«, fragte jetzt der freundliche alte Herr, der sich den weiblichen Ankömmlingen unterwegs als der Seniorchef des »Gartenbaubetriebes Otto Viereck & Söhne« vorgestellt hatte.

Hier vor der Baracke kam der alte Herr ein wenig ins Erzählen: Das mit den Söhnen stimme zurzeit nur bedingt. Einer von ihnen sei in diesem verdammten Krieg geblieben, ein anderer sei irgendwo weit im Osten hinter dem Ural in russischer Gefangenschaft. Wer wisse schon, wo die den Jungen hingeschleppt hatten. Von dem Verbleib seines dritten habe er keine Ahnung, geschweige denn eine Nachricht. Da müsse er halt auf seine alten Tage die Schürze immer noch tragen und das Werkzeug in die Hand nehmen. Da komme ihm ein Fachmann gerade recht. Und vielleicht könnte die Frau ja gelegentlich mitarbeiten. Die Tochter sei wohl noch ein bisschen jung zur Mitarbeit. Außerdem müsse das Mädchen in die Schule, damit einmal etwas Gutes aus ihr werde.

Arbeit gebe es in Hülle und Fülle, auch durch die Zusammenarbeit mit den Gemeinden Schwante und Vehlefanz und mit der Försterei drüben in der Heide. Die Frühjahrsarbeit in den Gewächshäusern sei bereits im vollen Gange. Und die auf den Freibeeten komme auch bald. Es werde Gemüse gebraucht, viel Gemüse, hauptsächlich für Berlin und Potsdam. Leider sei er verpflichtet, nahezu alle Produkte vollständig abzuliefern. Da bliebe nicht mehr viel für ihn selbst und noch weniger für seine Mitarbeiter. Das sei alles die Folge dieses verdammten Hitler-Krieges. Ob die Lage in Zukunft besser würde, bleibe aber noch dahingestellt. Zunächst hoffe er aber, seitens der Verwaltung habe man keine Bedenken, die Familie als Schwanter Neubürger zu akzeptieren. Es gebe auch in Schwante eine Vielzahl im Osten entwurzelter Leute, die hier eingebürgert worden seien. Ein paar lebten auch in dieser bescheidenen Barackensiedlung. Und sie, die Familie Brasch, sollten sich ruhig schon einmal in ihrem Häuschen einrichten und sich dann später wieder melden, möglichst mit der Meldebescheinigung des Bürgermeisters.

Damit verabschiedete sich der alte Herr Viereck und überließ Willi, Erna und Rosi Brasch sich selbst und den Arbeiten, die für den Einzug ins neue Heim jetzt zu tun waren.

Die drei begaben sich auch sofort daran, das Auto zu entladen und den Wohnraum einzurichten. Schade, dass in der Siedlung offenbar niemand zu Hause war, der beim Tragen der großen Möbelstücke hätte helfen können. Aber die drei schafften das Entladen, Transportieren und Aufstellen auch ohne Hilfe. Die mitgebrachten Möbel passten tatsächlich alle in den Wohnraum. Selbst die Nähmaschine fand ihren Platz. Es wurde zwar eng in der Stube, aber so ließ es sich gewiss wohnen, sogar besser, als das in der Mühle zuletzt gegangen war. Das Fahrrad bekam übrigens seinen Platz unter dem Überstand an der hinteren Hauswand.

Nach getaner Arbeit setzten sich die drei Ankömmlinge für ein paar Momente um ihren Tisch, um ein wenig durchzuatmen. Leider hatten sie gar nichts, das sie sich zur Feier des Einzugs kredenzen konnten außer dem Wasser aus dem Hahn.

»Ein köstlicher Sekt, ihr Lieben«, meinte Willi Brasch lachend und hob seinen Becher. »Zum Wohlsein, ihr beiden. Auf unser neues Heim und auf eine bessere Zukunft …«

»… die uns Gott schenken möge«, ergänzte Erna.

»Wie in deinem Lied, Mutti: ›Hier ist das Ziel und auch der Ort, wo man zum Leben geht‹. So ging das doch, oder?«

»So ähnlich«, korrigierte die Mutti, »und dann weiter: ›Hier ist des Paradieses Pfort', die wieder offen steht‹.«

»Da bin ich gespannt, wie paradiesisch das Leben hier wird«, meinte Rosi mit wichtigem Gesicht und machte dann einen großen Gedankensprung: »Was machen wir jetzt mit dem Auto?«

»Gute Frage, Rosi. Brauchen wir das jetzt noch, Willi?«, schloss Erna ihre Frage an.

»Die Frage könnte schon beantwortet sein«, informierte sie der Vater. »Herr Viereck hat bereits gefragt, ob ich den LKW für Transporte zur Verfügung stellen könnte. Der Betrieb braucht einen.«

»Und? Was hast du geantwortet?«, fragten Mutter und Tochter beinahe gleichzeitig.

»Er wird den Opel sogar kaufen. Wir sollten ihn nicht behalten. Das Auto hat den Geruch des Kapitalismus. Wer einen LKW besitzt, muss reich sein. Wir müssen keine neuen Schikanen wegen dieses Vorwurfes riskieren.«

»Schade«, meinte Rosi, »die alte Kiste hat uns so gut hierher gebracht.«

»Da hast du recht, Kind. Ich habe allerdings unterwegs immer wieder die Luft angehalten, ob der LKW uns noch weit bringt«, gab der Vati zu. »Aber hier benötigen wir den Wagen wirklich nicht mehr, und der alte Herr Viereck kann ihn für seinen Betrieb gut gebrauchen. Uns reicht das Fahrrad. Vielleicht gibt es irgendwann ja ein zweites. Der Weg zur Schule ist wohl weit.«

»Und da muss ich doch ab morgen hin?«, sorgte sich Rosi.

»Musst du, Kind, wir werden schauen, wo die Schule ist. Aber vorher müssen wir noch zum Bürgermeister. Erst wenn der uns in seiner Gemeinde aufnimmt, sind wir richtig hier.«

»Und wir müssen irgendwo noch etwas zu essen auftreiben, ihr beiden«, mahnte die Mutti. »Ich denke, euch knurrt der Magen genauso wie mir. Und wir haben nichts im neuen Heim. Keinen Krümel Brot.«

»Also auf zum Gemeindeamt und zum Dorfladen, wenn es den denn irgendwo gibt«, beendete Willi Brasch die äußerst bescheidene Einzugsfeier in Schwante, Am Wiesengrund, Baracke Nummer 3.

Am Abend dieses in jeder Hinsicht erfreulichen Apriltages konnten die drei Braschs eine erste Bilanz ihrer Umsiedlung ziehen: Der Bürgermeister hatte sie als Neubürger seiner Gemeinde angenommen. Er hatte ihnen sogar ein gutes Fußfassen und Einleben in seinem Dorf gewünscht und angeboten zu helfen, wenn es irgendetwas zu helfen gab. Dabei musste er einräumen, dass seine Gemeinde zwar eine durchweg bäuerliche Struktur habe, dass die Versorgungslage für die Bevölkerung dennoch sehr schlecht sei. In den Kriegsjahren sei zu vieles zwangsläufig vernachlässigt worden. Da sei die Feldflur erst wieder recht auf Vordermann zu bringen. Und jetzt seien halt viele Fremde ins Dorf gekommen, denen man die neue Heimat nicht verweigern dürfe, nachdem sie die alte verloren hätten.

Außerdem hatte er Rosi erklärt, wo sich die vierklassige Dorfschule mit immer zwei Jahrgängen in einem Raum befand, und ihr auch schon den Namen ihres künftigen Lehrers mitgeteilt. Es sei der Herr Teichmann, ein älterer, sehr fähiger Pädagoge, der auch mit den bescheidenen Mitteln der Nachkriegszeit gute Arbeit leiste. Er habe die Nazizeit und den Krieg im Ort überlebt, obwohl er nie braun gewesen sei und deshalb auch mehrere Jahre nicht habe unterrichten dürfen. Bei ihm solle sie sich nach den kurzen Osterferien melden. Die Tage bis dahin dürfe sie nutzen, um das Dorf und seine Umgebung kennenzulernen.

Erna hatte erfahren, dass im Dorf für sie sicher die Möglichkeit bestehe, ab und an Lohnnäherei zu betreiben, wenn es denn Leute gebe, die sich eine Näherei gegen Lohn leisten konnten. Außerdem gebe es in Schwante einen Verein der Landfrauen, der ebenfalls den Krieg überstanden habe und dem sie sich nach Lust und Liebe anschließen könne. Auch in der lutherischen Gemeinde von Pastor Hahne gebe es wieder einen Frauenkreis, der seines Wissens offen sei für neue Besucherinnen.

Für Willi Brasch gebe es sicher auch die Möglichkeit, sich in irgendwelche dörflichen Aktivitäten einzubringen. Die Schwanter seien ein geselliges Völkchen. Politik spiele für sie nur eine untergeordnete Rolle. Das sei im sogenannten Dritten Reich so gewesen und das werde sich wohl kaum wesentlich ändern, auch wenn es im Dorf schon wieder eine kleine Parteigruppe der früheren SPD und auch eine noch kleinere der früheren KPD gebe. Vielleicht sei das Dorf ja zu fromm für Politik.

Für ihren Lebensunterhalt müssten sie allerdings kämpfen wie alle anderen Bürger auch. Es sei einfach alles sehr schwierig. Selbst auf Lebensmittelkarten sei nicht immer das zu bekommen, was ihre einzelnen Abschnitte angäben. Aber verhungern würde wohl in Schwante niemand. Verdursten schon mal gar nicht. Das eigene Wasser sei nämlich sehr gut.

Nun denn, der neue Lebensabschnitt konnte beginnen. Die Startbedingungen sahen gar nicht so schlecht aus. Und doch gestaltete sich das Leben am neuen Ort in den kommenden Monaten zunächst recht mühsam.

Schwante

In den nächsten Tagen machten sich die drei Braschs erst einmal mit ihrer neuen Nachbarschaft bekannt. Es waren durchweg Flüchtlingsfamilien, die die kleine Barackensiedlung bewohnten, zumeist Mütter mit ihren Kindern. Die Väter hatte der Krieg genommen. Einige Frauen wussten, dass ihre Männer nicht zurückkamen und dass sie als Witwen und ihre Kinder als Halbwaisen leben und sich durchschlagen mussten. Die anderen hatten die Hoffnung, ihre Männer eines Tages wiederzusehen, wenn sie von irgendwoher aus der Kriegsgefangenschaft nach Hause kamen.

In diesem Punkt waren die Braschs besser dran. Sie hatten zwar den Sohn und den Schwiegersohn, ihre Heimat und ihren Besitz verloren, aber sie hatten wenigstens noch sich selbst. Aus dieser stärkeren Position heraus und aus ihrer ohnehin überwiegend optimistischen und christlich gefärbten Lebenshaltung wollten sie gerne ihren neuen Nachbarn Hilfe und Unterstützung anbieten, wo sich das ergab.

Rosi freundete sich bald mit Klaus Nielsen an, der mit seiner Mutter in der Baracke Nummer 5 wohnte. Klaus war ein wenig älter als das Mädchen, einen halben Kopf größer als sie und kam aus der Gegend von Glogau an der Oder in Schlesien.

»Irgendwo dort an der Oder wohnt auch meine Tante Magdalene«, erzählte Rosi ihrem neuen Freund, schränkte allerdings ein: »Wenn sie überhaupt noch lebt. Vielleicht musste die ja auch flüchten oder ist vertrieben worden. Wir haben lange nichts mehr von ihr gehört. Auch nicht von meinem Vetter Wichard und seiner Schwester.«

»Wichard? Komischer Name«, stellte Klaus fest.

»Das ist ein adeliger Vorname, musst du wissen«, erklärte Rosi nicht ohne Stolz. »Meine Tante Magdalene ist eine Gräfin von Harrach, und mein Vetter heißt Wichard Graf von Harrach.«

»Dann musst du doch auch adelig sein, wenn deine Verwandten adelig sind«, mutmaßte der Junge.

»Müsste ich eigentlich, Klaus. Bin ich aber nicht mehr«,

erklärte Rosi. »Meine Mutti war noch adelig und hat früher im Schloss Meyenburg an der Stepenitz gewohnt.«

»Und warum ist sie jetzt nicht mehr …?«, fragte Klaus.

»Weil sie meinen Vati geheiratet hat. Und der ist ein sogenannter Bürgerlicher. Da musste meine Mutti auch eine Bürgerliche werden. Und ich bin eben auch eine Bürgerliche.«

»Schade«, bedauerte der Junge. »Wenn du noch adelig wärst, hätte ich was zum Angeben.«

Rosi verstand nicht, was der Freund sagen wollte.

»Na, eine adelige Freundin ist doch mehr als eine bürgerliche Freundin, oder nicht? Rosi von Harrach klingt doch besser als Rosi Brasch.«

»Ich bin sogar als Rosi von Rohr-Wahlen-Jürgass geboren.«

»Das ist ja vielleicht ein Name! Der ist ja riesig lang. Den kann man ja gar nicht behalten«, staunte Klaus.

»Brauchst du auch nicht«, meinte Rosi und musste dabei lächeln. »Du brauchst dir nur zu merken: Rosi Brasch. So heiße ich nämlich, seit mein Vati mich adoptiert hat.«

»Dein Vati hat dich adoptiert?«

»Musste er doch, wenn ich heißen sollte wie er. Er ist aber trotzdem mein richtiger Vater.«

»Auf jeden Fall zeige ich dir gelegentlich das Schloss von Schwante«, versprach der Junge, ohne auf Rosis Vater-Bemerkung einzugehen.

»In diesem Dorf gibt es ein Schloss?«, wunderte sich das Mädchen.

»Gibt es. Schloss Sommerswalde liegt mitten im Schwanter Forst. Wenn du die Anlage siehst, möchtest du bestimmt wieder ein adeliges Schlossfräulein werden und nicht ein einfaches bürgerliches Mädchen in so einer Holzbaracke.«

»Da musst du keine Bange haben, Klaus. Ich nehme sowieso an, dass die Kommunisten und die Sozialisten den Schwanter Schlossbesitzern genauso alles weggenommen haben, wie sie das bei den Meyenburgern oder anderen gemacht haben.«

»Aber die Kommunisten und Sozialisten gibt es doch gar nicht mehr, Rosi«, widersprach Klaus.

»Die gibt es schon noch, Kläuschen. Die sind einheitlich

geworden und sitzen jetzt gemeinsam in der SED, in der Sozialistischen Einheitspartei Deutschlands. Das hat mir mein Vati alles erzählt. Die neue Partei hat zwei Vorsitzende.«

»Und wie heißen die?«

»Die haben interessante Namen. Der eine heißt vorne Otto und hinten Geradewohl, nein, Grotewohl. Und der andere heißt Wilhelm Pieck oder so ähnlich.«

»Du weißt viel, Rosi, bist ein schlaues Mädchen«, staunte Klaus. »Weißt du noch mehr?«

»O ja, ich weiß zum Beispiel, dass du in der Schule schlecht aufgepasst hast! Schlafmütze!«, rügte Rosi den neuen Freund und grinste dabei.

»Grins nur, Göre«, gab Klaus zurück, »aber du hast ja recht. Also was muss ich noch wissen?«

»Da gibt es noch einen Mann, der ist nach dem Krieg aus Russland nach Deutschland gekommen oder zurückgekommen. Den erkennst du an seinem Spitzbart. Der heißt Walter Ulbricht.«

»Und was wollen die mit ihrer SED?«

»Das solltest du in der Schule gelernt haben, du Faulpelz«, grinste das Mädchen den Jungen wieder an. »Wir mussten das in Meyenburg fast auswendig lernen.«

»Dann kannst du es mir ja aufsagen«, forderte Klaus.

»Pass aber auf, dass du es auch behältst: Die neue SED will nach ihrem Programm vom 21. April die ›Herstellung der Einheit Deutschlands als antifaschistische, parlamentarisch-demokratische Republik‹, und dann will sie die ›Beseitigung der kapitalistischen Monopole‹. Was das alles heißen soll, weiß ich nicht. Dann müsste ich die Zeitung von der Partei lesen. ›Neues Deutschland‹ heißt die.«

»Kenne ich nicht. Und ich weiß auch nicht, was die komischen Fremdwörter heißen, Rosi. Ich habe mich bisher nicht dafür interessiert, und es interessiert mich auch jetzt nicht. Ich lese keine Zeitung. Und ein Radio haben wir auch nicht.«

»Vati liest ab und zu Zeitung. Ich lese auch keine und höre auch kein Radio, weil wir keins haben. Es ist sowieso besser, du interessierst dich für mich!« Das kesse elfjährige Mädchen schaute den zwölfjährigen Jungen mit fragenden Augen an.

Der blickte einigermaßen erstaunt zurück und bestätigte

dann: »Tue ich, Rosi. Jetzt bin ich wenigstens nicht mehr allein in der Siedlung. Die anderen Kinder sind entweder zu klein für mich oder zu alt oder zu blöd. Mit denen kann ich nichts anfangen. Außerdem bist du hübsch und hast schöne Augen.«

Bei diesem Kompliment wurde Rosi doch tatsächlich ein wenig verlegen. Eine leichte Röte huschte über ihr Gesicht. Sie wusste wohl nicht recht, was sie jetzt antworten sollte. Dann sagte sie: »Danke für die schönen Augen. – Dann habe ich ja jetzt einen Beschützer. Und ich muss den weiten Weg in die Schule nicht alleine machen.« Mit dieser Bemerkung war das Verhältnis der beiden Kinder für die nächste Zeit in guter Weise geordnet.

Den Eltern der einen und der Mutter des anderen war es recht. Die Erwachsenen versuchten ihrerseits, Verbindungen zu knüpfen, was ihnen im Laufe der Zeit auch gelang. Willi und Erna Brasch hatten ja noch nie Probleme im Umgang mit verträglichen Leuten gehabt. Es gab natürlich Verbindungen, die enger geknüpft wurden als andere. Zum Beispiel die zur alten Frau Elert. Die lebte in einem Häuschen auf dem Gelände des »Gartenbaubetriebs Viereck & Söhne« und war die Mutter von Frau Viereck. Eine Frau mit sehr viel Lebenserfahrung. Zu ihr konnte Erna Brasch bald eine gute Beziehung aufbauen, beinahe wie die einer Tochter zu ihrer Mutter. Oma Elert, wie sie von vielen genannt wurde – Rosi begann auch bald, diese Oma zu lieben und als ihre eigene anzusehen –, konnte manchen Rat erteilen. Sie wusste, wie eine Hausfrau aus beinahe nichts noch etwas machen konnte und mit welchen natürlichen Mitteln wie Kräuter, Beeren und Pilzen sie dem Küchenmeister Schmalhans wenigstens ein wenig aufhelfen konnte, sodass der Hunger nie allzu groß wurde …

Gerne hätte Erna Brasch auch ab und zu in der Gärtnerei mitgearbeitet. Aber es ging nicht. Ihr Herz machte ihr Mühe, wie sie das bisher so nicht gekannt hatte. Es schien die Veränderung der Lebensbedingungen nicht annehmen zu wollen und meldete sich mit nervösen Störungen. Oma Elert, Fachfrau für Heilkräuter und ihre Verwendung, wusste Rat. Sie verordnete eine Kur mit einem Teegemisch aus Melisse-, Rosmarin- und Andornblättern mit Basilikum- und Beifuß-

kraut und Beifuß- und Ginsterblüten. Ein schreckliches Ge-
bräu, das aber seine gewünschte Wirkung zeigte. Einen Vorrat
dieser Mischung hatte die Oma immer parat. Sie wusste
natürlich auch, wo die Kräuter wuchsen und gepflückt werden konnten und wie sie richtig getrocknet werden mussten.
Dass der Auftrag zu ihrer Sammlung und Trocknung an
Mutter und Tochter erging, ergab sich von selbst.

Infolge der Tee-Kur ließen bei Mutti Erna die nervösen
Herzstörungen nach. Sie wurde wieder ausgeglichener. Die
Kräfte reichten wenigstens dazu, in der Wohnung die
Mechanik der Nähmaschine in Gang zu setzen und Leuten
aus dem Dorf ihre Kleidung in Ordnung zu bringen oder
auch aus mehreren alten Teilen ein neues zu machen. Vor
allem kamen die Leute auf Erna Brasch zu, wenn es im Dorf
etwas zu feiern gab und die Garderobe gerichtet werden
sollte. Oma Elert hatte entsprechend Werbung gemacht. Das
brachte dann schon einmal ein paar Eier ein oder ein paar
Pfund Kartoffeln, ganz selten auch ein Stückchen Fleisch
oder Wurst.

In der Regel aber schaute im Suppentopf von Erna Brasch
immer wieder der Boden durch, weil es kaum etwas gab, das
im Wasser hätte gekocht werden können. Gemüsesuppe
ohne Gemüse, Fleischsuppe ohne Fleisch. Aber es gab ja
Kräuter. Fleisch war freilich durch nichts anderes zu ersetzen.
Am ehesten war noch an Brot zu kommen, für das die Butter
allerdings wieder rar war und Wurst und Käse ebenso. Wenn
diese besonderen Delikatessen einmal zu bekommen waren,
dann wurden sie nur mit spezieller Technik gegessen: Eine
Scheibe Wurst, eine Scheibe Käse oder auch nur je eine halbe
wurden ein wenig angebissen und auf der Brotscheibe
weitergeschoben. Der letzte Happen war dann immer der
beste und schönste, der den größten Genuss auslöste.
Schiebewurst und Schiebekäse.

Dass bei dieser knappen Verpflegung kein Erwachsener und
auch kein Kind ordentlich bei Kräften bleiben oder gar zu
mehr Kräften kommen konnte, machte nicht nur in der
Baracke Nummer 3 immer wieder Kummer. Die Versorgung
mit Lebensmitteln war einfach schlecht. Dennoch, die drei

Braschs ließen sich von diesen Lebenswidrigkeiten nicht unterkriegen.

Willi Brasch, der Hausherr, musste sich erst daran gewöhnen, dass er nicht mehr der Chef war, der die Arbeit verteilte und anwies. Er wurde eingesetzt, wo die Arbeit gerade zu leisten war: in den Gewächshäusern, auf dem Freigelände, bei Außenarbeiten für die Gemeinde Schwante oder für die Försterei Wolflake. Wäre er bei Kräften gewesen wie noch vor einem Jahr, wäre ihm das Arbeiten sicher leicht von der Hand gegangen. Ihm steckten aber immer noch die Folgen seiner russischen Lagerzeit in den Gliedern. So fiel es ihm bei der mageren Kost schwer, acht und mehr Stunden am Tag in gebückter Haltung oder auf den Knien zu pflanzen, zu pikieren, zu jäten, zu hacken und anderes Notwendiges zu tun, damit die verschiedenen Gemüse und Salate und Feldfrüchte heranwachsen konnten – um später doch nur für andere geerntet und ausgeliefert zu werden. Abends fiel Rosis Vati immer todmüde und wie ein Stein ins Bett.

Ein wenig besser wurde die Versorgungslage im Sommer und im Herbst, wenn es in der Wolfslaker Heide Wildfrüchte und Pilze zu sammeln gab. Aus Hagebutten machte die Mutti eine köstliche Marmelade, auch wenn die Kerne darin lästig waren. Himbeeren und Brombeeren ergaben ebenso Marmelade oder Gelee. Die Behältnisse dafür mussten allerdings organisiert werden. Stockschwämmchen, Hallimasch und Pfifferling gaben der Kräutersuppe Pilzgeschmack. An besonderen Glückstagen lagen auch schon einmal ein paar Birken- oder Butterpilze, Becherlinge oder Trichterlinge in der Pfanne. Oma Elert und die Vierecks wussten, wo diese Waldpilze zu finden waren. Und Rosi und ihre Eltern wussten es bald auch.

Rosi war im Sammeln solcher Köstlichkeiten sehr eifrig. Manchen Nachmittag verbrachte sie im Wald und in der Heide drüben gegen den Nachbarort Perwenitz, häufig begleitet von Klaus Nielsen. Der war ebenso bemüht, der häuslichen Barackenküche aufzuhelfen, wo es nur ging, wurde er doch auch nur selten richtig satt, und ein Junge brauchte halt mehr als ein Mädchen. Das behauptete er zumindest immer wieder.

»Horch mal, Klaus«, sagte Rosi und griff ihrem Freund an den Arm, als die beiden einmal wieder mit ihren Gefäßen durch den Wald stromerten, um zu sammeln, was sie fanden. »Bleib doch mal stehen. Hörst du das Grunzen auch? Was ist das?«

»Was du schon wieder hörst, Rosi«, gab der Junge ein wenig unwirsch zurück und machte sich von dem Griff des Mädchens los. »Du hörst vielleicht Flöhe husten.«

»Hier husten keine Flöhe, du Dummerjan. Es sei denn, du hättest welche und die hätten sich erkältet. Bleib doch mal stehen und hör richtig hin!« Rosi wurde energisch, sodass Klaus doch lieber gehorchte.

»Du hast recht. Da grunzt was. Jetzt hör' ich es auch.«

»Was kann das sein?«, rätselte Rosi. »Doch wohl kein Wolf?«

»Jetzt bist du der Dummkopf, Rosi«, widersprach der Junge leise, »hier gibt es keine Wölfe. Und wenn es welche gäbe, würden die heulen, aber nicht grunzen.«

»Aber das heißt hier doch Wolfslake.«

»Das heißt eben so. Hier hat es vielleicht früher Wölfe gegeben, die sich in den Laken gebadet haben.«

»In Laken gebadet?«, tat Rosi erstaunt und unwissend. »Haben die sich in Laken gehüllt und dann gebadet? Das ist ja zum Wolfsheulen.«

»Blöde Göre, tu nicht so dumm«, ereiferte sich der Junge. »Eine Lake ist ein stehendes Gewässer, so was wie eine große Pfütze oder ein kleiner See, dass du's weißt.«

»Danke für die schlaue Auskunft!«, gab Rosi flüsternd zurück. »Du bist ja auch schon eine Klasse weiter als ich. Aber sprich gefälligst leise! Da ist das Geräusch wieder. Wir schleichen uns an. Ich will sehen, wer oder was da grunzt.«

»Und wenn es gefährlich wird?«, warnte Klaus.

»Du bist doch wohl kein Bangebüx. Komm schon!«, forderte das Mädchen und ging mit leisen Schritten voraus. Klaus folgte ihr in geringem Abstand. Ihm war die Sache nicht ganz geheuer.

Je näher die beiden Kinder dem Grunzen kamen, desto lauter wurde es. Bald waren zusätzlich Raschelgeräusche zu hören und einzelnes Quieken.

»Das ist eine Wildsau mit Frischlingen«, vermutete Rosi.

»Lass uns lieber nicht so dicht rangehen. Eine Bache mit Jungen kann gefährlich werden«, warnte Klaus.

»Quatsch, die tut uns schon nichts«, widersprach Rosi. »Wir tun der ja auch nichts.«

»Die weiß aber nicht, dass wir ihr nichts tun.«

»Schlaukopf! Schau, da vorn bewegt sich was«, flüsterte Rosi aufgeregt, schlich ein paar Meter weiter und blieb dann gebückt stehen. »Schau, Klaus, habe ich es nicht gesagt? Da vorn an der Lake wühlt eine Sau.«

Tatsächlich pflügte vielleicht zwanzig Meter vor den Kindern eine Bache mit ihrem Rüssel den Boden auf, wobei sie ständig wohlig grunzte. Um sie herum balgten sich eine Reihe gestreifter Jungtiere. »Ist das nicht schön?!«, begeisterte sich Rosi.

»Das ist ja ein Riesentier!«, flüsterte der Junge. »Und wie putzig die Keinen sind! Von so nah habe ich noch nie Wildschweine gesehen«, staunte er.

»Und gleich fünf Frischlinge. Wie süß!«, stimmte Rosi bei. Nach einer Weile sagte sie: »Wenn wir eins davon hätten, das gäbe einen guten Braten für zwei Familien.«

»Mir läuft auch schon das Wasser im Mund zusammen. Sollen wir einen Frischling fangen?«

Rosi tippte sich mit dem Finger an die Stirn. »Blöder Gedanke! Das wird die Alte nicht zulassen. Dann wird sie wirklich zur wilden Sau. So schnell kannst du gar nicht laufen, so schnell wie die Sau ist.«

Das Letzte war wohl etwas zu laut gesprochen. Die Bache hob plötzlich ihren Kopf, witterte, schaute für einen Moment zu den beiden hinüber – ob sie die beiden Menschen tatsächlich gesehen hatte? –, gab einen eigenartigen Laut von sich und trollte sich ins Unterholz, das auf der anderen Seite der kleinen Lake dichter schien als auf der Seite der Kinder. Die fünf Frischlinge folgten dem Muttertier dichtauf und waren im nächsten Moment im Gestrüpp verschwunden.

»Weg ist der Braten, auf und davon!«, bemerkte Rosi und erhob sich.

»Schade«, meinte Klaus, »ich hätte die Tiere gerne noch ein bisschen beobachtet.«

»Hätte ich auch«, bestätigte Rosi. »Vom Schauen werden

nur unsere Eimer nicht voll. Unsere Mütter warten auf Butten für die nächste Marmelade.«

»Wobei ich zugebe, dass ich gerne auch wieder einmal ein Stück Wurst auf der Schnitte essen würde.«

»Dann musst du eben denken, dein Hagebuttenkraut wäre Leberwurst oder Blutwurst oder Schinken oder …«

»Hör auf, du …! Nicht schon wieder der schlaue Satz von der Fantasie, mit der der Mensch für sich ein düsteres Bild zum Leuchten bringen kann oder so ähnlich.«

»Das war aber nicht mein schlauer Satz, Kläuschen. Den hat uns Lehrer Teichmann beigebracht. Wenn man diesen Satz beherzige, hat er gesagt, dann würde manches im Leben gleich leichter und angenehmer. Und er hat recht. Der Mensch – das einzige Wesen mit Fantasie! Also …«

»… ist mein nächstes Marmeladenbrot eben ein Wurstbrot.«

»Guten Appetit!«, lachte Rosi und begann, an der Hecke der wilden *rosa rugosa* – den lateinischen Namen dieser Pflanze hatte sie von ihrem Vati gelernt, und sie erkannte diese Sorte Heckenrose an ihren Blättern und Früchten – Hagebutten zu pflücken, die die Mutti später verarbeiten wollte. Klaus tat es ihr gleich. Es hingen genug Früchte an den Zweigen des Strauches. Und Klaus stimmte auch in Rosis Lied mit ein:

Ein Männlein steht im Walde ganz still und stumm. Es hat von lauter Purpur ein Mäntlein um. Sag, wer mag das Männlein sein, das da steht im Wald allein mit dem purpurroten Mäntelein?

Das Männlein steht im Walde auf einem Bein und hat auf seinem Haupte schwarz Käpplein klein. Sag, wer mag das Männlein sein, das da steht im Wald allein mit dem kleinen schwarzen Käppelein?

»Und wie heißt die Antwort auf diese lebenswichtigen Fragen, Kläuschen?«

»Kinderkram, Rosi. Erstes oder zweites Schuljahr. Aber ich weiß sie trotzdem: ›*Das Männlein dort auf einem Bein mit seinem roten Mäntelein und seinem schwarzen Käppelein kann nur die Hagebutte sein*‹. Zufrieden?«

»Zufrieden!«, gab Rosi zurück. »Mit Musik geht doch alles besser, und der Eimer ist bald voll. Die Mütter freuen sich, dass wir ihnen Arbeit bringen.«

»Und ich freu' mich auf ein Schinkenbrot mit dicker roter Hagebuttenmarmelade, frisch aus dem Topf.«

Der ausgehende Sommer und beginnende Herbst brachte neue Möglichkeiten, etwas zur Besänftigung des knurrenden Magens zu tun. Heimliche Kartoffelernte war angesagt, aber so geschickt, dass es nicht auffiel. Rosi hatte immer einen Beutel dabei, wenn sie den weiten Weg durch die Felder ins Dorf ging. Kam sie dann an den Kartoffeläckern vorbei, buddelte sie in Windeseile hier einen Strauch aus und dort einen. Auch mussten auf einem anderen Weg immer wieder einmal ein paar Möhren dran glauben oder ein Kohlrabi oder auch ein Kohlkopf. Ein paar Zuckerrüben erging es nicht anders. Der in mühseliger Arbeit daraus gekochte Sirup schmeckte vorzüglich. Und aus dem groben Mehl, das mühsam aus den Körnern der am Weg ausgerauften Ähren auf der Tischplatte ausgemahlen wurde, ließ sich eine gute Suppe kochen.

Solche Aktionen unternahm Rosi allerdings immer allein. Ihren Freund Klaus Nielsen oder jemand anderen wollte sie in solche Dinge nicht hineinziehen. Sie wusste, dass ihr Handeln Diebstahl fremden Gutes war. Aber sollten die Dorfbauern alles für sich ernten, auch wenn sie selbst nur einen geringen Teil der Ernte behalten durften? Nicht nur in Berlin hungerten die Menschen. Und: Wer viel hat, der gebe dem, der nichts hat. So ähnlich stand es doch sogar in der Bibel. Das hatte die Mutti neulich aus dem Lukasevangelium vorgelesen. »*Wer zwei Röcke hat, der gebe dem, der keinen hat; und wer Speise hat, tue auch also.*« Was Johannes der Täufer da gepredigt hatte, hatte das Mädchen sich gut gemerkt. Und die Geschichte aus dem Matthäusevangelium kannte sie auch, in der stand, dass die Jünger wegen ihres Hungers am Sabbat Ähren rauften und die Körner gegessen hatten. Die hatten das Getreide auch nicht selbst gesät. Das war eindeutig Mundraub gewesen, für den Jesus seine Jünger nicht ausgeschimpft hatte. Und sie, Rosi, beging auch immer nur Mundraub.

Ob der Vater im Himmel, der die Feldfrüchte doch alle wachsen ließ, deshalb nicht ein Auge zudrückte, wenn sie wegen des hungrigen Magens von Vati und Mutti – und natürlich auch wegen ihres eigenen – sich von dem nahm, was andere reichlich hatten? Die Mutti war sich da allerdings nicht so sicher. Sie sagte, Dieberei komme aus einem bösen Herzen, und Diebe würden das Reich Gottes nicht ererben. Das stünde im Evangelium und im 1. Korintherbrief des Apostels Paulus. Aber, war sie, Rosi, denn böse? Nein, das war sie nicht. Und ein böses Herz hatte sie auch nicht. Sie meinte es nur gut mit ihren Lieben und mit sich selbst.

Trotz ihrer Bedenken war die Mutter immer dankbar, wenn die Tochter wieder einmal etwas aus ihrem Beutel holte, was sie unterwegs »gefunden« und mitgenommen hatte. Wenn sie dann die Kartoffeln oder Möhren oder einen Kohlkopf oder anderes verarbeitete, tat sie es zwar mit Seufzen, aber sie tat es und freute sich doch dabei auf die Mahlzeit. Ihr knurrte selbst nur zu häufig der Magen, und sie brauchte doch auch Kräfte, wenn sie in der Ernte auf den Feldern helfen wollte. Dafür gab es nämlich ganz regulär Bezahlung in den Naturalien, die ihrer kleinen Küche meistens fehlten und die sie dringend brauchte.

Bei einer ganz anderen Angelegenheit hatte Erna Brasch zwar auch ein schlechtes Gewissen, aber dennoch kam ihr die Sache vor wie vom Himmel geschickt. In der Flur hinter der Barackensiedlung tauchten immer wieder wilde Kaninchen auf. Als es in der Baracke Nummer 3 einmal wieder eine Fleischsuppe gab, bei der das Fleisch mit der Lupe kaum zu finden war, ging Rosi plötzlich ein besonderer Gedanke durch den Kopf. »Vati, am nächsten Sonntag ist Erntedankfest. Da brauchen wir zum Feiern eigentlich einen Braten auf den Tisch.«

Willi und Erna Brasch schauten von ihren Tellern auf und ihre Tochter erstaunt an. »Woher nehmen und nicht stehlen?«

»Ich habe eine Idee«, fuhr Rosi fort.

»Und die wäre?«, fragten beide Eltern zugleich und schauten ihre Tochter immer noch erwartungsvoll an.

Die setzte ein kluges Gesicht auf und entfaltete ihre Idee:

»Du baust eine Kaninchenfalle, fängst uns so ein Tier und schlachtest es, wie du früher die Stallhasen geschlachtet hast mit Schlag in den Nacken, Fellabziehen, Aufschneiden und so. Die Mutti tut es dann in den Wassertopf, und wir haben ein leckeres Essen.«

»Und du glaubst, so ein Kaninchen lässt sich einfach fangen?«, meldete die Mutti Bedenken an.

»Warum nicht?«, wies Rosi den Zweifel zurück und wusste auch die Lösung für den Fallenbau. »Kaninchen mögen Möhren. Vati bringt eine Gemüsekiste mit aus der Gärtnerei. Geht doch, Vati, oder? Dann machst du aus einer Seite eine Falltüre. Dann stellen wir die Falle mit ein paar Möhren an den Feldrain. Dann kommt so ein neugieriges Tier, kriecht rein in die Kiste, weil es die Möhren haben will, und, schwupp, ist es gefangen, und das Fest kann beginnen.«

»Warum eigentlich nicht?«, fragte Willi Brasch mehr sich selbst als die beiden anderen. »Die Wildkaninchen gehören doch keinem. Und wenn dann eins in die Falle kriecht ...«

»Also, Vorschlag angenommen, Vati?«

»Vorschlag angenommen, min lütte Pummi. Wenn die Mutti keine überzeugenden Bedenken anmeldet.«

Zwei Augenpaare richteten sich jetzt auf die Frau und Mutter. Die schien irgendwie mit sich zu kämpfen. Dann meinte sie: »Na ja, wenn ihr meint, die Kaninchen gehören allen und niemandem, dann versucht euer Glück. Ich werde dem armen Tier gerne Feuer unterm Hintern machen.«

Es wurde eine erfolgreiche Aktion. Tatsächlich war ein junges Wildkaninchen so dumm, in die Falle zu kriechen. Pünktlich am Samstag vor dem Erntedankfest. Erna Brasch hatte allerdings alle Mühe, dem possierlichen kleinen Tierchen den Garaus zu machen. Leider war ihr Willi nicht in der Nähe, um wenigstens diesen Teil des Schlachtfestes zu übernehmen. Dem Tier sein Fell abzuziehen und es für den Topf vorzubereiten, fiel ihr leichter. Schließlich war ihr auch das gelungen, und sie konnte darangehen, das Essen für den Feiertag vorzubereiten. Rosi hatte die Kartoffeln dazu bei einem Bauern »verdient«, und Willi brachte von irgendwoher einen Kopf Rotkohl mit ...

153

Welch ein Erntedankfest 1946! Zugleich ein kleines Jubiläum: Ein halbes Jahr Schwante lag hinter den drei Braschs, und sie hatten dieses halbe Jahr mit seinen Höhen und Tiefen bestens überstanden. Ein richtiger Festschmaus folgte dem ersten gemeinsamen Besuch eines Gottesdienstes in der Kirche des Dorfes, deren Turm und Kirchenschiff noch deutliche Spuren von Granateneinschlägen im April 1945 aufwies. Damals hatten sich fanatische Hitleranhänger im Turm der Kirche verschanzt, um von dort die russischen Verbände aufzuhalten, die von Oranienburg her anrückten. Welch ein irrsinniges Unterfangen!

Der Pastor hatte in dem feierlichen Gottesdienst mit seinen biblischen Lesungen und mit seiner Predigt sehr eindrücklich auf den Schöpfer aller Dinge hingewiesen. Dabei hatte sein Predigttext aus dem Propheten Joel im Blick auf die jüngst vergangene deutsche Geschichte und auch im Blick auf die derzeitige Versorgungslage der Menschen in allen Zonen des Landes schon merkwürdig geklungen, irgendwie prophetisch für die gegenwärtige und für die zukünftige Zeit:

Fürchte dich nicht, liebes Land, sondern sei fröhlich und getrost; denn der Herr kann auch große Dinge tun. Fürchtet euch nicht, ihr Tiere auf dem Felde, denn die Auen in der Wüste sollen grünen und die Bäume ihre Früchte bringen, und die Feigenbäume und Weinstöcke sollen wohl tragen. Und ihr, Kinder Zions, freuet euch und seid fröhlich im Herrn, eurem Gott, der euch Lehrer zur Gerechtigkeit gibt und euch herabsendet Frühregen und Spätregen wie zuvor, dass die Tennen voll Korn werden und die Keltern Überfluss von Most und Öl haben sollen. Und ich will euch die Jahre erstatten, welche die Heuschrecken, Käfer, Geschmeiß und Raupen, mein großes Heer, so ich unter euch schickte, gefressen haben; dass ihr zu essen genug haben sollt und den Namen des Herrn, eures Gottes, preisen, der Wunder unter euch getan hat; und mein Volk soll nicht mehr zuschanden werden. Und ihr sollt erfahren, dass ich mitten unter Israel sei und dass ich, der Herr, euer Gott sei und keiner mehr; und mein Volk soll nicht mehr zuschanden werden.

Es gab an diesem besonderen Tag durchaus auch besonderen Gesprächsstoff in der Stube der Baracke Nummer 3, wobei alle drei Braschs sich bewusst waren, dass sie die Beziehung zu diesem Schöpfergott in den vergangenen Monaten doch wieder ein wenig hatten schleifen lassen. Dabei hatte er sie wirklich nicht verderben lassen, auch wenn immer wieder die Verpflegung sehr knapp gewesen war und der Hunger gedrückt hatte. Sie waren alle drei trotzdem gesund geblieben, und sie waren hier draußen von Menschen umgeben, die ihnen überwiegend freundlich entgegenkamen und sie nicht als Kapitalisten ansahen. Die waren sie ja nun auch wirklich nicht mehr. Und ein entsprechendes Gehabe konnte ihnen niemand vorwerfen. Sie hatten ihre veränderten Lebensumstände tapfer hingenommen und ertragen. Sie hatten versucht, in der Dorfgemeinschaft Fuß zu fassen, und dabei allerdings erkennen müssen, dass das sehr schwer war. Sie wurden mit den entwurzelten Menschen aus dem Osten, die auch hier nicht unbedingt willkommen waren, in denselben Topf geworfen, obwohl sie Ur-Brandenburger waren und mit den Einheimischen sogar in ihrer Mundart sprechen konnten. Nun gut, es war, wie es war. Darin waren sich Vater, Mutter und Tochter einig: Sie hatten bei allen Schwierigkeiten des täglichen Lebens immer noch Grund, Gott zu danken für seine gnädige Führung, Bewahrung und Versorgung. Andere in ihrer Nachbarschaft waren wesentlich ärmer dran.

»Mutti, lies doch noch einmal den Psalm, den der Pastor am Ende des Gottesdienstes gelesen hat. Das war, glaub ich, der Psalm 145. Daraus hast du früher manchmal ein Tischgebet gesprochen«, bat Rosi, als Töpfe und Teller geleert waren und das Gottesdienst-Nachgespräch zu Ende schien.

»Du hast recht, Rosi, habe ich, früher mit dem Vorspruch: ›Das walte Gott Vater, Sohn und Heiliger Geist. Amen.‹ Warum habe ich das eigentlich so lange nicht getan? Ich weiß es nicht.« Erna Brasch griff ihre Bibel vom Regal und las zunächst eine Stelle aus dem 5. Buch Mose: »Den Vers hat meine Mutter immer sonntags am Ende des guten Essens gesprochen: ›Wenn du gegessen hast und satt bist, sollst du den Herrn, deinen Gott, loben für das gute Essen‹ – hier steht Land – ›das er dir gegeben hat.‹ Und das tun wir jetzt mit den Versen aus dem 145. Psalm:

Aller Augen warten auf dich, und du gibst ihnen ihre Speise zu seiner Zeit. Du tust deine Hand auf und erfüllest alles, was lebt, mit Wohlgefallen. Der Herr ist gerecht in allen seinen Wegen und heilig in allen seinen Werken. Der Herr ist nahe allen, die ihn anrufen, allen, die ihn mit Ernst anrufen. Er tut, was die Gottesfürchtigen begehren, und hört ihr Schreien und hilft ihnen. Der Herr behütet alle, die ihn lieben, und wird vertilgen alle Gottlosen. Mein Mund soll des Herrn Lob sagen, und alles Fleisch lobe seinen heiligen Namen.«

Irgendwie hatten diese Minuten am Schluss des besonderen Sonntagsessens für Rosi Brasch etwas Heiliges, das sich in einem Winkel ihres Herzens als stille Sehnsucht einnistete. Solche Augenblicke sollte es mehr geben, ging es dem Mädchen durch den Kopf. Das war einfach schön gewesen, so dicht bei dem lebendigen Gott zu sein, der sich um seine Schöpfung und seine Geschöpfe kümmerte. Manchmal könnte er das durchaus ein bisschen mehr und auch deutlicher tun, ging es Rosi dann allerdings auch noch durch den Sinn. Mal sehen, wie die Zeit weiterging und wie Gott seine milde Hand noch auftun würde für sie selbst, für die Eltern, für Volk und Land ...

Neuorientierung

Die Herbst- und Wintermonate 1946/47 wurden noch härter als das, was die Menschen in der Barackensiedlung am südlichen Ortsrand von Schwante und andernorts in Brandenburg und darüber hinaus bisher erlebt hatten. Eltern und Tochter Brasch fragten immer häufiger nach dem »Wohlgefallen« Gottes und nach seiner »Hut«. Die Lebensmittel waren und blieben knapp. Dafür kamen die Kälte und der Schnee früh und reichlich. Unwirtliche Wochen und Monate, die die Menschen ertragen mussten und zu bestehen hatten.

Willi Brasch hatte in dieser Zeit auf dem Gelände des Gärtnereibetriebes keine Arbeit. Damit er dennoch Geld verdienen konnte, ließ er sich »ausleihen« an die Försterei und bekam die Aufgabe, im Schwanter Forst Kiefernstubben zu roden. Die Arbeit kam ihm nicht unrecht, denn sie wurde auch mit Zuwendungen an Feuerholz bezahlt. Nur war sie schwer und anstrengend, auch wegen des Winters. Zur Erleichterung seiner Mühe besorgte sich der Waldarbeiter einen Flaschenzug. Dann baute er sich ein zerlegbares Metallgestänge, ein hohes Dreibein, in das er das schwere Werkzeug einhängen konnte. Das Gerät erwies sich bald als äußerst praktische Hilfe für die Rodungsarbeit. Nur das Umsetzen an den nächsten Stubben, der aus dem gefrorenen Boden zu holen war, bekam er nur wenige Male alleine hin. Das Gerät war einfach zu schwer für einen einzelnen Mann. Er brauchte Hilfe.

»Dann komme ich zu dir in den Forst und helfe dir, Vati«, schlug Rosi vor. »Du glaubst gar nicht, wie stark ich bin.«

Sie erntete nur ein schwaches Lächeln: »Das ist doch keine Arbeit für ein Mädchen, Rosi.«

»Und wenn Rosi Klaus mitbringt?«, fragte die Mutter. »Die zwei sind zusammen wenigstens so stark wie ein Mann.«

»Wir können es ja mal versuchen«, gestand der Vater nach einigen Momenten des Überlegens zu. »Du weißt ja, wo ihr mich findet. Aber zieht euch warm an und vergesst eure Handschuhe nicht.«

»Machen wir«, freute sich das Mädchen. »Ich bringe dir dann auch was Gutes mit. Machst du wieder ein Feuer?«

»Wenn ich es zum Brennen kriege. Ich muss mir ja immer wieder die Hände wärmen. Sonst halte ich das nicht lange aus bei der Kälte. Aber die Stubben müssen halt raus. Sonst gibt's kein Geld und kein Holz. Wir wollen hier zu Hause ja nicht frieren.«

Rosi sprang auf, warf sich ihren Mantel über und eilte hinaus. »Ich sage Klaus schon mal Bescheid. Der kommt bestimmt mit.«

Am nächsten Nachmittag besuchten die beiden jungen Leute den Waldarbeiter an seinem Arbeitsplatz. Willi Brasch stand an einem kleinen Feuer, das mit offener Flamme brannte, und rieb sich in der Wärme die Hände. »Schön, dass ihr da seid. Dann können wir gleich das Gestänge umsetzen. Danach gehe ich mit euch nach Hause.«

»Fein, Vati, das machen wir«, lächelte Rosi. »Aber ehe wir gehen, gibt es erst noch eine Überraschung.«

Die drei machten sich an die Arbeit und hatten eine halbe Stunde später das schwere Gestänge an seinem neuen Platz stehen. Der Flaschenzug hing auch wieder daran. Willi Brasch atmete auf: »Das wäre geschafft. Danke, ihr beiden! Ihr seid wirklich stark. Und was ist mit der Überraschung?«

Rosi griff in ihren Beutel und – zog drei lange dünne Mettwürstchen heraus. »Denen ist kalt«, meinte sie. »Die brauchen Wärme. Die werden noch gebraten, ehe wir gehen.«

»Und wie soll das gehen? Hast du eine Pfanne dabei?«

»Brauchen wir nicht, Herr Brasch«, antwortete Klaus, »ein Stock reicht auch. Wir müssen nur die Flammen noch einmal anfachen.« Der Junge stocherte auch schon in der Glut und legte ein paar Späne dazu, während Rosi die Würstchen auf drei dünne Stöcke spießte. Eine Viertelstunde später waren die Bratwürstchen gar, und die drei ließen sie sich schmecken.

»Wo hast du die Köstlichkeit eigentlich her? Doch wohl nicht geklaut?«, fragte der Vati.

»Nicht geklaut, Vati. Ehrenwort!«, antwortete Rosi und grinste dabei ihren Freund an, und das durchaus ein wenig hintergründig. Aber auch Klaus verriet nicht, mit welchen Mitteln sie den Dorfmetzger bewegt hatten, die besonderen Leckerbissen auch ohne Marken herauszurücken.

Eine weitere Überraschung gab es für Willi Brasch am nächsten Morgen; für seine Familie gab es die am späten Nachmittag. Da hatte sich doch tatsächlich ein feister Hase in der Restglut des Feuers dermaßen die Pfoten verbrannt und das Fell dazu, dass er nicht mehr in seinen Bau hatte zurückkehren können. Das arme Tier lag morgens im Schnee und wand sich vor Schmerzen. Es wurde eine leichte Beute für den verblüfften Rodemeister. Für seine Frau, seine Tochter, für Mutter und Sohn Nielsen wurde es ein wunderbarer Braten, der zur großen Freude aller für ein paar Tage die Gaumen und die Mägen erfreute. War das »Wohlgefallen« Gottes?

Für Willi Brasch hatte die Rodungsarbeit noch einen zwar bescheidenen, wenngleich einträglichen Nebeneffekt. Einen Teil des gewonnenen Holzes durfte er nämlich behalten. Er musste es nur selbst nach Hause schaffen, was er natürlich liebend gerne tat. Wenn er dazu die Hilfe seiner Tochter brauchte, besorgte die sich dann einen zweiten Schlitten und kam mit dem Gefährt in den Wald, um das Holz nach Hause zu holen. Hinter der Baracke und in der Stube verarbeitete der Vati das Holz der Kiefernstubben mit der Axt und dem Haumesser zu Kienspänen. Die bündelte er und schickte damit seine Rosi zu den Leuten in die Häuser und Höfe von Schwante und Vehlefanz. Es gab viele Leute, die Kienspäne brauchten zum Anfeuern ihrer Öfen und Herde. Dieser besondere Kleinholzhandel brachte immer wieder ein wenig Geld ein oder auch Naturalien für die Küche.

Vereinzelt gab es sogar einen Eimer Kohle. Wenn es den dann einmal gab, brauchte Rosi sich nicht am Kohlenklau zu beteiligen, was sie sonst gerne tat. Sollten sich denn nur die anderen mit dem schwarzen Gold versorgen, wenn an der Bahnlinie Hennigsdorf – Neuruppin wieder einmal ein Kohlezug im Bahnhof haltmachen musste? Die dörflichen Ordnungshüter pflegten solche Aktionen großzügig zu übersehen. Sie zeigten Herz und hatten an anderen Orten zu tun.

Die Leute sollten doch im kalten Winter in ihren Häusern nicht frieren. Sie ertrugen ohnehin genug Entbehrungen.

Die Entbehrungen, die die Menschen in allen Gebieten Deutschlands in der Nachkriegszeit erdulden mussten, blieben auch während des Jahres 1947 bestehen, zumal die Ernte des Jahres überall sehr dürftig ausfiel. Die drei Braschs in der Barackensiedlung »Am Wiesengrund« kamen dennoch einigermaßen über die Runden. Auch weil Mutter Erna auf ihrer Nähmaschine immer wieder ein Kleidungsstück herstellen konnte, das sie dann gegen Lebensmittel tauschen konnte. Dazu fuhr sie auch schon einmal mit dem Zug in Richtung alter Heimat, um in den Dörfern an der Strecke ihr Verkäuferglück zu suchen oder ihre Dinge gegen notwendiges anderes zu tauschen.

Sie traute sich sogar einmal, mit Rosi nach Schmolde zu fahren. Dort wurden die beiden von den alten Bekannten herzlich begrüßt, und sie wurden nicht ohne großzügige Hilfe nach Hause entlassen. Zum Glück wurden sie bei ihrem Besuch nicht von den falschen Leuten erkannt. Wer wusste schon, was die Ortskommunisten mit ihnen gemacht hätten? Vielleicht hatte Gott ja den städtischen Ordnungshütern und den Bediensteten der Reichsbahn auf dem Meyenburger Bahnhof die Augen zugehalten und anderen Leuten auch.

Auf jeden Fall war es ein besonderes Erlebnis gewesen, die alte Heimat noch einmal zu sehen. Von den Schmolder Bekannten erfuhr Erna Brasch dann auch, dass ihre Schwester Magdalene von Harrach bereits im Oktober 1945 gestorben war. Über den Verbleib ihres Sohnes und ihrer Tochter wusste hier allerdings niemand etwas. Man wusste nur so viel, dass auch Wichard bei den Meyenburger Behörden energisch – und erfolglos wie alle anderen – gegen die Enteignung seiner Familie protestiert hatte. Schade, Erna Brasch hätte sehr gerne mit ihrem Neffen Kontakt aufgenommen oder auch mit ihrer Nichte Fidele. Ob sie je irgendwo auftauchten?

Zwei wichtige Veränderungen brachte das Jahr aber doch: Willi Brasch konnte mit seiner Familie die Wohnung wechseln. Im Haus von Oma Elert hatte es Platz gegeben. Zwei

Das Wohnhaus am Wiesengrund (bei Oma Elert)

Mansardenzimmer standen zur Verfügung, die gerne bezogen wurden. Jetzt gab es Wohnraum und Schlafraum getrennt, Rosi allerdings immer noch auf dem Ritz oder auch auf einer Seite und Vati oder Mutti auf dem Ritz. Dennoch: 25 Quadratmeter Wohnfläche, das Klo nicht mehr draußen, sondern unten im Haus, ein Spülbecken mit eigenem Abfluss und die Erlaubnis, die Waschküche im Haus benutzen zu dürfen. Welch ein Luxus! Ein erneutes Wohlgefallen Gottes?!

Die zweite Veränderung war die, dass der Gärtnermeister wieder als Gärtner arbeiten konnte. Die Gemeinde Vehlefanz hatte einen Friedhofsarbeiter und -gärtner gesucht, einen Mann, der sich um den Grabaushub kümmerte, wenn jemand gestorben war; einen, der die Gräber pflegte, zu denen es keine Angehörigen mehr gab; einen, der die Wege und die Freiflächen zwischen den Gräbern in Ordnung hielt; einen, der die Bäume und Sträucher regelmäßig beschnitt. Willi Brasch hatte sich auf Anraten des alten Herrn Viereck bei der Verwaltung der Nachbargemeinde beworben und die Stelle bekommen, nicht zuletzt durch Fürsprache seines bisherigen Arbeitgebers. Wunderbar!

Wieder ein Wohlgefallen Gottes? Es ging plötzlich aufwärts für die Familie. In kleinen Schritten zwar, aber doch stetig.

Die Braschs bekamen neue Kontakte zu der Bevölkerung von Vehlefanz und der von Schwante, und sie gewannen ein neues Ansehen in den beiden Nachbargemeinden. Den Friedhofsgärtner brauchten die Leute ganz anders als einen Arbeiter des Gartenbaubetriebs oder des Forstamtes.

Ja, das war Wohlgefallen Gottes! Erst allmählich begannen Willi, Erna und Rosi Brasch zu begreifen, dass das so war und gar nicht anders sein konnte. Ob das daran lag, dass zu Hause nun doch wieder häufiger die Bibel gelesen wurde? Dass zumindest Mutter und Tochter wieder häufiger miteinander beteten und sangen? Wie hieß das in dem Psalm, den Pastor Hahne am diesjährigen Erntedankfest gelesen hatte? In diesem Jahr war es der Psalm 34 gewesen. Ein schöner Psalm »*Zum Preis der Hilfe und Obhut Gottes*«, wie ihn Martin Luther in der Bibel überschrieben hatte. Dort stand in den Versen 5 bis 9 nach der Aufforderung zum gemeinsamen Gotteslob:

Da ich den Herrn suchte, antwortete er mir und errettete mich aus aller meiner Furcht. Welche auf ihn sehen, die werden erquickt, und ihr Angesicht wird nicht zuschanden. Da dieser Elende rief, hörte der Herr und half ihm aus allen seinen Nöten. Der Engel des Herrn lagert sich um die her, so ihn fürchten, und hilft ihnen aus. Schmecket und sehet, wie freundlich der Herr ist. Wohl dem, der auf ihn traut!

Ja, das wollte Rosi mehr und mehr: schmecken und sehen, wie freundlich Gott war. Deshalb war es für das Mädchen auch gar keine Frage, ob sie sich bei Pastor Hahne zum Konfirmandenunterricht anmelden sollte oder nicht. Selbstverständlich meldete sie sich an beziehungsweise ließ sie sich von ihrer Mutter anmelden. Sie wollte mehr von Gott lernen, als sie bisher wusste. Sie wollte die Bibel besser kennenlernen und den Katechismus Martin Luthers dazu. Und sie wollte fromme Lieder aus dem Gesangbuch singen, Lieder von Martin Luther, Paul Gerhardt, Matthias Jorissen und anderen Leuten. Vielleicht gab es ja auch neue Lieder, die noch gar nicht im Gesangbuch standen? Schade, dass die Kirche keine Orgel hatte. Die war vor ein paar Jahren bei einem Brand vernichtet worden. Für eine neue gab es leider kein Geld. So musste im Gottesdienst immer ohne Begleitung gesungen werden, was sich freilich manchmal nicht gerade schön anhörte.

Rosi war gespannt auf den Unterricht, zu dem sie zweimal in der Woche nachmittags ins Pfarrhaus gleich neben der Kirche musste. Der Weg dorthin war so weit wie der zur Schule, und das waren gut drei Kilometer hin und drei zurück. Diese Wege konnte sie leider nicht mit Klaus gemeinsam gehen, denn der gehörte ja bereits zu den Konfirmanden. Deren Unterricht fand immer im Anschluss an den der Katechumenen statt, wie die Jungen und Mädchen im ersten Jahr des kirchlichen Unterrichts genannt wurden.

Klaus hatte Rosi übrigens häufig von seinem Unterricht erzählt. Er war gar nicht begeistert. Der Pastor sei kein guter Lehrer, hatte der Freund gesagt. Der könne nicht gut unterrichten. Den könne man nicht mit Hauptlehrer Teichmann vergleichen. Sie solle nicht enttäuscht sein, wenn es in den Stunden mit dem Pastor langweilig würde. Interessant würde es höchstens dann, wenn der Pastor wütend würde, weil er sich über irgendeinen Blödsinn ärgerte. Diese Abwechslung müssten sie aber schon selbst in den Unterricht einbringen. Ihr und den anderen würden da sicher Dinge einfallen, die die Arbeit interessanter machten und die Zeit schneller verstreichen ließen.

Nach Ostern 1947 wurde Rosi Brasch in die siebte Klasse der Volksschule versetzt und zugleich in den kirchlichen Unterricht aufgenommen. Die Schule machte ihr weiterhin Freude, zumal Herr Teichmann für die nächsten beiden Jahre ihr Lehrer blieb. Zu Rosis Freude übernahm er nämlich in diesem Jahr die neue 7/8, nahm also seine alte Klasse 6 mit. Das Mädchen gehörte zu seinen besten Schülerinnen. Der beliebte Pädagoge war mit ihr selbst und mit ihren Leistungen sehr zufrieden. »Du musst eines Tages weitermachen, Rosi. Du musst die Oberschule besuchen und Abitur machen«, hatte er am Ende des vergangenen Schuljahres bei der Ausgabe der Zeugnisse zu ihr gesagt. Na, es würde sich zeigen, ob der Lehrer nach den beiden Jahren immer noch so dachte.

Der kirchliche Unterricht machte Rosi dagegen weniger Freude. Klaus hatte recht gehabt. Pastor Hahne war vielleicht ein guter Prediger und Gottesdienstleiter, aber er war kein guter Lehrer. Er konnte den Stoff seines Unterrichts nicht so vermitteln, dass die Jungen und Mädchen ihn gerne aufnahmen und gerne lernten. Das Lernen war aber gefordert, und wehe dem, der den aufgegebenen Bibeltext, die behandelte Katechismusfrage und ihre Antwort oder die angegebenen Liedstrophen in der nächsten Stunde nicht in seinem Kopf hatte. Den traf die unbarmherzige Strenge dieses Gottesmannes und Verehrers des Reformators Martin Luther. Pastor Hahne war in seinen Worten derb, in seinen Taten schlagkräftig und in beidem treffsicher. Da flog auch schon einmal der Katechismus durch den Raum und jemandem um die Ohren.

Mit dieser Methode gelang es dem Pastor zwar, seinen Schützlingen im Laufe der Monate eine Menge guter Texte in ihren Köpfen zu verankern, es gelang ihm aber nicht, oder zumindest nur in schwachen Ansätzen, die jungen Herzen für den christlichen Glauben zu erwärmen und für die Erkenntnis zu öffnen, dass die drei Artikel des zweiten Hauptstücks des Katechismus: »Von der Schöpfung« (Gott der Vater), »Von der Erlösung« (Gott der Sohn) und »Von der Heiligung« (Gott der Heilige Geist) für das gegenwärtige Leben und für das spätere Sterben bedeutsam waren. Schade!

Rosi gehörte mit ihren zwölf Jahren zu den Jüngsten der Gruppe der Katechumenen, wie sie schon immer zu den Jüngsten in ihren Klassen gehört hatte. Und sie gehörte zu denen, die den Unterricht am häufigsten störten und dadurch ein gedeihliches Arbeiten behinderten. Sie zog dann natürlich andere mit in ihre Aktionen hinein. Ihre Vorderleute mussten immer damit rechnen, von hinten auf irgendeine Weise »angegriffen« und belästigt zu werden. Nach dem stehenden Gebet war der Stuhl verschoben, nach einer Antwort, zu der jeder aufstehen musste, lag etwas auf dem Sitz, das das Hinsetzen erschwerte und zu bösen Reaktionen führte und dann auch zu entsprechenden Reaktionen des Pastors. Es verging kaum eine Unterrichtsstunde, in der Rosi nicht eine Zeit lang hinten an der Wand zu stehen hatte, um über ihr störendes Verhalten nachzudenken. Dann flogen halt von hinten Papierkügelchen. Ab und an durfte sie schon einmal den Raum verlassen und draußen vor der Türe warten, bis sie wieder hereingerufen wurde.

In den Augen des Pastors war Rosi Brasch ein böses und verdorbenes Mädchen, das wegen seines üblen und respektlosen Verhaltens mit einiger Sicherheit nicht in den Himmel kommen werde, wie er das gelegentlich deutlich betonte.

Woher der das wohl wusste?, ging es Rosi dann jedes Mal durch den Kopf. Hatte der zu entscheiden, wer in den Himmel kam und wer nicht? Wenn der Mann einen besseren Unterricht machen würde, hätte er sicherlich auch mehr Ruhe in der großen Gruppe seiner jungen Leute. Und außerdem war sie nicht der einzige Störenfried. Einigen Mitkatechumenen könnte er ruhig auch öfter die Leviten lesen. Warum hauptsächlich ihr? Weil sie ein Mädchen war und Mädchen sich grundsätzlich anständiger zu verhalten hatten als Jungen?

Erst nachdem Hauptlehrer Teichmann Rosi einmal beiseitegenommen und ein sehr ernstes Wörtchen mit ihr gesprochen hatte – Pastor Hahne hatte sich in der Schule über das allgemein schlechte Betragen seiner jungen Leute beklagt und Rosi wohl als Hauptstörenfried dargestellt –, änderte das Mädchen sein Verhalten, und der Mann bekam weniger Ursache für erneute Beschwerden, zumindest was Rosi betraf.

Über eins brauchte sich Pastor Hahne allerdings nie zu beklagen: darüber nämlich, dass Rosi ein Faulpelz gewesen wäre. Die Texte, die zu lernen aufgegeben waren, konnte sie immer fehlerlos und ohne zu stocken aufsagen. Das Auswendiglernen fiel ihr leicht, und sie wollte die Aussagen und Erklärungen aus Luthers Kleinem Katechismus, die Bibelsprüche und die Texte der Lieder ja auch lernen. Auch die, die sie nicht verstand, obwohl der Pastor sie nicht so erklärte, dass sie sie verstanden hätte. Irgendwann würde ihr über die schwierigen Dinge ja vielleicht auch ohne den Pastor ein Licht aufgehen …

Rosis Schulklasse in Schwante (1948/49).
Rosi ist die 4. von links in der ersten Reihe;
in der letzten Reihe hinten links Lehrer Teichmann

So vergingen die beiden Jahre des kirchlichen Unterrichts und des parallel dazu stattfindenden Schulunterrichts der 7. und 8. Klasse für Rosi Brasch mit einer Menge an unterschiedlichen und wechselnden Erfahrungen und Erkenntnissen in vielen Dingen des gegenwärtigen und zukünftigen Lebens. Was ihr freilich in der Schule zuletzt immer weniger gefiel, war der neue politische Unterricht mit seiner »antifaschistisch-sozialistisch-kommunistischen Ausrichtung zur Erziehung von selbstständig denkenden und urteilenden Menschen«. Der begann und endete immer mit dem neuen »Pioniergruß«: Auf die Aufforderung des Lehrers »Seid bereit!« folgte die Antwort der Klasse »Immer bereit!«. Dabei ging es eigentlich nur darum, die Bereitschaft der Jungen und Mädchen vorzubereiten und zu festigen, die Mitgliedschaft in der Freien Deutschen Jugend zu erwerben. Für jeden jungen Bürger der SBZ müsse es selbstverständlich sein, mit 14 Jahren zur Förderung seiner eigenen kommunistischen Erziehung und einer guten vormilitärischen Ausbildung und zur Festigung seiner sozialistischen Persönlichkeit Mitglied in der Organisation für die deutsche Jugend zu werden. Die FDJ werde geprägt von deutsch-sowjetischer Freundschaft mit einer konsequenten Ausrichtung auf das Vorbild der Befreier aus dem Osten und ihr politisches System des Stalinismus und ihr wirtschaftliches System der Planwirtschaft, damit verbunden auf den Kampf gegen den verderblichen Kapitalismus und gegen den verwerflichen amerikanischen Imperialismus, der sich in Deutschland breitmache. Nur diese Ausrichtung garantiere den Wiederaufstieg des am Boden liegenden deutschen Volkes …

Rosi fand das hochgestochene neue Vokabular entsetzlich. Das war so theoretisch und deshalb so unverständlich. Dabei blieb ihr nichts anderes übrig, als sich dem Neuen zu stellen. Aber noch war sie ja nicht vierzehn. Dennoch war das Mädchen klug genug, um zu ahnen, dass es nicht gut sein konnte, laut dagegen zu opponieren und den Thesen des Unterrichts in diesem neuen Geiste des Marxismus-Leninismus zu widersprechen. Man hörte nämlich auch schon wieder, dass demjenigen, der sich gegen eine Anerkennung der »führenden Rolle« der Sowjetunion wehrte, der Vorwurf der »antisowjetischen Propaganda« gemacht wurde. Dieser Vorwurf führte bereits wieder zu Verfolgung durch die Einheitspartei und ihre Führer, die in ihrem Inneren wahrscheinlich einen eigenen deutschen Staat auf dem Boden der SBZ anstrebten. Wäre sonst der russische Vertreter aus dem Alliierten Kontrollrat in Berlin ausgetreten? Die wollten doch nur ihr eigenes deutsches Süppchen kochen …

In dieser Einschätzung war sich Rosi auch mit den Eltern einig. Denen gefiel die Entwicklung in der SBZ auch nicht. Übernahm die SED nicht den Druck auf die Leute, den früher die NSDAP ausgeübt hatte, nur dass die Denkrichtung diesmal anders war? Sie ging nicht mehr radikal nach rechts, sondern radikal nach links. Die Zukunft würde es zeigen, ob das so gut war, und es galt schon heute, in diesen Dingen wachsam und klug zu sein. Willi und Erna Brasch hielten sich in politischen Fragen sehr bedeckt. Sie waren gebrannte Kinder.

Aktuell ging es ohnehin zunächst einmal um Rosis Konfirmation, die traditionell für den Sonntag Palmarum geplant war, der im Jahr 1949 auf den 10. April fiel. Das sollte ein schöner Tag werden mit einem feierlichen Gottesdienst am Vormittag und einer gemütlichen Feier am Nachmittag in der kleinen Wohnung im Haus von Oma Elert. Aber da gab es zuvor noch einen unerwarteten Kampf auszufechten: Rosi hatte ihre Konfirmandenprüfung vor dem Kirchengemeinderat zwar mit Bravour bestanden, dennoch lehnte Pastor Hahne es ab, das Mädchen zu konfirmieren und damit zum heiligen Abendmahl zuzulassen. Was sollte das denn heißen? Was hatte er gegen Rosi? Die hatte ihn zwar häufig geärgert, was sie auch gar nicht abstritt. Immerhin hatte sie sich im zweiten Jahr des Unterrichts wesentlich verträglicher verhalten, was sie nachdrücklich betonte. Außerdem hatte sie sich mehrfach entschuldigt für ihr Verhalten. Und: Sie hatte immer alles gelernt. Kaum ein Junge oder Mädchen ihrer Gruppe hatte so viel geistliches Wissen im Kopf wie sie.

Rosi verstand die Welt nicht mehr. Sie geriet schier außer sich, heulte wie ein Schlosshund und schimpfte wie ein Rohrspatz auf die Frommen der Kirche, die von liebevoller Vergebung redeten, aber selbst keine Vergebung zu leben bereit waren. »Du musst mit dem Pastor reden, Mutti! Das kann der nicht machen! Er muss mich konfirmieren!«, forderte das Mädchen und drängte die Mutter zu einem Besuch im Pfarrhaus.

Erna Brasch nahm den Weg auf sich und verhandelte eine ganze Stunde lang mit dem Pastor. Sie tat das sehr geschickt, sodass dem Mann am Ende keine Argumente mehr übrig waren, die Konfirmation ihrer Tochter weiter abzulehnen. Pastor Hahne war am Ende sogar so weit »umgedreht«, dass er der Bittstellerin einen Stoff mitgab, aus dem sie ein Konfirmationskleid für ihre Tochter nähen konnte. Außerdem gab er ihr ein paar schwarze Halbschuhe, die Rosi sicher passen würden. Er habe diese Dinge in einem Carepaket vorgefunden, das ihm zugeschickt worden sei mit der Bitte, sie an eine bedürftige Konfirmandin weiterzugeben. Das wolle er hiermit tun. »Es tut mir wirklich leid, Frau Brasch«, verabschiedete er sich am Ende des Gesprächs. »Ich habe wohl ein wenig überreagiert. Kommen Sie an Palmarum gerne in die Kirche und bringen Sie Ihre Tochter zur Konfirmation. Ich

Die Kirche in Schwante   *Innenansicht der Kirche*

werde noch heute einen passenden Spruch für sie aussuchen, und Sie bereiten das Fest für Rosi vor.«

Das wollte Rosi nun gerne mit ihrer Mutti machen. Sie half ihr beim Nähen des Kleides und beim Beschaffen der Zutaten für ein würdiges Festessen und für den Kuchen, den es nachmittags geben sollte. Bei alledem geriet der Ärger der vergangenen Tage in Vergessenheit, und es kam große Vorfreude auf. Das Fest der Konfirmation konnte kommen.

Es begann schon am Vortag, als die Jungen im Schwanter Forst Kiefernzweige schnitten und das erste Grün holten, damit die Mädchen daraus Girlanden winden konnten. Damit gestalteten sie anschließend gemeinsam die Kirche ganz nach dem Wort aus Psalm 118,27: »*Schmücket das Fest mit Maien bis an die Hörner des Altars!*« Rosi Brasch half fleißig mit, den barocken Kanzelaltar an der Ostwand des Kirchenschiffes und die Säulen, die die Empore trugen, die Seitenabschlüsse der Bänke und die Brüstung der Hufeisenempore mit den grünen Girlanden zu behängen und zusätzlich mit weißen Schleifen zu verzieren.

Dabei ging es locker und fröhlich zu, und die Sache war von viel Gelächter und Gesang der jungen Leute begleitet. Nur war das Lied »*Sonntagsglocken läuten o so süß und fein, laden uns zum Feste unsers Gottes ein ...*« wohl etwas fehl am Platz. Welche Glocken sollten denn morgen läuten? Die Bronzeglocken waren zum Leidwesen der Gemeinde bereits 1942 zur Gewinnung von Metall für Kriegszwecke vom Turm geholt und eingeschmolzen worden. Die Mitglieder der frommen Familie von Redern, die das Patronat über die Schwanter Kirche innegehabt hatten, mussten sich vor Kummer und Gram darüber in ihren Gräbern in der Familiengruft umgedreht haben. Schleiereulen und Turmfalken hatten damit wohl weniger Probleme. Die liebten den Kirchturm und seine Stille. In großer Zahl hatten sie sich dort oben im Gebälk zu friedlicher Gemeinsamkeit eingenistet. Sie störten sich nicht daran, wenn unten im Kirchenraum Unruhe und Leben herrschte. Das ging ja jedes Mal bald wieder vorüber.

Als die jungen Leute mit ihrer Arbeit fertig waren, schauten die beiden Apostel »Petrus mit dem Himmelsschlüssel« und »Johannes mit dem Evangelienbuch« rechts und links der Kanzel – von dem Schwanter Maler Eduard Ockel vor vielleicht 80 Jahren in Öl gemalt – sehr zufrieden aus ihren hölzernen Rahmen. Und die nette Abendmahlsgesellschaft unterhalb des Kanzelkorbs, eine farbenprächtige Darstellung aus der zweiten Hälfte des 17. Jahrhunderts, schien sich darauf zu freuen, dass am folgenden Tag eine Reihe junger Leute in ihre Reihen aufgenommen werden sollte. Am meisten freute sich aber wohl der Christus am sogenannten »Triumph-Kruzifix« von 1599 darüber, dass junge Menschen bereit waren, ihren Glauben vor der Gemeinde zu bekunden und zu festigen. Hoffentlich taten sie es nicht nur mit den Lippen, sondern auch mit den Herzen.

Zumindest eine tat es nicht nur mit ihren Lippen. Rosi war während des Festgottesdienstes mit ganzem Herzen bei der Sache. Kein Wort der besonderen Liturgie dieses Tages und kein Wort der Predigt des Pastors über die Epistel des Sonntags aus Philipper 2,5-11 ging an ihr vorbei: »*Jesus – das Vorbild und der Maßstab christlicher Gesinnung.*« Jedes Wort der

Lieder sang sie ganz bewusst mit. »*Allein Gott in der Höh' sei Ehr und Dank für seine Gnade …*« und »*Gott ist gegenwärtig, lasset uns anbeten und in Ehrfurcht vor ihn treten …*« Die hübsche Konfirmandin in ihrem schwarzen Kleid mit dem weißen Kragen, mit dem kleinen, ziselierten Kreuz am Halskettchen und der Schleife im Haar – passend zur Schleifen-Dekoration des Kirchraums –, empfand in ihrem Innern ähnlich wie beim letzten Erntedankfest. Ja, Gott war da, spürbar und nah bei ihr, vor ihr, hinter ihr, neben, über und unter ihr, vielleicht sogar in ihr. Am tiefsten war diese Empfindung für Rosi, als sie vor dem Altar kniete und betend das Bekenntnis und persönliche Gelöbnis sprach, das ihre Mutti aus einem Lied des Schweizers Georg Joachim Zollikofer, der im 18. Jahrhundert als reformierter Prediger in Leipzig gewirkt und dort ein »Neues Gesangbuch« herausgegeben hatte, für sie ausgesucht hatte:

Lass mich, o Herr, in allen Dingen auf deinen Willen seh'n und mich dir weih'n; gib selbst das Wollen und Vollbringen und lass mein Herz dir ganz geheiligt sein. Nimm meinen Leib und Geist dir ganz zum Opfer hin; dein, Herr, ist alles, was ich hab' und bin.

Nein, das sollten nicht nur Worte eines feierlichen Momentes sein, das sollte ehrlicher Wunsch eines zutiefst angerührten Herzens sein. Rosi Brasch war so erfüllt von der Heiligkeit dieses Augenblicks, dass sie sich stark konzentrieren musste, um den Spruch nicht zu verpassen, den ihr Pastor Hahne unter Handauflegung zusprach, während sie vor dem Altar kniete: »So spricht der Herr Jesus Christus zu seinen Jüngern: ›*Selig sind die reines Herzens sind, denn sie werden Gott schauen*‹. Und so segne dich der allmächtige Gott, der Vater, der Sohn und der Heilige Geist. Amen. Gehe hin im Frieden des Herrn.«

Für einen Moment erschrak Rosi bei diesem Spruch. »*Reines Herzens*«? »*Gott schauen*«? Hatte sie nicht immer wieder ein böses Herz, aus dem böse Gedanken kamen? Die dann zu bösen Taten wurden, mit denen sie Gott und die Menschen betrübte? Hatte der Pastor ihr das nicht oft vorgehalten? Hatte er nicht mehrfach zu ihr gesagt, sie käme nie in den Himmel, wenn sie so weitermache? Sie wollte aber in den Himmel! Sie wollte ein reines Herz haben! Sie wollte Gott und den Menschen gefallen! Blitzartig schoss ihr das Psalmgebet in den Sinn:

Schaffe in mir, Gott, ein reines Herz und gib mir einen neuen, gewissen Geist. Verwirf mich nicht von deinem Angesicht und nimm deinen heiligen Geist nicht von mir. Tröste mich wieder mit deiner Hilfe und mit einem freudigen Geist rüste mich aus.

Im selben Moment, in dem Rosi diese Worte aus Psalm 51, 12-14 durch den Kopf gingen, wurde sie erfüllt von einer unbeschreiblichen Freude. Ebenso blitzartig wie dieser Text aufgetaucht war, traf sie die Gewissheit, dass Gott dieses Gebet erhört hatte. Er hatte soeben ihr Herz gereinigt. Sie hatte das ersehnte reine Herz. Ihr Geist war gewiss, dass sie es hatte. Der Himmel war ihr sicher, da konnte in Zukunft kommen, was wollte! Sie war ein Gotteskind! Von diesem Moment an war sie ein Gotteskind! Gottes Geist hatte das ihrem Geist soeben versichert.

Rosi erhob sich von ihrer Kniebank. Ihr war, als hätte sie dort eine ganze Stunde unter dem leuchtenden Angesicht Gottes verbracht. Dabei hatte ihre persönliche Einsegnung gerade mal eine Minute gedauert. Innerlich war sie voller Jubel und Dank, äußerlich beherrschte sie sich. Der Moment war zu heilig, um laut aufzujauchzen. Dass die Freudentränen liefen, konnte und wollte sie nicht verhindern. Sollte sich der Pastor ruhig wundern darüber, dass seine Konfirmandin ihn durch ihren Tränenschleier kaum sehen konnte, als er ihr die Hand gab und das schlichte Schmuckblatt mit ihrem Denkspruch überreichte. Sollten ihre Mitkonfirmanden von ihr denken, was sie wollten. Sollten sich die Eltern und Tante Carlchen, Oma Elert und ihre große Schwester Lilo als ihre Gäste und die übrige Gemeinde ruhig fragen, was denn mit ihr los sei. Ihre Tränen waren ganz einfach Tränen einer unbeschreiblichen Erleichterung ihres Herzens und Tränen eines unendlichen Glücks, und die mussten raus.

Wenn die Liedstrophe des Begründers des Leipziger Thomanerchores Nikolaus Selnecker am Schluss der Ein-

Konfirmandin Rosemarie Brasch am 10. April 1949

*Rosis Konfirmation:
v.l.n.r.: Oma Elert,
Tante Carlchen,
Vater Willi Brasch,
Rosi,
Mutter Erna Brasch,
Stiefschwester Lieselotte,
Kurt Rieck*

segnung für irgendjemanden zum Herzensgebet wurde, dann für das Mädchen Rosemarie Brasch:

Lass mich dein sein und bleiben, du treuer Gott und Herr, von dir lass mich nichts treiben, halt mich bei deiner Lehr. Herr, lass mich nur nicht wanken, gib mir Beständigkeit; dafür will ich dir danken in alle Ewigkeit.

Wie dieser Dank eines Tages praktisch aussehen würde, das würde sich zeigen. Auch darin war das Mädchen sich sicher. Zunächst aber ging es für sie um ihre erste Teilnahme am heiligen Abendmahl – herrlich, mit einem reinen Herzen Gottes Freundlichkeit »schmecken und sehen« zu können –, dann ging es darum, ihre »Reinigung« und »Erneuerung« mitzunehmen in die anschließende familiäre Feier in der heimischen Stube und in die kommende Zeit.

Die Feier verlief recht harmonisch mit einem guten Essen, zu dem es sogar ein Glas Wein gab – das edle Getränk hatte Vati Willi Brasch bei einem seiner Besuche in Berlin auf dem Schwarzmarkt erstanden –, mit vielen wehmütigen Erinnerungen an verlorene Meyenburger Zeiten, mit guten Gesprächen über den Gottesdienst im Allgemeinen und Rosis Zeugnis im Besonderen, mit einem anschließenden Spaziergang durch die erwachende Natur und mit einer schönen und gemütlichen abschließenden Kaffeetafel. An der nahm auch Kurt Rieck teil, ein Bekannter der Familie Brasch, der mehr oder weniger zufällig vorbeigeschaut hatte. Rosi mochte den jungen, gut aussehenden Medizinstudenten gern. Schade, dass der sich so selten in Schwante sehen ließ.

Gegen Abend mussten Tante Carlchen und Lilo leider schon wieder abreisen. Sie wollten noch am Abend an ihren Wohnorten ankommen. Schön, dass sie dabei sein und diesen besonderen Tag miterleben konnten. Kurt Rieck verabschiedete sich ebenfalls schon wieder. Oma Elert brauchte im Haus ja nur nach unten zu gehen, um in ihrer Wohnung zu sein.

Das Kreuz auf der Weltkugel

Für Rosi begann am nächsten Tag der harte Alltag mit der ersten Bewährungsprobe ihres frischen Glaubens. Sie war noch nicht ganz an der Schule angekommen, da wurde sie schon mit Fragen überhäuft. Was bei der Einsegnung mit ihr los gewesen sei, wieso sie denn geheult habe, ob sie etwa eine besondere Gotteserscheinung gehabt habe, ob der Pastor ihr den falschen Spruch ausgewählt habe … Es war für das Mädchen gar nicht einfach, diese Fragen richtig zu beantworten. Ihr fehlten die richtigen Worte dazu, und je mehr sie danach suchte, desto mehr geriet sie ins Stottern, desto peinlicher wurde ihr die Situation und desto ärgerlicher wurde sie auf die lästigen Fragesteller. Die kapierten doch sowieso nichts. Rosi ließ sie zuletzt einfach stehen und begab sich in den Klassenraum.

An den kommenden Tagen hielt sie sich immer ein wenig abseits von den anderen. Der offene und massive Widerspruch aus ihrer Klasse irritierte sie. Da hatten die Krakeeler sich allesamt konfirmieren lassen, und in den Tagen danach waren die zwei Vorbereitungsjahre und die Konfirmation selbst nichts anderes mehr als Blödsinn und rückwärtsgewandtes frommes Gemache!? Als dann auch noch ihr Lehrer Teichmann sie auf ihre neue Frömmigkeit ansprach, wurde sie vollends unsicher, ob es nicht tatsächlich nur der besondere Augenblick in der Kirche gewesen war, der sie angerührt und dem sie sich hingegeben hatte. Musste ihr Denken, Fühlen und Wollen in der neuen Zeit der SBZ unter der deutsch-sowjetischen Freundschaft nicht tatsächlich in eine ganz andere Richtung gehen? Wie hatte Herr Teichmann gesagt? »Du wirst demnächst 14, Rosi. Die FDJ wartet auf dich. Du bereitest dir Schwierigkeiten an der Oberschule in Velten, wenn du dort das fromme Mädchen spielst. Christlicher Glaube und Sozialismus lassen sich nicht miteinander vereinbaren. Du bist doch ein kluges Kind. Überleg dir gut, was du willst und was du tust. Deine Zukunft hängt davon ab.«

Zu Rosis Trost und zu ihrem Glück dachten nicht alle

Jungen und Mädchen ihrer Klasse so wie die Mehrheit ihrer Mitschüler. Nur hielten die sich in den immer häufiger werdenden politischen Diskussionen weitgehend zurück und überließen den FDJlern meist das Reden. Gut, dass die Zeit in der Schwanter Schule nun auch zu Ende ging. In der Oberschule Velten gab es sicher eine ganz andere Zusammensetzung der neuen Klasse und die Möglichkeit, auf einer anderen Ebene miteinander zu reden. Dazu deutete sich an, dass es demnächst in der Kirchengemeinde Schwante einen christlichen Jugendkreis geben sollte. Ein junger Mann, Günter Goldschmidt, wollte ihn gründen und leiten. Den Anstoß dazu hatte er auf einer Rüste auf dem Michaelshof in Gehlsdorf bei Rostock erhalten, zu der der Landesjugendpastor in Mecklenburg, Friedrich Franz Wellingerhoff, junge Männer eingeladen hatte, die sich mit dem Gedanken trugen, einmal als Pastoren oder Diakone in den hauptamtlichen Dienst der Kirche zu treten. Von Günter hatte Rosi schon gehört, und gesehen hatte sie ihn auch schon. Der hatte häufig im Gottesdienst gesessen. Ein hübscher, sportlicher Junge, der Kontakte zu einer Bibelschule in Süddeutschland haben sollte. Rosi beschloss, sich diesem Jugendkreis anzuschließen, sobald er gegründet würde. Das konnte für ihren Glauben nur gut sein. Da konnte sie sicher auch lernen, wie sie sich in politischen Diskussionen klug und richtig verhielt. Leider zog sich die Sache aber noch hin.

Mit dem Wechsel an die Oberschule in Velten bekam der Tag für Rosi Brasch ein ganz anderes Gesicht. Sie musste jetzt morgens sehr früh aus dem Haus, um den Zug in die südlich gelegene Nachbarstadt zu erreichen. Bereits kurz nach 6.00 Uhr machte sie sich auf den 40-minütigen Fußweg zum Bahnhof, dann folgten 20 Minuten Bummelzugfahrt, danach noch einmal 20 Minuten Fußweg zur Oberschule. Unterrichtsbeginn war um 7.45 Uhr. Nachmittags der entsprechende Rückweg. Gegen 15.00 Uhr war Rosi wieder zu Hause. An den Tagen, an denen es nachmittags auch noch Unterricht gab, kam sie erst gegen 18.00 Uhr wieder zurück. Da blieb leider keine Zeit mehr für Nebentätigkeiten im Gartenbaubetrieb, in der Imkerei und an anderen Orten. Die hatte das

Mädchen im letzten Schwanter Schuljahr nach dem Unterricht immer wieder gesucht und gefunden, um ein wenig Taschengeld in der neuen Währung der SBZ zu verdienen. Ein paar eigene »DM der Deutschen Notenbank« im Portemonnaie zu haben und für sich selbst verwenden zu können – seit Juni 1948 gab es die alte »Reichsmark« nicht mehr –, das war schon was. Schade, dass das nun nicht mehr möglich war. Der Schulbesuch in Velten, der sogenannten »Ofen-Stadt«, in der jährlich in verschiedenen Fabriken Tausende von Kachelöfen produziert wurden, war nämlich teurer als der im Dorf.

Gut war es, dass die alte Nähmaschine dank Vatis Pflege weiterhin funktionierte und die Mutti so durch manche Näharbeit für Menschen aus Schwante und Vehlefanz der Haushaltskasse aufhelfen konnte. Gut war es auch, dass der Vati inzwischen etwas mehr Geld verdiente, weil er zu seinen Aufgaben als Friedhofsgärtner auch noch in anderen Bereichen tätig sein konnte. Zum Beispiel musste er vor Bauern, die infolge der Enteignung der Gutsbesitzer und der Aufteilung ihrer Flächen zu eigenem Land gekommen waren, immer wieder Vorträge zur Saatgutgewinnung und zum Pflanzenschutz halten.

Hilfreich war es auch, dass immer wieder einmal Post aus Göttingen kam. Von dort hatte sich Rosis Cousine Fidele von Harrach gemeldet. Die hatte dort ihre neue Heimat gefunden und schickte gelegentlich Pakete und Geld, um ihre Verwandten im ärmeren Teil Deutschlands zu unterstützen. Den Menschen in den westlichen Besatzungszonen ging es nämlich inzwischen um einiges besser als denen in der SBZ. Was es jenseits der Ostzone in den Geschäften für die neue »DM« = »Deutsche Mark« schon alles zu kaufen gab, konnte einen neidisch machen. Die alliierten Besatzer waren dort offenbar anders mit Land und Leuten umgegangen, als es die Russen in ihrer Zone getan hatten. Dort wurde die politische, wirtschaftliche, kulturelle und gesellschaftliche Entwicklung gefördert. Hier wurden alle Initiativen ausgebremst, die nicht den russischen Leitlinien entsprachen. Die Westzone hatte sogar seit Mai schon ein neues Grundgesetz, eine Verfassung. Die Gründung des West-Staates Bundesrepublik Deutschland war wohl nur noch eine Frage des Zeitpunktes.

Und was würde dann einmal aus der SBZ? Auch ein eigener Staat? Wenn, dann konnte das nur ein totalitäres System sein, in dem alles Leben von der stalinistischen Staatstheorie der Volksdemokratie bestimmt würde. Bauern und Arbeiter sollten dieser Theorie nach über die »Bourgeoisie« herrschen. Die »Diktatur des Proletariats« mache dann den Staat aus. In der Realität wäre das aber wohl eher so, dass das Volk nicht viel zu sagen hätte, sondern nach den Vorgaben weniger Leute funktionieren müsste. Die Zeit würde es lehren. Vati Brasch kam ja inzwischen in Brandenburg herum und war auch häufig in Berlin. Er brachte zuweilen Neuigkeiten mit, die für die Zukunft allerdings wenig Gutes ahnen ließen.

Für Rosi lagen solche Probleme eher außerhalb ihres Interesses. Sie freute sich mehr darüber, dass sie in Velten auf neue Altersgenossen traf und dass die Schulspeisung besser funktionierte als in der Dorfschule Schwante. So gab es für sie wenigstens an den Schultagen mit Nachmittagsunterricht eine zusätzliche warme Mahlzeit, zwar sehr bescheiden nach Quantität und Qualität, aber doch besser als gar nichts.

Zu lernen gab es für Rosi auch völlig neue Dinge. Hatte sie in den letzten beiden Jahren in Schwante schon ein wenig Russisch gelernt, ging es jetzt mit dieser Sprache richtig los. Russisch musste man können, um an den Errungenschaften der deutsch-russischen Freundschaft teilhaben zu können. Dazu kam Latein bei »Gallus«, dem »Hahn«, dem Mann mit der roten Glatze und einer Hakennase, wie weiland Caesar sie gehabt haben sollte. Der »Gallus« war ein interessanter Mensch und machte einen ansprechenden Unterricht! Dass der Stoff in den anderen Fächern schwieriger wurde, war zu erwarten. Es ging ja auch darum, eines Tages das Abitur zu machen und die Zulassung zum Hochschulstudium zu erwerben. Dieses Ziel anzustreben lohnte sich und die Aufgaben waren zu bewältigen, zumal die Oberschule in Velten durchweg gute Lehrer hatte.

In Mathematik musste Rosi freilich ein wenig kämpfen. Mathe war nicht ihr Fach. Sport war es da schon eher. Sport gehörte zu ihren Lieblingsfächern, wenn es nicht gerade um die Disziplinen der Leichtathletik oder um Barrenturnen ging. Das Turnen an den Ringen, am Reck und an Kasten und Pferd und das Bodenturnen – diese Disziplinen lagen der Oberschülerin, da war sie selbst mit ihrer Leistung ebenso zufrieden wie ihre Sportlehrerin. Die war außerdem zugleich Zeichenlehrerin und in der Regel auch hier mit Rosis Arbeiten sehr zufrieden.

Den Politikunterricht hätte es freilich nicht unbedingt geben müssen. Dieses trockene Zeug über den Marxismus-Leninismus, die Diktatur des Proletariats und das dazugehörige Denken sowie Handeln sowie über das Arbeiten in Landwirtschaft, Handwerk und Industrie nach vorgegebenen Fünfjahresplänen im Rahmen der deutsch-sowjetischen Freundschaft und so weiter, und so weiter ...! Die zwangsläufigen Diskussionen um die Notwendigkeit von Religion in diesem System hielten sich zum Glück in Grenzen, solange nicht jemand allzu laut von persönlichem Glauben und Beziehung zu Gott sprach und damit auch noch Werbung machte, um andere für sein völlig anderes Denken zu gewinnen.

Schwierig wurde es besonders in Biologie. Was der Lehrer da von Evolution, von Darwin'scher Abstammungslehre und von Selektionstheorien erzählte, das war schon merkwürdig und haarsträubend. Wollte der wirklich vom Affen abstammen und sich aus irgendwelchen niederen Lebensformen entwickelt haben, die natürlich längst ausgestorben waren? Es war für christlich orientierte Schüler schwierig, dieser Lehre zu folgen und die biblische von der Schöpfung aller Dinge dagegenzuhalten. Da wurde man in endlose Diskussionen verwickelt und erntete doch nur Unverständnis, Gelächter und Ablehnung.

Rosi erhob bei solchen Themen dennoch gerne ihre Stimme. Sie empfand diese Lehren als der Würde des menschlichen Lebens völlig unangemessen, als verstandesmäßig unlogisch und lediglich konstruiert von Leuten, die keinen Gott über sich ertragen wollten. Den hätten sie ja als ihren Schöpfer anerkennen müssen. Sie hätten sich als Ton empfinden und annehmen müssen, der in der Hand eines Töpfers lag, damit der das richtige Gefäß daraus forme, wie es die Bibel ausdrückte. Zugegeben, einem Sozialisten konnten solche Gedanken nicht ins Konzept passen.

Rosi dagegen betrachtete sich als Geschöpf Gottes in einer Welt, die seine Schöpfung war, das Ergebnis seines göttlichen »Es werde …!«, und diese innere Gewissheit vertrat sie vehement. Zum Glück gab es noch andere, zum Beispiel Christa und Christine, die auch gegen die gottlosen Lehren Darwins opponierten. Es tat gut, in den manchmal hitzigen Diskussionen und Auseinandersetzungen nicht allein zu sein. Schon die Namen der beiden Mädchen wiesen auf ihren geistigen und geistlichen Hintergrund hin. Da störte es nicht, dass sie als katholische Mädchen manches anders sahen und glühende Marien- und Heiligenverehrerinnen waren. In der Frage des Glaubens an Gott, den Schöpfer Himmels und der Erde, waren die drei sich einig. Da ließen sie sich auch verlachen und verspotten. Wenn die anderen in ihrem Leben vom Zufall und vom blinden Schicksal abhängig sein wollten und wenn sie am Ende ihres Lebens lediglich zu Staub und Asche zerfallen oder auch irgendwo im Nichts verschwinden wollten, so sollten sie doch. Sie drei freuten sich jedenfalls, an ihrem Lebensende zurückkehren zu können zu dem Gott, von dem sie auch herkamen, um für die Ewigkeit bei ihm Wohnung zu nehmen, wie es zum Beispiel Jesus Christus nach dem Johannesevangelium seinen Leuten gesagt hatte:

Glaubet an Gott und glaubet an mich! In meines Vaters Hause sind viele Wohnungen. Wenn's nicht so wäre, so wollte ich zu euch sagen: Ich gehe hin, euch die Stätte zu bereiten. Und wenn ich hingehe, euch die Stätte zu bereiten, so will ich wiederkommen und euch zu mir nehmen, auf dass ihr seid, wo ich bin.

Es wurde Sommer, bis sich der längst geplante Schwanter Jugendkreis zum ersten Mal als »Junge Gemeinde« im Pfarrhaus traf. Beinahe 30 junge Leute aus dem letzten und aus früheren Konfirmandenjahrgängen, mehr Mädchen als Jungen, hatten dieses Wochenende herbeigesehnt, Rosi Brasch mittendrin. Sie alle suchten offenbar einen Ausgleich für die ständig zunehmende politische Beeinflussung und Bevormundung seitens der SED und der FDJ. Den Ausgleich hofften sie in dem neuen Jugendkreis zu finden. Günter Goldschmidt wollte ihnen den auch gerne verschaffen und einen geistig-geistlichen Gegenpol bieten, und er war selbst froh, endlich mit dieser Arbeit beginnen zu können.

Voller Freude griff er an diesem in verschiedener Hinsicht herrlichen Sonntagnachmittag in die Saiten seiner Gitarre und begrüßte seine Jugendkreisler mit einem nagelneuen Lied, das er ganz frisch von Willi Resch, dem Leiter der Rüst-zeit- und Tagungsstätte der evangelischen Jugend in Mansfeld, mitgebracht hatte. Welch ein Lied! Besser hätte niemand die Lage, die Sehnsucht, den Auftrag der evangelischen Jugend in der SBZ in Worte fassen können. Die Strophen hatten es in sich:

Wir jungen Christen tragen ins dunkle deutsche Land ein Licht in schweren Tagen als Fackel in der Hand.

Das Kreuz ist unser Zeichen, den Sieg gibt er allein. Hier gilt kein schwaches Weichen, Herr, schließe fest die Reih'n.

Herr, stärke uns den Glauben, sei unsrer Reinheit Schild! Will sie der Teufel rauben, bewahre uns dein Bild.

Du gibst uns Kraft zu tragen der Menschen Hohn und Spott. Wir wollen weitersagen, was endet alle Not.

Christ wird das Feld behalten in jener letzten Zeit. Sein Gnade möge walten auch unsre Ewigkeit.

Ein wunderbarer Text! Den wollten sich die jungen Leute nachher aufschreiben, um ihn sich möglichst bald auswendig in die Köpfe und unauslöschlich in die Herzen einzuprägen. Bei den letzten beiden Strophen summten sie die schlichte und so herrlich eingängige Melodie bereits begeistert mit. Den Refrain konnten sie schon auswendig mitsingen:

Wir wollen Königsboten sein des Herren Jesus Christ, der frohen Botschaft heller Schein uns Weg und Auftrag ist.

In einer anschließenden Bibelarbeit erläuterte Günter Goldschmidt den jungen Leuten die Aussagen dieses Liedes in ihrem biblischen Zusammenhang. Am wichtigsten sei es, das Kreuz Jesu immer vor Augen zu haben. Nur unter dem Kreuz gewinne der Mensch die Kraft, den Widerstand der Welt zu ertragen, der seinen Ursprung in den unberechen-

Pfarrhaus in Schwante, Treffpunkt der Jungen Gemeinde

baren Machenschaften des Teufels habe und der sich wider-
spiegele in der Torheit der Welt und ihrer vermeintlich klugen
Leute. Von denen gebe es leider auch in ihrem Land immer
mehr. Denen sei das Wort vom Kreuz eine Torheit wie allen,
die verloren werden. So habe es der Apostel Paulus im 1. Korintherbrief 1,18 sehr knapp und prägnant formuliert: »*Das
Wort vom Kreuz ist eine Torheit denen, die verloren werden; uns
aber, die wir selig werden, ist's eine Gotteskraft.*«

Rosi Brasch sog die Worte des jungen Mannes auf wie ein tro-
ckener Schwamm das Wasser. Gerne sprach sie den Paulus-
Vers mit, den Günter Goldschmidt ein paar Mal wiederholen
ließ. Und gerne machte sie das Lied von Willi Resch noch am
selben Tag zu ihrem Lieblingslied. Das drückte ihr Empfinden
aus, das gab ihr Bekenntnis wieder, das formulierte in feiner
Weise ihre Lebenseinstellung. Einigen anderen aus der
Gruppe ging es wohl ebenso. Man sah es ihren Gesichtern an
und spürte es an der Weise, wie sie innerlich an der Bibelarbeit beteiligt waren.
    Wie sie wohl mit der Frage umgingen, ob sie bereit seien,
sich das Zeichen der Jungen Gemeinde, das Kreuz auf der
Weltkugel, anzuheften und öffentlich zu tragen? Ja, Rosi

Mitglieder der Jungen Gemeinde Schwante.
In der Mitte Günter Goldschmidt;
Rosi schaut ihm durch die Beine

wollte gerne darüber nachdenken und auch um Klarheit beten, ob sie die Kraft hätte, dieses Zeichen öffentlich zu tragen und sich selbst dadurch als bekennende Christin darzustellen. Am Erntedanksonntag wollte Günter in einer besonderen Weihestunde die ersten Abzeichen ausgeben. Vorher wollte er aber mit jedem Interessenten ein Gespräch über seinen Glaubensstand und über seine Entscheidung für das Zeichen führen.

Rosi gehörte zu den etwa fünfzehn jungen Leuten, die dieses Gespräch mit ihrem Leiter suchten, während andere sich weitere Bedenkzeit erbaten. An einem der letzten Septembertage saßen die beiden eine ganze Weile zusammen und sprachen offen über die Folgen, die das öffentliche Tragen des kleinen Silberzeichens mit dem Kreuz auf der Weltkugel haben konnte. Hohn und Spott seien nur kleine Dinge. Es könne auch schlimmer kommen. Er wisse von jungen Leuten, denen man den Oberschulabschluss verweigert hatte oder die von der Hochschule verwiesen worden waren. Für bekennende Christen stand das Recht der freien Berufswahl auf dem Spiel und in besonderen Fällen sogar die Freiheit.

»Möchtest du immer noch Mitglied der Jungen Gemeinde

werden?«, fragte GeGe, wie die jungen Leute ihren Gruppenleiter inzwischen nannten, gegen Ende des Gesprächs.

Rosi schaute für ein paar Sekunden zu Boden, als sei es ihr peinlich zu antworten oder als sei sie noch unschlüssig. Dann hob sie ihr Gesicht und sagte mit strahlenden Augen: »Ich bin bereit, auf mich zu nehmen, was kommen kann. Ja, ich möchte das Kreuz als Zeichen der Jungen Gemeinde tragen.«

»Dann bist du dir sicher, dass Jesus Christus in deinem Herzen ist?«

»Ich bin mir sicher«, bestätigte Rosi. »Ich habe ihn quasi gegessen wie ein Stück Kuchen.«

»Das ist gut so, Rosi«, freute sich GeGe. »Und was ist mit der Sünde in deinem Leben?«

Das Mädchen dachte einen Moment nach. »Sünde? Ich bin eine Sünderin, Günter, und ich werde es ewig bleiben. Aber ich bin eine begnadigte Sünderin. Mein Schuldbrief ist zerrissen. Bei dem Apostel Petrus steht: ›*Christus hat meine Sünde selbst hinaufgetragen an seinem Leibe auf das Holz, auf dass ich, der Sünde abgestorben, der Gerechtigkeit lebe; durch seine Wunden bin ich heil geworden*‹. Das ist so, und das soll auch ewig so bleiben.«

»Ein bisschen umformuliert, aber richtig. Schön! Ich freue mich, Rosi. Ich weiß auch schon, welches Leitwort ich dir auf deinen Weg als Glied der Jungen Gemeinde mitgebe.«

»Dann sag schon, welches?«, wollte das Mädchen jetzt wissen.

»Wird noch nicht verraten«, lachte Günter. »Am Sonntag weißt du es.«

»Na, min lütte Pummi, welches Wort begleitet dich als Mitglied der Jungen Gemeinde?«, fragte Willi Brasch, als Rosi am Abend des Erntedanksonntages nach Hause kam. Dabei sah der Mann bei Weitem nicht so glücklich aus wie seine Tochter. Ihm schien Rosis Entscheidung, künftig das Kreuz auf der Weltkugel öffentlich zu tragen, gar nicht recht. »Ob das Abzeichen dir Glück bringt?«

»Das ist kein Glücksbringer, Vati«, wies Rosi die Frage entschieden zurück. »Das ist ein Bekenntniszeichen.«

»Dass dir das Bekenntnis mal nicht zum Schaden wird,

Kind«, sorgte sich der Vater. »Du müsstest es ja nicht so offen zeigen. Wenn es in unserem Teil Deutschlands demnächst einen Staat gibt, dann ist der atheistisch, ein Staat ohne Gott.«

»Gerade in einem Staat ohne Gott braucht es Bekenntnis für Gott, Vati«, widersprach die Vierzehnjährige. »Und was ist ein Bekenntnis wert, das einer nur in sich trägt oder auf der Bluse unter der Jacke und das er vor seiner Umgebung geheim hält, Vati? Sag es mir.«

»Es bewahrt dich vor Widerstand und Anfeindung und Repressalien. Die Sozialisten sind gottlose scharfe Hunde«, antwortete Willi Brasch.

»Davor bewahrt mich das Leitwort, das Günter mir ganz persönlich zugesprochen hat.«

»Dann sag es uns«, bat die Mutter, die die kritische, weil besorgte Haltung ihres Mannes kannte, die sie aber nicht unbedingt teilte.

»Zwei Verse aus Jesaja 43. Ich kann sie schon auswendig.« Rosi strahlte ihre Eltern an. Das Wort schien ihr wirklich Gelassenheit zu geben angesichts der Dinge, die kommen konnten, und es schien sie wirklich glücklich zu machen. Sie zitierte:

Und nun spricht der Herr, der dich geschaffen hat, Jakob, und dich gemacht hat, Israel: Fürchte dich nicht, denn ich habe dich erlöst; ich habe dich bei deinem Namen gerufen; du bist mein! Denn so du durch Wasser gehst, will ich bei dir sein, dass dich die Ströme nicht sollen ersäufen; und so du ins Feuer gehst, sollst du nicht brennen, und die Flamme soll dich nicht versengen.

Das Mädchen ließ das Prophetenwort ein wenig wirken, dann fügte sie an: »Günter hat für ›Jakob‹ und ›Israel‹ ›Rosi‹ eingesetzt. Der Zuspruch gilt mir ganz persönlich. Warum also sollte ich mich fürchten vor irgendwas, was kommen könnte?«

»Deinen Glauben und deine Zuversicht in Gottes Ohr, Kind«, seufzte der Vater leise auf und wechselte das Thema. Er hatte am Nachmittag von einem Bekannten eine brandneue Information erhalten. Eine Andeutung hatte er ja bereits gemacht: In den nächsten Tagen, nämlich am 7. Oktober, werde als Gegenstück zur Bundesrepublik Deutschland im Westen hier im östlichen Teil des Landes die Deutsche Demokratische Republik proklamiert, ein atheistischer Staat nach sowjetischem Vorbild. Mit der Regierungsbildung sei Otto Grotewohl beauftragt, und Wilhelm Pieck werde wohl der erste Präsident der neuen DDR.

Das war nun ein Thema, das die drei Braschs für den Rest des Abends beschäftigte, wobei es für Rosi klar war, dass auch diese Dinge allesamt in Gottes Ohr gehörten. Abgesehen davon galt ja, was auch in der Bibel stand: *»Jedermann sei untertan der Obrigkeit, die Gewalt über ihn hat. Denn es ist keine Obrigkeit ohne von Gott; wo aber Obrigkeit ist, die ist von Gott verordnet.«* Dieser Obrigkeit wollte sie wohl gerne so lange gehorchen, wie sie sich nicht offen gegen göttliches Gebot stellte. Das war freilich zunächst einmal abzuwarten.

Das gemeinsam getragene Kreuz auf der Weltkugel schweißte die christlichen Jungen und Mädchen in Schwante von diesem Erntedanktag an zusammen, machte sie zu einer verschworenen Gemeinschaft und machte die »Junge Gemeinde« zu einem Ort der gegenseitigen Zuflucht und zu einem Hort der Geborgenheit in schwierigen Situationen, die jeder von ihnen in zunehmendem Maße zu bestehen hatte in dem neuen Staat und seiner Gesellschaft, in der Christen mehr und mehr unerwünscht waren und heimlich und auch offen angegriffen und bekämpft wurden.

In der folgenden Zeit unternahmen die jungen Leute vieles gemeinsam. Kaum ein Sonntag, den sie nicht gemeinsam verbrachten mit Bibellesen, Beten und Singen. *»Lasst die Küstenfeuer brennen, lasst sie leuchten weit hinaus, denn sie zeigen manchem Schiffer sicherlich den Weg nach Haus!«* oder *»Fröhlich zieh ich meine Straße hier durch dieses Pilgertal; meinen Herrn ich nimmer lasse, er beschirmt mich überall. Mag manch wilder Sturm auch toben, der mich zu verderben droht, gläubig blicke ich nach oben, bin getrost in Not und Tod.«*

Diese und andere Lieder wurden auch gesungen bei Treffen mit anderen Jugendkreisen in den Nachbarorten, auf Wanderungen und Fahrradtouren, bei Ausflügen zum Kremmer See – im Sommer zum Schwimmen und Bootfahren und im Winter zum Schlittschuhlaufen –, auf Besuchstour mit Gitarren, Flöten und Stimmen bei alten und kranken Mitbürgern, bei Wochenendrüsten in Gemeindehäusern und Rüstzeitheimen der nahen und weiteren Umgebung.

Günter Goldschmidt war der Mittelpunkt und ruhende Pol der Gruppe, die von Monat zu Monat wuchs. Allerdings war nicht jeder Jugendliche bereit, sich das silberne Abzeichen anheften zu lassen. Darin übte der Jugendleiter auch keinerlei Druck aus. Glaube und Zuversicht und Bekenntnisfreudigkeit waren unterschiedlich ausgeprägt. Daran nahm niemand Anstoß. Das zu akzeptieren, war selbstverständlich. Wichtig war, dass die jungen Leute sich um Gottes Wort scharten und jeder dieses Wort in seiner Weise in dem eigenen Leben umzusetzen versuchte, ganz im Sinne der »Königsboten-Hymne«.

Rosi Brasch war darin in allen Dingen sehr bemüht. Es verging kaum ein Tag, an dem sie das Lied von Willi Resch nicht summte oder sang, an dem sie sich ihr Leitwort aus Jesaja 43 nicht vor Augen stellte, an dem sie nicht mit den Eltern, besonders mit dem Vater, oder mit einer ihrer Mitschülerinnen über ihren Glauben sprach. Dabei achtete sie sehr darauf, dass sie ihre schulischen Verpflichtungen nicht vernachlässigte. Es sollte ihr niemand den Vorwurf machen können, sie behindere durch ihre Frömmigkeit ihren schulischen Fortschritt. Was sie zu lernen und zu leisten imstande war, das lernte und leistete sie. Das zahlte sich auch aus. Rosi war unter ihren Schulkameraden beliebt trotz ihrer »frommen Spinnereien«, und auch bei ihren Lehrern und Lehrerinnen war das lange Zeit so. Sie schloss sich ja als »fromme Spinnerin« nicht aus, wenn es in der Klassengemeinschaft um irgendwelche Ulkereien und Streiche ging. Die durften nur nicht gegen die menschliche Würde und Ehre und gegen Leib und Leben gerichtet sein. Wenn sich eine Aktion einmal in diese Richtung entwickelte, dann widersetzte sie sich allerdings heftig. Dann konnte ihr altes Temperament schon einmal mit ihr durchgehen.

So passierte es in der vorletzten Klasse der Oberschule wenige Wochen vor Ende des Schuljahres. Da war Klassenkamerad Helmut, den Rosi eigentlich mochte. Ein liebenswerter Junge, wenngleich nicht christlich interessiert. Warum musste auch ausgerechnet er über die Stränge schlagen, auf eine unerträgliche Weise provozieren, aus einer Mücke einen Elefanten machen und andere Meinungen mit wüsten Beleidigungen niedermachen? Rosi ertrug es nicht. Sie rastete aus und prügelte sich vor der Klasse mit diesem Kerl, dass die Fetzen flogen.

Die beiden lagen gerade recht zerzaust zwischen Tafel und Lehrertisch, alle anderen drum herum, als »Gallus« den Raum betrat. Peinlich, peinlich! Und äußerst ärgerlich! Für den Lateinlehrer wurde der Vorfall zum Anlass, die fromme Rosi Brasch vor die Klasse zu stellen und wortreich einen Riesenkessel Häme über ihr auszuschütten. Da nahm der Mann kein Blatt vor den Mund und ließ an allem Christlichen nicht die Spur von etwas Gutem und Sinnvollem. So werde es wohl immer kommen: Die Träger rückwärtsgewandter und staatsfeindlicher Zeichen würden und müssten sich zwangsläufig über kurz oder lang selbst entlarven und persönlich ad absurdum führen. Die, die glaubten, sie seien für die Ewigkeit gerettete Leute, seien realiter nur dann noch zu retten, wenn sie sich zum Sozialismus bekehrten und in ihm ihr Heil suchten.

Nach Helmuts Anteil an dem handfesten Streit fragte er bei seiner Verbalattacke gegen das bedauernswerte Mädchen nicht. Der war ja auch bekennender FDJler mit dem richtigen Signum an seiner Jacke und der korrekten inneren Einstellung und äußeren Haltung gegenüber dem Staat. Dabei zeigte sich der junge Mann, wie übrigens auch alle anderen in der Klasse, in dieser besonderen Situation als Feigling und Opportunist. Genau diese Begriffe zischte Rosi ihrem Klassenkameraden mit hochrotem Kopf und mit funkelnden Augen zu, als sie an ihm vorbeimusste. Der Junge grinste nur schadenfroh zurück und suchte dabei wohl Tränen im Gesicht des so gemaßregelten Mädchens.

Aber den Gefallen tat Rosi dem »Gallus« nicht und auch Helmut und den anderen Elftklässlern nicht. Nein, keine

Tränen! Kein äußeres Zeichen der inneren Empfindung! Dabei hätte Rosi natürlich am liebsten losgeheult und wäre gerne nach draußen gerannt. Nein, sie beherrschte sich und rang sich sogar dazu durch, sich bei »Gallus«, bei Helmut und der Klasse für ihr Verhalten zu entschuldigen. Sie sehe ein, dass sie sich als Christin falsch und als Trägerin ihres Bekenntniszeichens unwürdig verhalten habe. Es werde nicht wieder vorkommen, dass sie ihrem Glauben und ihrem Herrn Jesus Christus auf diese Weise Unehre mache.

»Gallus« registrierte die Entschuldigung nur mit einem hämischen Grinsen und der Aufforderung, mit einem Mädchen aus der letzten Reihe den Platz zu tauschen. Dann begann er seinen Unterricht, als wäre nichts gewesen, allerdings auch, als gebe es die Schülerin Rosemarie Brasch nicht mehr. Sie ertrug es schweren Herzens, innerlich betend und hoffend, dass der Lateinlehrer seine berechtigte Kritik an ihrem Verhalten nicht wirklich zur Ablehnung ihrer Person machen würde, dass er den Vorfall nicht in die Beurteilung ihrer schulischen Leistung einfließen ließ und er mit der Geschichte bei den anderen Lehrern nicht hausieren ging. Sie hatte sich bisher nie etwas zuschulden kommen lassen …

Schwester Rosemarie

Doch dann kam es ganz anders, als es an jenem Tag absehbar gewesen war. Am 1. Februar 1953 fand sich die siebzehnjährige Rosemarie Brasch als Quereinsteigerin an der Medizinischen Fachschule in Potsdam wieder. Die Geschichte um die Keilerei mit Helmut hatte »Gallus« genau dazu genutzt, dem Mädchen sein schulisches Dasein in Velten gründlich zu vergällen. Er war mit der an sich banalen Sache tatsächlich im Kollegium hausieren gegangen, und andere Lehrer – mit Ausnahme ihrer Zeichen- und Sportlehrerin – hatten sein abweisendes Verhalten übernommen. Rosi war im Unterricht mehr und mehr isoliert worden, auch von den meisten Klassenkameraden, ausgenommen von Christa und Christine, den beiden katholischen Mädchen, und wenigen anderen. Aber deren Freundlichkeit hatte die mehr oder weniger offene Ablehnung der anderen nicht ausgleichen können.

Dennoch hatte Rosi ihr Kreuz auf der Weltkugel weiterhin tapfer getragen, aber schließlich beschlossen, die Schule ohne Abschluss zu verlassen. GeGe hatte ihr nach vielen Gesprächen über die Lage zu diesem Schritt geraten. Den letzten Anstoß aber, tatsächlich die Vorbereitung auf das Abitur abzubrechen, hatte ein Buch über die Diakonisse Eva von Tiele-Winckler gegeben.

Die Lebensgeschichte und das Lebenswerk der »Mutter Eva«, wie die adelige Frau aus dem oberschlesischen Miechowitz genannt wurde, hatte Rosi zutiefst beeindruckt. So wie diese Frau wollte sie werden, sich liebend kümmern um Arme und Kranke und um verlassene und heimatlose Kinder. Sie wollte nach dem Vorbild dieser besonderen Frau »Königsbotin« sein, ihr »Küstenfeuer« brennen lassen und in Reinheit und Gehorsam Christus dienen, und das im dunklen Kleid und weißer Haube. Ja, Rosi wollte Diakonisse werden und das Motto dieser Frau in ihrem eigenen Leben umsetzen, wie Gott es dann auch führen würde: »Verlange nichts, gib alles, duld' und schweige; das Opfer nicht, nur deine Liebe zeige.«

*Rosi Brasch während ihrer Ausbildung
zur Hilfsschwester in Velten (1952)*

Das erste Gespräch mit ihren Eltern zu dieser Sache hatte unterschiedliche Reaktionen zur Folge gehabt. Mutti Erna hatte sich entsetzt gezeigt. Doch nicht Diakonisse werden! Doch nicht als Frau in klösterlichem Leben verkümmern! Dazu sei ihr hübsches Rosilein doch wohl zu schade. Da gebe es bestimmt eines Tages einen Mann ... Vati Willi hatte dagegen durchaus positiv reagiert. Wenn sie darin ihren Lebensweg sehe, dann solle sie ihn gehen. Er erachte es allerdings als sinnvoll, dass sie zuvor eine »weltliche« Schwesternausbildung machte – das Krankenhaus in Velten könne sich da anbieten – und dass sie später eine entsprechende Krankenpflegeschule besuchte. Danach könne sie sich immer noch entscheiden, ob sie in ein Mutterhaus eintreten wolle, um Diakonisse zu werden, oder ob sie doch lieber einen anderen Weg gehen wolle.

Rosi hatte Vatis Vorschlag aufgegriffen, sich in Velten beworben und tatsächlich einen Platz zur Ausbildung als Hilfsschwester bekommen. Den hatte sie allerdings nur unter der Bedingung erhalten, dass sie die Mitgliedschaft in der FDJ erwarb. Schweren Herzens und mit schlechtem Gewissen hatte sie die Unterschrift geleistet und das Mitgliedsbuch mit Abzeichen in Empfang genommen. – Zu Rosis Erleichterung enthielt dieses Büchlein wenigstens keinen Text, der einer

191

Verpflichtung gleichgekommen wäre, die sie damit unterschrieben hätte. – Sie hatte beides sofort zu Hause in einem Kästchen verschwinden lassen. Zeigen und tragen würde sie weder das eine noch das andere. Aber den Ausbildungsplatz hatte sie erhalten, und sie füllte ihn zur eigenen Freude und Zufriedenheit und auch zur vollen Zufriedenheit ihrer Ausbildungsschwestern aus.

Gegen Ende des Kurses bewarb sie sich um einen Internats- und Unterrichtsplatz in Potsdam und erhielt beides samt zugehörigem Stipendium, nicht zuletzt wegen ihres guten Zeugnisses. Wenn das nicht gnädige Führung Gottes war! Der Vater im Himmel hatte offenbar ein Einsehen mit seinen Leuten, die in diesem sozialistischen Staatsgebilde ihre Mühe hatten, ihren Glauben zu leben.

In Potsdam ließen sich die Dinge zunächst recht gut an. Rosi hatte ihren Platz im Internat der Fachschule für Medizin, und sie fand sehr bald gleich gesinnte Freundinnen. Sie erkannten sich »am Liede, am leuchtenden Gesicht«, wie das in einem Lied hieß, und sie erkannten sich an ihrem Zeichen, dem Kreuz auf der Weltkugel. Das war freilich nicht immer sofort zu sehen, weil es meist an den Kleidungsstücken unter dem Mantel oder der Jacke getragen wurde. Die Kontaktsuche über die Melodie der Hymne der christlichen Jugend der DDR bot sich für draußen also eher an. Nun musste man Lieder ja nicht immer singen, man konnte sie auch pfeifen und summen. »Wir jungen Christen tragen …« war ja im kleinsten Jugendkreis der DDR bekannt. Also pfiff oder summte Rosi die Melodie vor sich hin, wenn sie mit anderen Schülerinnen zusammentraf. Diese musikalische Kontaktsuche funktionierte prima. Schon nach wenigen Tagen hatte sich ein Kreis von Mädchen gefunden, die sich nach ihrem Unterricht immer wieder einmal trafen, um miteinander die Bibel zu lesen, zu singen und zu beten. Besonders mit Gretel und Brigitte verband Rosi rasch eine tiefe Freundschaft.

Bald gingen die Schülerinnen auch regelmäßig hinüber auf die von Havelwasser umflossene Halbinsel Hermannswerder im Templiner See, um dort die Jugendstunden zu besuchen. Die fanden im Haus des kirchlichen Seminars der Hoffbauer-

Stiftung statt, einem christlichen Sozialwerk einschließlich eines Diakonissen-Mutterhauses, das sich seit etwa 50 Jahren der Bildungsarbeit, der Krankenpflege und der Landwirtschaft verschrieben hatte. Letztere wurde benötigt zur Versorgung der Bewohner und der Mitarbeiter der einzelnen Einrichtungen auf der Halbinsel. Seit einigen Jahren durfte dieses Werk nach einer Zwangspause in der NS-Zeit wieder arbeiten; allerdings wurde es von den staatlichen Behörden dabei argwöhnisch beäugt. Weil sich die Stiftung und ihre Diakonissen, Diakone und sonstigen Mitarbeiter aber auch um behinderte Menschen kümmerten, die den jungen DDR-Staat eher wenig interessierten – diese Menschen leisteten keinen Beitrag zum Volkseinkommen und kosteten nur Geld –, genoss sie trotz ihrer christlichen Prägung ein hohes Ansehen und konnte in ihren Häusern und in der Anstaltskirche viele geistliche Programme durchführen. Die Freitagabende, die Samstagnachmittage und die Sonntage für die Jugend im Rahmen der Jungen Gemeinde waren ein Teil davon.

In den Räumen der Hoffbauer-Stiftung trafen sich Schüler des kirchlichen Oberseminars, Schülerinnen des Oberlyzeums, Schwesternschülerinnen der Krankenhäuser und Pflegeheime und noch viele andere junge Leute zwischen 15 und 30 aus der Stadt, um als Christen im geschützten Raum der Kirche fröhlich und gesellig beieinander zu sein.

Rosi und ihre Freundinnen aus dem Schwesterninternat waren gerne unter diesem frommen Volk. Zugegebenermaßen auch deshalb, weil es dort junge Männer gab. Unter denen hätte ja einer sein können, der das Herz eines jungen Mädchens … Auch Rosis Herz war durchaus offen für eine Romanze, wenn sie sich denn ergab.

Am Abend des 6. März 1953 saßen Rosi, Gretel und Brigitte wieder in einer großen Schar junger Leute, die sich im kirchlichen Oberseminar zusammengefunden hatte. Heute waren die drei besonders froh, hier zu sein. In der Schule und im Internat, aber wohl nicht nur dort, herrschte seit dem Vormittag eine merkwürdige Unruhe und Nervosität, die einen erschrecken konnte. Das lag offenbar daran, dass Josef Stalin gestorben war, der große russische Staatsmann und Beherrscher der kommunistischen Welt. Das Ereignis kam einem ausgedehnten mittleren Erdbeben gleich, dessen Folgen nicht absehbar waren. Während draußen die politisch orientierten Menschen der DDR trauerten, gedachte hier drinnen in einem ausführlichen Gedankenaustausch die christliche Jugend der Tatsache, dass die Herren dieser Welt allesamt wie jedermann ihre Bühnen räumen mussten. Nur einer war ohne Anfang und Ende: »*Jesus Christus, gestern und heute und derselbe auch in Ewigkeit!*«. Besser: Er war Anfang und Ende zugleich. Und so sangen sie fröhlich überzeugt das Lied von Johannes Roos:

Ich hab' einen herrlichen König, den einzig erkenne ich an; ich will keinen andern auf Erden, und stünd' ich allein auf dem Plan.
Jesus, mein Stolz, meine tiefe Ruh'. Jesus, dir jauchze ich zu. Ich hab' einen herrlichen König, o Jesus, Jesus, nur du!

Während des Singens öffnete sich noch einmal die Tür. Ein verspäteter Gast kam herein. Das kleine Kennzeichen der Jungen Gemeinde, das Kreuz auf der Weltkugel am Revers seines dunklen Jacketts, blinkte im Deckenlicht kurz auf. Rosi Brasch blieben für einen Moment die Töne im Hals stecken, und eine halbe Liedzeile lang vergaß sie, ihre Gitarre zu zupfen. Das war doch Kurt Rieck, der da hereinkam! Wie kam der denn hierher? Wann hatte sie den zuletzt gesehen? Lebte der etwa auch hier in Potsdam? Das wäre ja zu schön, um wahr zu sein! Rosi war plötzlich erfüllt von einer merkwürdigen warmen Freude, die sie bis in ihr Gesicht hinein spürte. Wie ein schneller Film lief es vor ihren inneren Augen ab, wie es gewesen war, wenn Kurt Rieck immer wieder einmal zu Hause in Schwante vorbeigeschaut hatte, und wie sie mehr und mehr zu diesem Jungen aufgeblickt und ihn verehrt hatte. Rosi wäre am liebsten sofort aufgesprungen, um den verspäteten Besucher zu begrüßen. Aber sie konzentrierte ihre Gedanken dann doch zunächst wieder auf das Lied.

Ich stell' zur Verfügung mich gerne dem König, der königlich liebt, und tue mit Wonne den Willen des Königs, der königlich gibt.
Jesus, mein Stolz, meine Ruh' …

Ich traue den Worten des Königs und richte mich immer danach und folg seiner siegenden Fahne, und geht's auch durch Schmerzen und Schmach. Jesus, mein Stolz, meine Ruh' ...

Ich will, dass mein alles im Leben dem König sei untertan, und sehe mit sehnender Seele sein ewiges Königreich nah'n. Jesus, mein Stolz, meine Ruh' ...«

Rosi konnte das Ende des Abends kaum erwarten. Ob Kurt sie auch schon entdeckt hatte? Es hatte nicht den Anschein. Aber wie würde er ihr gleich begegnen? Ob der nette Kerl noch frei war? Oder hatte er bereits eine Freundin? Alt genug war er ja mit seinen 25 Jahren. Rosis Gedanken spielten plötzlich verrückt. Was war das nur?, ging es ihr durch den Kopf. Hatte in ihrem Herzen eine Empfindung für Kurt Rieck geschlummert, von der sie selbst nichts gemerkt hatte? Das Mädchen versuchte sich zu konzentrieren auf das, was dieser junge Mann gerade der Gruppe mitzuteilen begonnen hatte. Kurt war also hier nicht unbekannt. Er hatte wohl nur ein paar Treffen versäumt, warum auch immer. Rosi, hinhören!, befal sie sich selbst. Die Begegnung ergab sich später.

Was Kurt mitzuteilen hatte, hörte sich gar nicht gut an. Stalin habe bereits am 2. März einen Gehirnschlag erlitten. Sein Tod habe die politische Führung der DDR sehr nervös gemacht, und es bestünde durchaus die Gefahr, dass sie ihre Unruhe besonders die Kirche und vor allem die Junge Gemeinde spüren ließe. An den kommenden Tagen solle es Sonderveranstaltungen der FDJ geben zu Ehren Stalins. Da gehe es um Personenkult, für gläubige Leute durchaus schwierig. Die Teilname sei aber für alle FDJler Pflicht. Jetzt gelte es, sich klug und weise zu verhalten und das Angemessene zu tun. Dabei dürfe jeder sicher sein, der Sieg sei bei Jesus und seinen Leuten. »Christ wird das Feld behalten auch jetzt in dieser Zeit. Sein Gnade möge walten auch unsre Ewigkeit. Amen!«

Mit diesen Worten beendete Kurt Rieck seinen bewegenden Vortrag und schlug vor, eine Gebetsgemeinschaft anzuschließen und sie später mit dem Otto-Riethmüller-Lied zu beschließen, wie es in diesem Kreis gute Übung sei. Gesagt, getan. So klang es dann nach einer Reihe von Gebeten aus vielen Kehlen durch den Saal, wobei die jungen Leute sich stehend an den Händen hielten, wenn sie nicht auf Gitarren begleiteten:

Herr, wir stehen Hand in Hand, die dein' Hand und Ruf verband,
steh'n in deinem großen Heer aller Himmel, Erd' und Meer.
Wetter leuchten allerwärts, schenke uns das feste Herz.
Deine Fahnen zieh'n voran, führ auch uns nach deinem Plan!
Welten steh'n um dich im Krieg, gib uns teil an deinem Sieg.
Mitten in der Höllen Nacht hast du ihn am Kreuz vollbracht.
In die Wirrnis dieser Zeit fahre, Strahl der Ewigkeit;
zeig den Kämpfern Platz und Pfad und das Ziel der Gottesstadt!
Mach in unsrer kleinen Schar Herzen rein und Augen klar,
Wort zur Tat und Waffen blank, Tag und Weg voll Trost und Dank!
Herr, wir gehen Hand in Hand, Wand'rer nach dem Vaterland;
lass dein Antlitz mit uns geh'n, bis wir ganz im Lichte steh'n!

Nach dem letzten Ton blieb Rosi Brasch für einen Moment unschlüssig stehen. Sollte sie auf Kurt Rieck zugehen oder warten, ob er …? Dann stand er auch schon vor ihr: »Rosi Brasch, die Schwanter Göre! Das ist ja was! Rosi! Welch eine Überraschung, dich hier zu sehen!« Rosi stieg zum zweiten Mal die Röte ins Gesicht. Am liebsten wäre sie dem jungen Mann um den Hals gefallen. Aber sie beherrschte sich und gab nur freudig zurück: »Ich bin genauso überrascht, Kurt. Ich denke, du bist in Berlin. Wie kommst du hierher? Was machst du in Potsdam?«

Anstatt die Frage zu beantworten, stellte Kurt Rieck eine Gegenfrage: »Hat dein Vater immer noch Angst, dich bei Dunkelheit alleine irgendwo draußen zu wissen?«

Rosi musste lachen. »Hat er. Er sagt es mir jedes Mal, wenn ich am Wochenende zu Hause bin, und schreibt es in jedem Brief: ›Rosilein, pass gut auf dich auf! Geh abends nicht aus! Und wenn doch, dann lass dich nicht von jedem jungen Mann nach Hause bringen. Junge Männer sind gefährlich!‹«

»Bin ich jeder junge Mann? Und bin ich etwa gefährlich?«, fragte Kurt und schaute dem Mädchen tief in die Augen.

Rosi erwiderte den Blick gerne. In ihrem Herzen tat es

einen Jauchzer. »Du bist Kurt Rieck, Freund der Familie. Du darfst mich gerne nach Hause bringen. Aber ich warne dich, überschätz dich nicht. Ich habe einen weiten Weg.«

»Macht nichts, Rosi«, gab er zurück. »Ich freue mich so, dich zu sehen. Da ist mir kein Weg zu weit. Langer Weg heißt langes Miteinander. Komm, wir holen die Mäntel.«

Ein paar Minuten später hatten die beiden Gretel, Brigitte und die anderen Mädchen mit ein paar Jungen vorausgeschickt und waren selbst auch unterwegs in die Stadt zu Rosis Internat. Sie brauchten sehr lange, bis sie endlich dort ankamen, hatten sie sich doch viel zu erzählen. Immer wieder blieben sie stehen, um dann nur wenige Hundert Meter weiterzugehen. Als sie schließlich ihr Ziel erreicht hatten, schwelgten sie bereits in Vorfreude auf die nächste Begegnung und darauf, verschiedene Pläne gemeinsam umzusetzen. Zum Beispiel das Schloss Sanssouci zu erkunden und in seinem großen Park spazieren zu gehen oder eins der Chor-Konzerte in der Nikolaikirche zu besuchen, auf dem Templiner See oder der Havel Boot zu fahren, einen Wochenendbesuch zu zweit in Schwante und Vehlefanz zu machen …

Hoffentlich ließ sich das ein oder andere der Vorhaben in den nächsten Wochen und Monaten auch wirklich durchführen. Hoffentlich bewahrheiteten sich die Befürchtungen nicht, der atheistische sozialistische DDR-Staat könne die kirchliche Arbeit der Jungen Gemeinde noch mehr beschneiden, als es vereinzelt hier und da bereits geschah. Hoffentlich wurden sie als Träger der besonderen Bekenntnisnadel nicht persönlich angegriffen. Hoffentlich …

Bereits am Montag der folgenden Woche wurde Rosi Brasch zur Schulleitung beordert. Im Zimmer der Direktorin, Frau Oberärztin Fitz, sah sie sich drei Leuten gegenüber, von denen die Schulleiterin noch die freundlichste war. Die beiden Männer, die sie mit finsteren Mienen anschauten, kannte sie nicht. Die Schulleiterin war es dann aber, die die Fragen stellte. Sie forderte Rosi Brasch in freundlichem Ton auf, wahrheitsgemäß und knapp zu antworten. Dem Mädchen wurde es dennoch mulmig. Was wollten die von ihr? Was hatte sie falsch gemacht? Womit war sie aufgefallen?

»Freundschaft, Rosemarie Brasch! Was trägst du für ein Abzeichen an deiner Jacke?«

»Das Kreuz auf der Weltkugel, Frau Direktor.«

»Was ist das für ein Zeichen?«

»Das ist das Zeichen der Jungen Gemeinde innerhalb der evangelisch-lutherischen Kirche, Frau Direktor.«

»Und warum trägst du nicht die Nadel der FDJ? Du gehörst doch zur FDJ?!«

»Diese Nadel trage ich an der Jacke, die ich zu den FDJ-Veranstaltungen anziehe«, antwortete Rosi wahrheitsgemäß.

Die Schulleiterin ging auf diese Antwort glücklicherweise nicht ein. Dafür fragte sie: »Wo warst du am Freitagabend?«

»Bei einer Veranstaltung der Jungen Gemeinde, Frau …«

»Lass die ›Frau Direktor‹, Rosemarie Brasch. Sag uns, wo du warst und was ihr dort gemacht habt.«

»Wir waren im kirchlichen Oberseminar der Hoffbauer-Stiftung auf Hermannswerder und haben gemacht, was wir in der Jungen Gemeinde immer tun, Frau …«

»Genauer, bitte.«

»Wir singen dort, lesen die Bibel und beten miteinander.«

»Geht es dabei um unseren Staat und seine Politik?«

Rosi erschrak bei dieser Frage. Jetzt nur nichts Falsches antworten. Nach einem innerlichen Stoßgebet antwortete sie: »Wir beten für unseren Staat und für seine verantwortlichen Politiker.«

Die Direktorin zog die Augenbrauen hoch. Mit einer solchen Antwort hatte sie wohl nicht gerechnet. Dann fragte sie plötzlich: »Was macht ihr abends im Gruppenraum C?«

Rosi erschrak erneut. Die Direktorin wusste also Bescheid, dass sie sich dort regelmäßig mit ein paar Mädchen zum Bibellesen traf. Was sollte sie jetzt antworten? Nach einem erneuten Stoßgebet sagte sie wahrheitsgemäß: »Wir tun in der kleinen Gruppe dasselbe, was wir in der Jungen Gemeinde tun.«

Die Schulleiterin erhob sich und antwortete darauf mit strengem Blick und in deutlich scharfem Ton: »Die Schule ist allerdings kein kirchlicher Raum, Rosemarie Brasch. Die abendlichen Treffen im Gruppenraum C sind ab sofort untersagt. Jede Zuwiderhandlung hat Konsequenzen. Du kannst gehen. Freundschaft!«

Auf dem Flur vor dem Zimmer wurde Rosi von ihren beiden Freundinnen Gretel und Brigitte erwartet. Die Mädchen hatten sich Sorgen gemacht und in einer Ecke des Flurs dafür gebetet, dass das da drinnen gut ausging. Rosi musste jetzt natürlich berichten, wie es ihr ergangen war.

»Und was machen wir jetzt mit unserem Treffen?«, fragte Gretel.

»Es etwa aufgeben?«, fragte Brigitte.

Rosi schaute eine nach der anderen an. »Die Direktorin hat gesagt, die abendlichen Treffen im Gruppenraum C seien untersagt. Sie hat nicht von Treffen am Morgen in unseren Stuben gesprochen.«

»Dann machen wir also weiter?«, fragten die beiden gleichzeitig.

»Auf jeden Fall«, betonte Rosi. »Wir treffen uns morgens früh bei mir.«

Die beiden waren sofort mit dieser Lösung einverstanden. »Das ist gut! Das machen wir! Wir sagen den anderen Bescheid.«

Sie trafen sich lediglich zweimal, dann wurde Rosi zum nächsten Gespräch, besser zum nächsten Verhör, zitiert. Das Gremium war dasselbe, die Abfolge der Fragen war ähnlich wie bei der ersten Vorladung. Das Ergebnis war allerdings anders.

»Rosemarie Brasch, du bist anscheinend unbelehrbar. Die konspirativen Treffen morgens in deiner Stube finden ab sofort nicht mehr statt. Sie sind unseres Staates und seiner Menschen nicht würdig. Damit dir der Verzicht darauf erleichtert wird, ziehst du noch heute um in den Komplex B des Internats. Bei der Hausleitung erkundigst du dich, in welchem Zimmer du wohnst. Sieh diese Maßnahme als gut gemeinte Warnung an. Du kannst gehen. Freundschaft!«

Das war nun doch eine bittere Konsequenz, an der Rosi eine Weile zu schlucken hatte. »Gut gemeinte Warnung!« Was tun? Nachgeben? Die Treffen mit den Freundinnen vollends einstellen? Auf das persönliche Bekenntnis verzichten? Die Embleme austauschen? Einknicken und sich anpassen? Die ersten Mädchen ihrer Schule waren bereits »umgefallen« und trugen das Zeichen der Jungen Gemeinde nur noch verdeckt, dafür das FDJ-Zeichen offen an der Kleidung. Wer wollte ihnen einen Vorwurf daraus machen? Gegenwart und Zukunft standen auf dem Spiel.

»Nein! Und nochmals nein!«, sagte sich das Mädchen, ballte innerlich die Fäuste und stampfte mit dem Fuß. Sie wollte sich dem Druck des Staates nicht beugen. Wie standen die Worte des Herrn Jesus in Matthäus 10? »*Siehe, ich sende euch wie Schafe unter die Wölfe; darum seid klug wie die Schlangen und ohne Falsch wie die Tauben.*« Und er hatte auch gesagt: »*Wer nun mich bekennet vor den Menschen, den will ich bekennen vor meinem himmlischen Vater. Wer mich aber verleugnet vor den Menschen, den will ich auch verleugnen vor meinem himmlischen Vater.*«

Nein, das wollte Rosi unter keinen Umständen: ihren Herrn verleugnen. Sie trug nach dem Vorbild von Freundin Gretel ihr Kreuz auf der Weltkugel weiter offen auf der Kleidung und traf sich mit den verbliebenen Mädchen mal hier und mal da an der Havel, im Park Sanssouci, in einer der Potsdamer Kirchen. Brigitte war leider ein wenig schwankend geworden, seitdem ihre Eltern sie zusätzlich unter Druck setzten, ihre Zukunft ja nicht wegen ihrer »frommen Ader« zu gefährden. Wer wollte es ihr verdenken?

Rosi besprach diese Fragen auch immer wieder mit Kurt. Mit ihm traf sie sich, sooft das möglich war. Dann saßen die beiden auf irgendeiner Bank und rückten von Begegnung zu Begegnung dichter zueinander. Oder sie schlenderten durch die Straßen der Stadt und hielten sich bei den Händen und auch immer wieder in den Armen und sprachen über Gott und die Welt, über christliches Bekenntnis im atheistischen Staat, über eine gemeinsame Zukunft, wenn sie denn für sie bestimmt sei. Dabei machte Kurt seiner Rosi Mut – seine warmen Empfindungen für das Mädchen hatte er ihr zu ihrer großen Freude bald nach der ersten Begegnung als Liebe bekannt –, die Embleme nicht auszutauschen, sondern darauf zu vertrauen, dass der Zuspruch aus Jesaja 43 immer noch gültig sei, den ihr GeGe mitgegeben hatte. »Gott hält sein Wort, mein Röschen. Feuer und Wasser werden seinen Leuten nichts anhaben. Da können sich die Sozis noch so anstrengen.«

»Und wenn die Schikanen zunehmen und der Druck nicht mehr auszuhalten ist?«, sorgte sich Rosi.

»Auch dann nicht, Schatz«, entgegnete Kurt. »Sie werden sich an ihre eigenen Vorgaben in der Verfassung halten müssen. Da steht was von Religionsfreiheit.«

»Ich bezweifle, dass die SED-Bonzen das wirklich wissen und beachten. Die haben doch schlimmste Bedenken gegen alles Religiöse. ›Religion ist Opium fürs Volk.‹ Du kennst ja den Satz von Karl Marx.«

»Kenne ich natürlich. Aber Marx ist nicht Gott, und Gott ist größer als Marx, Röschen. Du sollst Gott mehr gehorchen als den Menschen. Wirf dein Vertrauen nicht weg. Es hat eine große Belohnung. Beides steht im Wort Gottes.«

Rosi schmiegte sich an Kurt und schwieg für eine Weile. Es tat ihr gut, ihn so sanft reden zu hören. Kurt hatte eine so warme Stimme und konnte ihr so liebevoll Mut machen. Dann hakte sie aber doch noch einmal nach: »Wenn der Staat sich nun aber doch nicht an seine eigenen Vorgaben hält und die Kirche noch mehr bekämpft oder gar verbietet, und wenn er dann die Christen …«

Jetzt stellte Kurt sich vor Rosi, nahm sie bei den Schultern und schaute ihr lange ernst und voller Liebe in die Augen. Dann sagte er: »Im Extremfall bleibt die Flucht nach Westberlin. Ich hoffe, es wird nie dazu kommen.« Der junge Mann nahm sein Röschen für einen zärtlichen Kuss in die Arme und fügte dann leise an: »Wenn doch, dann gemeinsam. Es steht alles bei Gott.«

Freiheit

Freitag, der 1. Mai 1953 war ein heißer Tag. Zur üblichen Maikundgebung der SED und ihrer Gruppierungen mussten auch in Potsdam Pioniere und FDJler aufmarschieren. Die Schülerinnen der Medizinischen Fachschule waren da nicht ausgenommen. Zu Rosis Freude ging dabei ihr geheimer Wunsch in Erfüllung, bei der Ableistung ihrer »Ehrenpflicht« nicht in der Parteikluft antreten zu müssen. Sie wurde der Mädchengruppe zugeordnet, die nicht die Staatsjugend, sondern die Schule repräsentieren durfte. So reihte sie sich also in Schwesterntracht in die Kolonne ein. Auf das Kreuz auf der Weltkugel wollte sie dabei nicht verzichten. Sie hatte es zwischen die Kragenecken auf die Knopfleiste ihres Kleides geheftet, sichtbar, wenn auch erst auf den zweiten Blick. Diesen Blick aber hatte wohl niemand riskiert, denn »Schwester Rosemarie« wurde nicht darauf angesprochen. Gut so!

Am Abend trug sie das Zeichen dann wieder offen am Revers ihres Mantels, als sie zum Abschluss dieses Tages mit ihrem geliebten Kurt ein geistliches Konzert in der Kirche St. Nikolai besuchte, das von Jugendlichen der Potsdamer Gemeinden für junge Leute in der Stadt und ihrer Umgebung gestaltet wurde. Es war sehr bewusst am Abend dieses Maifeiertags zum Ausgleich für die politische Berieselung am Nachmittag veranstaltet. In der herrlichen Akustik dieses Gotteshauses gab es wunderschöne Musik der Sängerinnen und Sänger, der Streicher und Bläser und des Organisten im Wettstreit mit den zahlreichen musizierenden Engelfiguren an den Kapitellen der Säulen im Innenraum! *Soli deo gloria!*

Rosi und Kurt genossen die zwei Stunden und saßen dabei eng beieinander und hielten sich an den Händen. Sie hätten auch gar nicht anders als eng beisammen sitzen können. Der große Raum war bis auf den letzten Platz gefüllt. Es hatten längst nicht alle Besucher einen Sitzplatz bekommen. Den beiden Verliebten erschien es, als fülle die Herrlichkeit des Herrn die Kirche. Es herrschte eine außergewöhnliche, irgendwie heilige Atmosphäre, als solle sie dieser besondere Abend vorbereiten auf Schwierigkeiten und Probleme, auf kritische Dinge, die diesem 1. Mai folgen würden.

Das Empfinden, dass irgendetwas im Schwange war, wurde bald bestätigt. Als die Konzertbesucher am späten Abend St. Nikolai verließen, fanden sie das Gelände umstellt von schwer bewaffneter Volkspolizei. Was sollte das werden? Nur eine Drohgebärde des Staates oder die Ankündigung einer Maßregelung der Konzertbesucher? Es passierte nichts bis auf vereinzelte Ausweiskontrollen. Die meisten Vopos standen nur finster und entschlossen dreinschauend auf ihren Plätzen. Rosi Brasch drückte sich erschrocken und ängstlich an Kurt. Der legte seinen Arm um sein Röschen, führte es zwischen zwei Uniformierten hindurch und brachte seine Liebste nach Hause.

»Denk an Jesaja 43, mein Liebes. Sie verbreiten Angst und schüchtern die Leute ein. Aber sie können dir nichts tun und mir auch nicht. Sie können den Christen nichts anhaben.«

»Und wenn Frau Direktor Fitz mich morgen wieder vorlädt?«

»Dann gehst du getrost hin, stehst Rede und Antwort und erfährst den Beistand unseres Herrn. Erinnere dich an das Lied von vorhin. Wir haben es in der Kirche gemeinsam gesungen.«

»Sag mir, welches du meinst«, bat Rosi.

»Gerne, mein Schatz.« Kurt nahm Rosi von vorne in die Arme und zitierte das Lied von Rudolf Alexander Schröder: »*Es mag sein, dass alles fällt, dass die Burgen dieser Welt um dich her in Trümmer brechen. Halte du den Glauben fest, dass dich Gott nicht fallen lässt: Er hält sein Versprechen.*«

»Ich will mich dran halten, Kurt«, versicherte Rosi mit leicht zitternder Stimme und hielt ihrem Liebsten auffordernd die Lippen hin.

Erst nach einem langen Kuss trennten sich die beiden schweren Herzens. Als Rosi nach oben ging, um ihr Zimmer aufzusuchen, ging es ihr für einen Moment durch den Sinn, dieser heiße Kuss eben könnte der letzte gewesen sein. Sie beantwortete den Gedanken mit einem Stoßgebet: »Herr im Himmel, bitte nicht! Bitte nicht das Ende vor dem Anfang!«

Schon am nächsten Tag wurden die Potsdamer FDJler ohne Vorankündigung per Aushang am Schwarzen Brett aufgefordert, ihre alten Ausweise gegen neue einzutauschen. Der Einfachheit halber werde der Tausch in den Schulen der Stadt klassenweise vorgenommen. Verbunden mit der Aktion seien die üblichen Aussprachen zum Nachweis der Treue zu Partei und Staat. Listen für die Abfolge der Gespräche lägen in den Klassenräumen bereit. Jede Schülerin möge sich für einen gewünschten Termin eintragen. Rosi trug sich als eine der ersten für den Abend ein. Je früher sie drankam, desto früher hatte sie es hinter sich. Dann konnte sie morgen, also am Sonntag, mit leichterem Herzen nach Hause fahren. Brigitte stand bereits in der Liste. Sie würde vor ihr drankommen.

Aber es wurde nichts mehr aus dem Gespräch an diesem Abend. Die ersten Aussprachen waren schnell erledigt gewesen. Die Mädchen waren auch allesamt treue FDJlerinnen. Das Gespräch mit Brigitte hatte allerdings länger gedauert. Die Kommission hatte die Ärmste vor allem wegen ihrer Besuche der Jungen Gemeinde ziemlich in die Enge getrieben, und sie war schier am Ende ihrer Kräfte, als sie aus der Befragung entlassen wurde. Es war inzwischen Mitternacht geworden. Das Gremium aus mehreren FDJ-Funktionären beendete den Abend und »vertröstete« Rosi auf Montagabend. Der war das nicht unrecht, musste sie doch zunächst einmal ihre Freundin trösten und ihr ein wenig auf die Beine helfen. Sie tat es mitfühlend und Anteil nehmend auf dem gemeinsamen Heimweg. Dabei erfuhr sie auch, was wohl am Montag auf sie selbst zukam.

Am Sonntag fuhr Rosi zunächst noch einmal nach Hause. Irgendwie hielt sie das für nötig. Wer wusste denn schon, wie die kommende Woche weiterging, wenn sie den Montagabend hinter sich gebracht hatte. Die Eltern Brasch waren sehr überrascht, die Tochter zu sehen, und sie befürchteten, sie nicht so bald wiederzusehen. Sie baten sie um äußerste Vorsicht in dem, was sie am nächsten Abend reden würde. Und sie gaben ihr eine Adresse in Westberlin mit für den Fall, dass es sehr eng würde. »Gib uns sofort Nachricht, Kind. Wenn es sein muss, kommen wir nach. Lieber besuchen wir dich in Berlin als in irgendeinem Gefängnis.«

Gefängnis – das war ein böses Stichwort. Leider wusste der Vati bereits von Fällen zu berichten, wo Christen wegen ihres beharrlichen Zeugnisses verhaftet und eingesperrt worden waren. »Gott wird das nicht zulassen, Vati und Mutti. Da bin ich sicher.«

»Deinen Glauben und deine Zuversicht möchte ich haben«, seufzte der Vati auf, und die Mutti musste zum Taschentuch greifen.

»Ich bete, dass ihr diesen Glauben und die Zuversicht gewinnt. Gott kann euch beides schenken«, antwortete Rosi und hängte an: »Ich bin sicher, er wird es tun. Und jetzt gehe ich noch ins Pfarrhaus und dann zum Bahnhof. Ich möchte mich noch von GeGe und dem Kreis verabschieden, ehe ich fahre. Wer weiß, wann ich den Freunden wieder begegne.«

Am Montagabend stand Rosi Brasch dann der Kommission aus fünf FDJ-Funktionären gegenüber. Die Fragen prasselten wie ein Trommelfeuer auf das Mädchen nieder. Die Ärmste hatte kaum Zeit, ihre Antworten zu überlegen und zu formulieren und zwischendurch Stoßgebete zum Himmel zu schicken, dass sie es ja richtig machte und dabei ihren Glauben nicht verleugnete.

»Warum glaubst du an Gott? Glaubst du an die Partei?«

»Warum bist du FDJlerin?«

»Womit hast du dir dein Stipendium erschlichen?«

»Wer ist wichtiger für die Menschen: Jesus oder Marx?«

»Ist es richtig, dass die Junge Gemeinde Spitzeldienste für die USA und den westlichen Imperialismus leistet?«

»Hast du persönliche Westkontakte?«

»Warum hast du Brigitte verführt, die Junge Gemeinde zu besuchen?«

»Warum hinderst du Gretel daran, FDJlerin zu werden?«

»Was sagen deine Eltern zu deinen Aktivitäten?«

»Was bedeutet das Emblem, das du trägst?«

»Warum bist du nicht der Gesellschaft für Sport und Technik beigetreten?«

»Was bewegt dich, Krankenschwester zu werden?«

»Darf ein Mensch zu seiner eigenen Verteidigung eine Waffe benutzen und notfalls töten?«

»Sind die staatstragenden Theorien der DDR vereinbar mit christlichen Theorien?«

»Gehören deine Eltern zum Stand der Arbeiter und Bauern?«

»Bist du bereit, in Zukunft die Ziele der FDJ zu teilen und zu unterstützen?«

Zwei Stunden lang dauerte das Trommelfeuer der Fragen, die ohne irgendeine erkennbare logische Reihenfolge gestellt wurden. Schließlich gab der Vorsitzende der Kommission, ein junger fanatischer Parteifunktionär, das Zeichen, die Aussprache zu beenden. Er selbst sprach das Schlusswort: »Du bist offenbar unbelehrbar, Rosemarie Brasch. Deine Hartnäckigkeit wird nicht ohne Konsequenzen bleiben. Die erste Konsequenz ist, dass wir deinen FDJ-Ausweis einbehalten. Wir geben dir die Chance der Bewährung.«

»Und was machen Sie mir für einen Vorschlag?«, fragte Rosi mit erstaunlich fester Stimme. Dabei zitterten ihr die Knie so sehr, dass ihre Gegenüber es eigentlich hätten sehen müssen.

»Unser Vorschlag zur Bewährung ist: Du besuchst weiterhin die Veranstaltungen der Jungen Gemeinde, meldest uns jeweils die Teilnehmer und berichtest über das, was dort geschieht. Wir geben dir Zeit bis morgen Abend, über unseren Vorschlag nachzudenken. Freundschaft!«

Als Rosi später in ihrer Stube nahezu kraftlos auf die Bettkante sank, wusste sie kaum noch, wie sie überhaupt hierhergekommen war. Sie war mit ihren Kräften am Ende. Dabei war sie irgendwo dennoch glücklich. Sie hatte ihren Glauben nicht verleugnet! Und die Zeit bis zum nächsten Abend wollte sie wohl nutzen, sich eine gute Antwort zu überlegen, weshalb sie auf gar keinen Fall in die »Bewährung« gehen würde. Nein, sie war keine Denunziantin! Nein und nochmals nein! Um gar keinen Preis würde sie auch nur harmlose Informationen über die »staatsfeindlichen« Veranstaltungen ihrer Glaubensgenossen weitergeben. Eher würde sie die Ausbildung abbrechen und die Koffer packen und die DDR verlassen.

Zur Aussprache am nächsten Abend wurde Rosi gemeinsam mit Brigitte gebeten. War das ein gutes Zeichen oder ein schlechtes? Die beiden Mädchen waren gespannt, wie das ablaufen würde. Die Aussprache begann sehr merkwürdig mit einer Vorlesestunde. Eine FDJ-Funktionärin las beinahe eine Stunde lang Zeitungsartikel aus dem »Neuen Deutschland« und der »Jungen Welt« vor, den offiziellen Organen der SED und der FDJ. Die Artikel hatten sie im politischen Unterricht längst besprochen. Was sollte das also? Nach der Lesestunde lieferte die Frau die Mädchen bei der Kommission ab. Für Brigitte folgte offenbar eine Stunde ähnlich der, die Rosi am Vorabend überstanden hatte. Die Freundin wirkte mehr tot als lebendig, als sie endlich aus dem Gesprächsraum gewankt kam. Die Möglichkeit, jetzt mit Brigitte zu reden, gab es leider nicht, denn Rosi wurde sofort ins Zimmer gerufen.

Sie wurde nach ihrem Eintritt in den Raum und dem obligatorischen »Freundschaft!«, das sie nicht erwiderte, vom Sprecher der Kommission lediglich gefragt, ob sie sich die Sache überlegt habe und bereit sei, auf den Vorschlag zur Bewährung einzugehen.

Sehr bestimmt wies sie dies Ansinnen zurück und erklärte, als Christin könne und werde sie niemals irgendjemanden denunzieren. Im Raum herrschte für eine Minute betretenes Schweigen. Der Mann bekam einen hochroten Kopf, seine Kollegen nicht weniger. Sie schienen sich alle furchtbar zu erregen, und begannen, heftig miteinander zu tuscheln. Mit dieser Festigkeit des siebzehnjährigen Mädchens hatten sie wohl nicht gerechnet. Jetzt mussten sie reagieren. Endlich holte der Wortführer tief Luft und sagte: »Rosemarie Brasch, wir müssen feststellen, dass du unbelehrbar bist. Wie du selbst gesagt hast, beharrst du auf deiner staatsfeindlichen Gesinnung. Wir haben unser Möglichstes getan, um dich von deinem falschen Standpunkt zu überzeugen. Wir müssen uns keine Vorwürfe machen. Du wirst dich den Gesetzen des Staates fügen müssen. Du wirst von uns hören. Freundschaft!«

Damit war für Rosi die Aussprache bereits wieder beendet. Sie konnte gehen. Auf dem Flur wartete Brigitte, völlig in

Tränen aufgelöst. Rosi nahm sie bei der Hand und ging mit ihr nach draußen. Dort fragte sie: »Du hast unterschrieben?«

Brigitte nickte nur. Dann sagte sie schluchzend: »Die Eltern haben es so gefordert. Ich konnte nicht anders.«

Rosi atmete ein paar Mal tief durch. Schade! Die Ärmste! Dann fragte sie: »Gehst du trotzdem noch mit in die Junge Gemeinde? Die Leute sitzen sicher noch zusammen. Ich möchte mich noch von ihnen verabschieden.«

»Verabschieden?« Brigitte erschrak. »Wirst du gehen?«

»Ich muss. Die lassen mir nicht mehr viel Zeit. Sie haben mir mit dem Gesetz gedroht.«

»Nimmst du mich denn noch mit in die JuGe?« Die Freundin war deutlich verunsichert und zugleich bedrückt. »Ich konnte wirklich nicht anders, Rosi.«

Rosi versuchte zu trösten: »Vergiss es, Brigitte. Niemand macht dir einen Vorwurf. Da haben schon andere nachgegeben. Ich wünsche dir trotzdem Glück, und dass du wenigstens im Herzen an Jesus festhältst. Werde nur bitte keine Verräterin!«

»Keine Angst, Rosi«, versicherte die Freundin, »ich werde es nicht. Allerdings um den Preis, dass ich in Zukunft nicht mehr hingehe.«

»Das ist zwar schade und für deinen Glauben nicht gut«, bestätigte Rosi, »aber wahrscheinlich der richtige Weg. Ich bete dafür, dass Gott dich hält. Er lässt dich nicht fallen!«

Zwei Stunden später waren die beiden Mädchen bereits wieder auf dem Rückweg. Rosis innerer Wunsch, Kurt könnte anwesend sein, hatte sich leider nicht erfüllt. Er war nicht gekommen. Der Weg mit der S-Bahn und der Straßenbahn aus dem Berliner Osten nach hier war ja auch weit. Sie würde ihm noch schreiben. Sie musste es tun. Anders würde sie ihn nicht mehr erreichen. Schade, schade! Rosi hätte weinen mögen. Ging die junge Beziehung denn tatsächlich schon zu Ende, ehe sie richtig begonnen hatte? Bestand andererseits nicht die Gefahr, dass ihre Beziehung seiner Zukunft als Arzt in der Charité schaden konnte? Kurt hatte gesagt: »Wenn Flucht, dann gemeinsam.« Nein, die Zeit reichte nicht, um Kontakt zu ihm zu suchen, damit sie gemeinsam ... Vielleicht kam er ja nach, wenn sie sich bald aus Westberlin meldete oder aus der BRD.

Am nächsten Vormittag saß Rosi im Unterricht, als wäre dies ein ganz normaler Tag. In einer Pause stand sie mit Brigitte und Gretel in einer Nische des Flurs, als eine Schülerin einer höheren Klasse sich wie zufällig für einen kurzen Moment dazustellte. Dabei zeigte sie den beiden den Rücken. Rosi erkannte sie dennoch. Sie gehörte zum Vorstand der FDJ-Gruppe der Schule. Umso erstaunlicher, was die ihr über die Schulter zuraunte: »Sei vorsichtig, Rosi. Sie werden dich abholen.«

Rosi erschrak zutiefst, hatte sich aber doch so weit in der Gewalt, dass sie zurückfragen konnte: »Wann?«

»Am Donnerstag«, antwortete das Mädchen leise und war auch schon wieder verschwunden. Rosis »Danke!« konnte sie schon nicht mehr hören.

Jetzt wurde es also ernst und eng. Dennoch blieb Rosi bis zum Ende des Unterrichts in der Schule – und wurde prompt zur Schulleitung gerufen. Momente später sah Rosi sich einem ganz anderen Gremium gegenüber. Die vier Personen um Frau Direktor Fitz gehörten alle dem Kollegium der Fachschule an, aber nur zwei kannte sie aus eigenem Unterricht. Was wollten die noch von ihr? Sie endgültig fertigmachen? Nein, das wollten sie offenbar nicht. Rosi spürte sehr bald, dass diese Kommission es sogar gut mit ihr meinte. Sie wollten wohl eine Verhaftung durch die politische Polizei vermeiden. Ihre vielen Fragen enthielten bereits vorgefertigte Antworten. Allerdings ging Rosi nicht darauf ein. Sie bestätigte ihre Position, wie sie sie in den anderen Aussprachen deutlich gemacht hatte. Die Schulleiterin wurde sichtlich nervöser. Schließlich stand sie von ihrem Platz auf und stellte mit einem Gesicht, das deutliche Resignation widerspiegelte, fest, dass sie nun auch keinen Weg mehr sehe, der Schülerin Rosemarie Brasch zu helfen. Sie habe sich endgültig selbst dem »Gesetz zum Schutze des Friedens« ausgeliefert. Eine allerletzte Möglichkeit, ihre Sinneswandlung zu bekunden, erhalte sie am Folgetag vor der Klassenversammlung.

»Rosemarie Brasch, du hast dein Schicksal selbst in der Hand. Werde vernünftig! Es wäre schade um dich. Freundschaft!«

Damit war die Widerständlerin entlassen. Aber sie hatte noch eine Frist von 20 Stunden. »Danke, Vater im Himmel!«, sprach sie vor der Tür leise vor sich hin und wusste dabei schon, dass sie zum Termin der Klassenversammlung morgen Vormittag wohl nicht mehr in der Schule sein würde. Dieser Prozedur wollte sie sich nicht mehr aussetzen. Danach bliebe sicher gar keine Zeit mehr …

Äußerlich ruhig und konzentriert, aber in höchster innerer Anspannung machte sich Rosi daran zu ordnen, was noch zu ordnen war. Sie brachte zunächst ihr Fahrrad zum Bahnhof und gab es als Stückgut auf zur Versendung nach Vehlefanz. Wer sie kontrollierte, mochte denken, sie wolle zu ihren Eltern fahren und das Rad mitnehmen. Dann ging sie zurück, um in ihrem Zimmer den Koffer zu packen. Brigitte kam dazu. »Du gehst wirklich?«, fragte sie knapp.

»Es ist meine letzte Chance«, antwortete Rosi.

»Dann solltest du den Koffer gleich im Dunklen noch zu Schwester Auguste bringen«, riet die Freundin. »Du kannst ihn nicht am hellen Tag aus dem Haus tragen. Das fällt auf.«

»Da hast du recht, Brigitte. Danke für den Vorschlag. So weit hatte ich nicht gedacht. Gehst du mit?«

»Selbstverständlich gehe ich mit, Rosi«, antwortete die Freundin. »Ich hole nur rasch meine Jacke.«

Momente später pirschten sich die Mädchen durch den späten Abend, immer auf der Hut, nicht gesehen zu werden, um den Koffer bei Schwester Auguste abzustellen. Diese Frau war Christin, wohnte in der Nähe der Straßenbahn nach Babelsberg und hatte ein Herz für die jungen Leute und Verständnis dafür, dass sie mit ihrer Einstellung nicht länger in der DDR leben wollten und wohl auch nicht konnten. Sie wollte gerne Rosis Koffer aufbewahren. Sie sei im Haus, wenn sie käme, um ihn abzuholen.

Auf dem Rückweg fragte Rosi die Freundin: »Weißt du etwas von Gretel? Ich habe sie heute nicht mehr gesehen.«

Brigitte konnte Auskunft geben. »Die hatten sie auch deftig in der Mangel. Irgendjemand hat sie wegen irgendwas denunziert. Die ist ganz schön fertig. Sie wird auch gehen. Sie müsste jetzt eigentlich auf ihrem Zimmer sein.«

Rosi fand Gretel in ihrem Zimmer in der Tat völlig aufgelöst auf der Bettkante sitzen. Sie nahm die Freundin in die Arme, und die beiden weinten eine Weile still vor sich hin. Die angestaute Spannung suchte sich ihren Weg. Dann rissen sie sich wieder zusammen und beratschlagten hin und her, wie sie vorgehen wollten, damit sie unbehelligt nach Westberlin kämen. Schließlich stand ihr Fluchtplan fest: Sie würden den Unterricht besuchen wie immer. Sie würden eine Klassenarbeit zurückbekommen und eine andere schreiben. So stand es auf dem Arbeitsplan. In der Pause würden sie die Schule verlassen und sich getrennt auf den Weg machen. Rosi würde ihren Koffer abholen und mit der Straßenbahn nach Babelsberg fahren, dort in die S-Bahn Richtung Ostkreuz steigen, um auf der Fahrt durch den Westteil von Berlin im Bahnhof »Schloss Bellevue« wieder auszusteigen. Dort würde die eine auf die andere warten. Dort waren sie in Sicherheit vor Zugriffen und in der erwünschten Freiheit.

Hoffentlich ging das auch so einfach, wie sie sich das jetzt zurechtlegten. Gott konnte helfen, dass es so ging. Er musste helfen! Zumindest baten sie ihn sehr darum. Dann hielten sie sich bei den Händen und sangen leise ihr Lied: »*Herr, wir stehen Hand in Hand ... führ auch uns nach deinem Plan ... Welten steh'n um dich im Krieg, gib uns teil an deinem Sieg ... Herr, wir gehen Hand in Hand, Wand'rer nach dem Vaterland. Lass dein Antlitz mit uns geh'n, bis wir ganz im Lichte steh'n.*« Gretel überlegte einen Moment, dann wiederholte sie schmunzelnd die letzte Liedstrophe mit einer leichten Textveränderung: »*Herr wir gehen Hand in Hand, Reisende ins Freiheitsland. Lass dein Antlitz mit uns geh'n, bis wir dann im Westen steh'n.*« Rosi bestätigte ebenso schmunzelnd mit ihrem »Amen!«. Danach legten sie sich zum Schlafen, jede in ihrem Zimmer. Hoffentlich schliefen sie auch wirklich ein und durch.

Der nächste Vormittag lief für beide Mädchen ab, wie sie es besprochen hatten. Sie bekamen die Klassenarbeit zurück und freuten sich über ihre guten Noten. Sie schrieben eine andere Arbeit, hochkonzentriert wie immer, verabschiedeten sich noch kurz von Brigitte und verließen das Schulgelände, als sei ihr Unterricht zu Ende. Am Hoftor trennten sie sich: »Gott behüte dich, Gretel. Sein Antlitz wird mit uns gehen …« – »Er behüte dich auch, Rosi, … bis wir dann im Westen steh'n.«

Rosi begab sich sogleich zu Schwester Auguste und ließ sich ihren Koffer aushändigen. Rasch band sie sich ihr FDJ-Halstuch um und steckte die Nadel auf – man hatte ihr ja nur den Ausweis abgenommen – und zog ihren Mantel wieder an. Eigentlich hätte sie den bei den warmen Maitemperaturen gar nicht gebraucht. Aber sie musste das Kleidungsstück ja mitnehmen. Es gab sicher wieder kühlere Tage, und der nächste Winter kam auch bestimmt. Dann ging sie mit dem Segen der lieben alten Schwester Auguste zur Haltestelle und stieg in den hinteren Wagen der nächsten Straßenbahn nach Babelsberg.

Sie erschrak heftig, als sie sich plötzlich einem strengen Volkspolizisten gegenübersah, der sie und ihr Gepäck misstrauisch beäugte. Fuhr der zu ihrer Beobachtung in dieser Bahn? Wusste er, dass sie türmen wollte? Hatte sie doch jemand verpfiffen? Wilde Gedanken schossen Rosi durch den Sinn. Doch nicht etwa Brigitte? Blödsinn! Die doch nicht!, wies sich das Mädchen selbst zurecht, und sie bemühte sich, ein Allerweltsgesicht zu machen.

Am Bahnhof Babelsberg stieg sie aus. Der Vopo tat es ihr gleich. Also doch …? Rosi wurde es heiß und kalt, und sie schaute sich ein wenig verunsichert um. Wohin sollte sie jetzt gehen, um dem Uniformierten zu entkommen? Dann gewahrte sie Gretel, die aus dem vorderen Wagen ausstieg. Das war jetzt gut! Ohne dass eine von der anderen gewusst hatte, hatten sie in derselben Bahn gesessen. Gemeinsam waren sie jetzt stärker. Jetzt konnten sie sich gemeinsam in das Abenteuer ihrer Flucht stürzen. Also mit den anderen Reisenden auf zur S-Bahn.

»Mist, der Vopo geht auch zur S-Bahn«, stellte Gretel fest. »Der wird uns gefährlich, Rosi.«

»Quatsch. Wenn der sich für uns interessieren würde, würde er hinter uns bleiben«, beruhigte Rosi die Freundin.

»Das wäre ein Ding, wenn der zu unsrer Überwachung abgestellt wäre. So wichtig sind wir nun doch nicht.«

»Mag stimmen«, bestätigte Gretel. »Die sind wohl auch froh, wenn sie zwei Fromme weniger im Land haben.«

Rosi kam plötzlich eine Frage in den Sinn. »Sind wir eigentlich feige, wenn wir uns einfach davonmachen und die anderen JuGeler alleinlassen?«

»Glaube ich nicht«, wehrte Gretel den Gedanken ab. »Ich glaube nicht, dass Gott will, dass wir als junge Märtyrer in einen DDR-Knast gehen. Wir haben unser Zeugnis abgegeben. ›Gott ist Herr, der Herr ist einer und demselben gleichet keiner, nur der Sohn, der ist ihm gleich!‹ Die Fitz und ein paar andere werden daran noch kauen.«

»Ob die die Klassenversammlung ohne uns machen?«

»Wir sind weg. Die haben ohne uns nichts zu verhandeln. Den Spaß haben wir ihnen verdorben.«

»Aber könnten die uns nicht suchen?«

»Wo denn? Glaub nicht dran, Rosi, und mach dir mal nicht in den Schlüpfer. Außer Brigitte und Schwester Auguste weiß niemand, dass wir gerade heute und jetzt unterwegs sind.«

»Richtig, Gretel, Brigitte weiß es, und sie weiß es doch nicht. Die hält dicht«, gab sich Rosi wieder zuversichtlich. »Die kämpft ohnehin mit sich selbst wegen der Unterschrift.«

»Das hat sie mir noch erzählt«, bestätigte die Freundin. »Und sie grollt ihren Eltern, dass sie aus ›opportunistischen Gründen‹ gegenüber dem Staat hat einknicken müssen. Ihr Vater möchte Karriere machen. Das kann er nicht mit einer frommen Tochter.«

»Und jetzt hat er wahrscheinlich Pluspunkte gesammelt.«

»Mag sein. Ich gönne sie ihm aber nicht. Und ich hoffe, Brigitte wird die Sache geistlich überleben.«

»Der Wolken, Luft und Winden gibt Wege, Lauf und Bahn, der wird auch Wege finden, wo ihr Fuß gehen kann«, zitierte Rosi einen Liedvers von Paul Gerhardt. »Themenwechsel! Hier sind zu viele Ohren.«

Am S-Bahn-Schalter lösten die beiden ihre Fahrkarten, Zielstation Ostkreuz. Weil sie auf die nächste Bahn noch etwas warten mussten, setzten sie sich in die Halle und nahmen ihre Biologiebücher aus den Taschen. Zumindest wollten sie die fleißigen Schülerinnen mimen, die selbst diese Wartezeit noch für ihre Bildung nutzten. Dann wurde es Zeit, sich hinauf zum Bahnsteig zu begeben.

Allerdings mussten die beiden, wie alle anderen Reisenden zunächst eine Kontrolle passieren. Ein schneidiger Vopo rechts, ein schlaksiger links. Wenn sie zwischen den beiden heil durchkamen, dann war das Schlimmste wohl überstanden.

Der Schlaksige war der Kontrolleur. Der andere hatte anscheinend die Kontrolle zu kontrollieren. Gretel ging vorweg und musste sich als Erste ausweisen. Sie legte ihren Schülerausweis vor und zeigte, was sie in ihrer Schultasche bei sich hatte. Dann musste sie ihren Koffer öffnen. Rosi konnte nicht sehen, was die Freundin nach oben gelegt hatte, um anderes darunter zu verbergen. Dem Kontrolleur schien der kurze Einblick zu genügen. Ausweis, Taschen- und Kofferinhalt wurden nicht beanstandet. Gretel konnte ihre Sachen nehmen und gehen.

Jetzt war Rosi an der Reihe. Sie knöpfte ihren Mantel auf, sodass ihr FDJ-Halstuch mit der Nadel deutlich zu sehen war. Vielleicht half das ja, die Kontrolle leichter zu bestehen. »Seid klug wie die Schlangen …«

»Auch Schülerin, junges Fräulein?«, fragte der Vopo und betrachtete kurz den Ausweis. Bei Rosi schien er freundlicher zu sein als eben bei Gretel.

»An der Medizinischen Fachschule Potsdam«, bestätigte Rosi wahrheitsgemäß.

»Darf ich auch den FDJ-Ausweis …?«

»Tut mir leid«, musste Rosi antworten, »der liegt in der Schule. Die alten Ausweise werden in dieser Woche gegen neue getauscht, und den neuen habe ich noch nicht.« Das entsprach auch der Wahrheit.

»Darf ich in die Tasche sehen?«

»Sie dürfen. Sind Bücher, Hefte und Schreibzeug drin.«

»Was ist im Koffer?«

»Schmutzige Wäsche und anderer Kram.« Das war auch richtig geantwortet, zumindest zum Teil.

»Wohin soll es gehen?«

Die Frage war nun doch etwas kritisch. Rosi konnte unmöglich ihr wahres Reiseziel preisgeben. Also ein Reiseziel erfinden? Blitzartig ging es ihr durch den Sinn, dass Gott in diesem besonderen Fall eine Lüge verzeihen würde, und sie antwortete: »Nach Hause zu Muttern. Wäsche waschen. Das geht leider nur heute. Ich hab morgen Ehrendienst beim Aufmarsch. Da muss ich zurück sein.«

Das mit dem Ehrendienst schien den Uniformierten zu überzeugen. Rosi brauchte den Koffer nicht zu öffnen. Der Vopo reichte ihr den Schülerausweis zurück und wünschte mit einem kräftigen »Freundschaft!« gute Fahrt und guten Tag. Das Mädchen antwortete eher leise ebenso mit »Freundschaft!«, nahm Tasche und Gepäck und eilte Gretel nach, die am Aufgang zum Bahnsteig auf die Freundin wartete. Doch welches Pech, die S-Bahn fuhr oben ohne sie ab. Sie waren um wenige Sekunden zu spät. Jetzt hieß es also, 20 Minuten zu warten und zu hoffen, dass nicht irgendein bekannter Mensch auch mit der nächsten Bahn ostwärts fahren wollte.

Rosi und Gretel verzogen sich auf eine Bank am Ende des langen Bahnsteigs, um nicht sofort im Blickfeld der Leute zu sein, die von unten auf den Bahnsteig kamen oder aus dem nächsten Gegenzug ausstiegen, um nach unten zu verschwinden. Sie selbst hatten dafür jeden im Blick, der sich auf dem Bahnsteig bewegte. Aber von denen, die gingen und kamen, kannten sie niemanden. Es hatte auch niemand von ihnen Interesse an den beiden Mädchen mit den Schulbüchern auf den Knien, wenn sie denn überhaupt wahrgenommen wurden.

Dann waren auch diese langen 20 Minuten überstanden. Die S-Bahn kam, Rosi und Gretel stiegen ein und – sahen sich schon wieder einem Volkspolizisten gegenüber. Die beiden hatten Mühe, ihren Schrecken zu verbergen. Dabei kamen sie nicht umhin, sich dem Mann gegenüberzusetzen. Rosi knöpfte wieder ihren Mantel auf. Der Uniformierte sollte annehmen, er habe eine FDJlerin vor sich. Innerlich betete sie um Vergebung für ihre Lüge und darum, dass dieser Uniformierte doch vor ihnen aussteigen möge. Äußerlich kramte sie eine Postkarte aus ihrer Schultasche, nahm auch eins ihrer Lehrbücher und einen Stift heraus und begann, die

Karte zu schreiben, wobei sie das Buch als Unterlage benutzte. Gretel schaute derweil wie gelangweilt aus dem Fenster. Im Bahnhof Grunewald räusperte sie sich. Das sollte wohl
heißen: »Rosi, wir sind auf Westberliner Gebiet. Bald sind wir
am Ziel.« Die Freundin reagierte nicht. Sie konzentrierte sich
weiter auf ihre Karte. Dabei wuchs ihre innere Unruhe von
Minute zu Minute. Hoffentlich stieg dieser Vopo bald aus!
Wenn der in Bellevue noch an seinem Platz saß, konnte er sie
am Aussteigen hindern. Oder er konnte mit aussteigen und
sie beide auf dem Bahnsteig festhalten. Die Bahnsteige waren
Reichsbahngelände, also DDR-Gebiet. »Gott, lass den Mann
bitte aussteigen! Bitte, Gott!«

Als die S-Bahn im Bahnhof Westkreuz einfuhr, schaute der
Vopo sehr gespannt nach draußen, als suche er jemanden.
Dann kam der Zug zum Halten, und hier genau stand auf
dem Bahnsteig ein anderer Volkspolizist, der dem drinnen
zuwinkte, er möge aussteigen. Und – er stieg tatsächlich aus.
Rosi fiel ein ganzer Haufen Steine vom Herzen. Wenn jemand das hätte hören können, er hätte sich wohl über ein
großes Gepolter gewundert.

»Gretel, gleich sind wir da!«, raunte Rosi ihrer Freundin ins
Ohr, legte den Arm um sie und drückte sie an sich.

»… wenn wir dann im Westen steh'n«, gab sie leise zurück.

»Noch fünf Stationen, Gretel, wenn nichts mehr dazwi-
schenkommt.«

»Was soll denn noch? Wer hier zusteigt, ist Westberliner.
Der ist auf unsrer Seite.«

»Warum fährt die Bahn so langsam? Ich halt's kaum noch
aus.«

»Dann schreib deine Karte fertig. Dann geht die Zeit
schneller rum. Wem schreibst du eigentlich? Kurt?«

Rosi schloss die Augen. Für einen Moment setzte sich ihr
ein Kloß in den Hals. »Dem habe ich gestern noch geschrieben. Ich hoffe, er antwortet mir …« Sie zögerte ein paar
Sekunden. Dann hängte sie an: »… wenn er eine Adresse
hat.«

»Du wirst sie ihm mitteilen«, tröstete Gretel. »Aber für wen
ist die Karte?«

»Für die Eltern. Die kommen sicher in den nächsten Tagen

nach. Ich hab' allerdings nur eine Ostmarke drauf. Ob die Westpost die trotzdem transportiert?«

»Bestimmt. Die Westberliner sind großzügig. Du wirst sehen, wie freundlich die uns gleich empfangen. Schau, das ist Bahnhof Tiergarten. Bei der nächsten Station müssen wir raus.«

Und dann standen die beiden Mädchen auf dem Bahnsteig der Station Bellevue. Sie hatten ihr Ziel erreicht! Niemand hatte sie am Aussteigen gehindert. Allerdings hatte sie auch niemand erwartet. Rasch sprangen sie mit ihrem Gepäck die Stufen hinunter und nach draußen auf den Vorplatz. Der war kein Reichsbahngebiet mehr. Hier atmeten sie endgültig auf, taten einen lauten Jauchzer, stellten Taschen und Koffer auf den Boden und fielen sich in die Arme, nahmen sich bei den Händen und tanzten einen Reigen. Sie waren am Ziel! Sie waren in der Freiheit! Rosi riss sich das FDJ-Tuch samt Abzeichen vom Hals und warf beides in einen Abfalleimer. Dann steckte sie sich das Kreuz auf der Weltkugel ans Mantelrevers. Hier würde sie wegen dieses Zeichens niemand mehr zu einer Aussprache vorladen und ihr mit Verhaftung drohen.

»Gretel, wir sind frei! Gott sei Lob und Dank!«, jubelte Rosi und musste sich dann leider von einem Westberliner Polizisten in die Wirklichkeit holen lassen. Der freundliche Mann hatte sofort begriffen, dass er zwei junge Menschen vor sich hatte, die soeben dem DDR-Staat den Rücken gekehrt hatten. »Da sind se leider an de falsche Station aus-jestiejen, meine Damen«, sagte er mit dem Ausdruck deut-lichen Bedauerns.

»Zum Schloss hatte man uns gesagt, Herr Wachtmeister, zum Schloss Bellevue.« Die Mädchen waren entsetzt. »Und wo müssen wir hin?«, fragten sie erschrocken.

Der Polizist atmete tief durch und sagte dann: »Da tun se ma aba leid, Sie beede. Retour zum Schloss Charlottenburg. Da is det Auffanglager, nich hier bei det Schloss Bellevue.«

»Und wie kommen wir dahin, Herr Polizist?«, kam von bei-den die Frage.

»Am schnellsten mit die S-Bahn, meine Damen.«

»Nein, nicht mit der S-Bahn! Da gehen wir nicht rein«, widersprach Rosi.

»Lieber gehen wir zu Fuß«, bestätigte Gretel.

»Wenn euch de Freiheit det wert is, da nehm se halt de Beene«, lachte der Mann. »In etwa zwee Stunden sind se da. Trotzdem herzlich willkommen im freien Teil Deutschlands. Un allet Jute, Sie beede!«

»Danke, Herr Wachtmeister, Danke! Und auf Wiedersehen und auch alles Gute«, freuten sich die beiden über die Hinweise des Mannes. Sie reichten ihm die Hände, griffen ihr Gepäck und machten sich auf den Weg.

Nach wenigen Metern hielt Rosi die Freundin an. »Nein, so nicht, Gretel.« Sie stellte Tasche und Koffer noch einmal ab.

»Wie denn?«, fragte die verwundert zurück.

»Wir müssen singen, Gretel. Reich mir deine Hände«, forderte sie. Gretel begriff, stellte ebenso ihr Gepäck ab und reichte Rosi beide Hände.

Und dann standen zwei glückliche junge Menschen auf dem Bürgersteig, hielten sich bei den Händen und sangen die sechs Strophen des Liedes, mit dem sie sich am vergangenen Abend in Potsdam auf diesen besonderen Tag eingestimmt hatten:

Herr, wir stehen Hand in Hand, ... Wetter leuchten allerwärts, ... Welten steh'n um dich im Krieg, ... In die Wirrnis dieser Zeit ... Mach in unsrer kleinen Schar ... Herr, wir gehen Hand in Hand, Wandrer nach dem Vaterland; lass dein Antlitz mit uns geh'n, bis wir ganz im Lichte steh'n!

Es störte sie nicht, dass sich inzwischen ein paar Leute um sie versammelt hatten, die sich wohl wunderten über ihren Gesang. Sollten sie doch denken, was sie wollten. Egal. Nur war Rosi mit dem Gesang nicht ganz zufrieden. »Wir müssen die letzte Strophe noch einmal singen, Gretel. Aber mit einem neuen Text, wo wir doch jetzt im Westen sind.«

»Und, hast du ihn schon?«

»Ich habe ihn schon«, antwortete das Mädchen. »Wir singen: ›*Herr, hier steh'n wir Hand in Hand, Wanderer im fremden Land. Zeige uns den neuen Ort, bleib bei uns nach deinem Wort!*‹«

Also sangen die beiden betend sich selbst und den Menschen um sie herum auch noch die neue Strophe. »Amen! So ist es!«, fügten beide an und lachten in die Runde, nahmen ihr Gepäck wieder in die Hände und machten sich nun wirklich auf den Weg an den neuen Ort, zumindest an den vorläufigen. Den anderen würde ihnen Gott, ihr treuer Vater im Himmel, später sicher auch noch zeigen …

Lothar von Seltmann

Gottes Raben fliegen noch

Stationen eines besonderen Lebens

240 Seiten · gebunden · Best.-Nr. 224.950

Aufgewachsen im Spannungsverhältnis zwischen gläubigem Elternhaus und den Lehren des NS-Regimes, Kirchenzugehörigkeit auf der einen und HJ-Mitgliedschaft auf der anderen Seite, wird der Gymnasiast Erhard Schneider schon mit 15 Jahren als Flakhelfer einberufen und gerät bald darauf in englische Gefangenschaft. Nach seiner Entlassung verwickelt er sich in kleinkriminelle Handlungen und findet schließlich mithilfe einer Verwandten zum Glauben an Jesus Christus. Nach einem Theologiestudium arbeitet er bei einem christlichen Verlag, später als Studentenpfarrer und Religionspädagoge im In- und Ausland. In Paraguay leistet er – inzwischen Vater einer siebenköpfigen Familie – eine umfassende Schul-Aufbauarbeit und übernimmt anschließend ein Pfarramt in Kanada. Im Alter von 55 Jahren folgt er einem Ruf in die Missionsarbeit und zieht mit seiner Frau nach Indonesien, wo er als Lehrer für Praktische Theologie an der Bibelschule des WEC (Weltweiter Einsatz für Christus) arbeitet.

Lothar von Seltmann gelingt es auch in diesem Buch, einen beeindruckenden Lebensweg nachzuzeichnen und die inneren und äußeren Kämpfe eines Menschen fesselnd zu schildern.

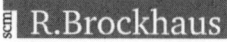